袭警行为的预防与处置

陈天本 著

公安出版

公安院校
青年学者学术文库

中国人民公安大学出版社
群 众 出 版 社

前言

袭击警察，损害国家权威、法律权威、警察权威，最终殃及广大人民群众。警察不能自保，何以保护群众？我国的袭警问题虽然得到了一定程度的遏制，但仍处于高位运行状态。

袭警原因错综复杂。从宏观上看，随着社会的转型和市场经济观念的不断强化，一部分人的价值观取向发生了较严重的扭曲和转化，社会正义感淡化，社会责任感下降。在当前的国内、国际形势影响下，人民内部矛盾凸显、刑事犯罪高发、对敌斗争复杂，公安民警被推到各种矛盾的风口浪尖，成为社会矛盾的焦点而容易遭受袭击。而且，我国的警察制度还不够完善，一些地方政府依然动用警力参与包括强制拆迁在内的诸多非警务活动，进一步激化了公安民警与人民群众的矛盾。同时，不可否认部分民警在执法时还存在不规范的现象，在群众权利意识膨胀、守法意识或者说是义务意识还没有形成等多重因素的叠加下，进一步促成了袭警行为的发生。

笔者关注袭警行为这个主题的目的是研究如何预防袭警行为的发生。欲彻底消除袭警行为，则需要我们彻底消除导致袭警行为的原因。在当前的情况下，彻底消除导致袭警行为的原因是不现实的，我们退而求其次，尽量认清袭警行为的各种表现形式，有针对性地采取预防措施，减少袭警行为的发生。笔者从三个角度分析了袭警行为的表现形式：一是从袭警行为人的角度考查袭警行为。根据袭警行为人的年龄不同，袭警行为分为青少年袭警、壮年袭警和老年人袭警；根据袭警行为人的性别不同，袭警行为分为男性袭警和女性袭警；根据袭警行为人的社会身份不同，袭警行为分为普通袭警与权力袭警；根据袭警行为人的人数多寡不同，袭警行为分为个人袭警与共同袭警；以袭警行为人实施袭击行为前是否有预谋为标准，袭警行为分为有预谋型袭警和无预谋型（也有学者称为激情型）袭警；根据袭警行为人的主观目的不同，袭警行为分为抢劫型袭警、报复泄愤型袭警、抗拒执法型袭警、逃避打击型袭警、公然挑衅型袭警、脱逃型袭警和酒后无德型袭警；以袭警行为人采用的手段为标准，袭警行为分为暴力型袭警与非暴力型袭警。二是从袭击对象的角度来考查袭警行为。根据袭击对象的形态不同，袭警行为分为袭击警务人员型袭警、袭击设施设备型袭警、袭击办公场所型袭警；根据遇袭警务人员履行职务状态的不同，袭警行为分为原生袭警与次生袭警；以警务人员是否存在执法过错为标准，袭警行为分为执法过错型袭警与执法无过错型袭警。三是从袭警行为的法律性质来考查，根据袭警行为应当承担的法律责任的不同，袭警行为分为犯罪性质的袭警行为和违反治安管理性质的袭警行为。

容易遭到袭击的警种分别在何种情形下遭到袭击？搞清楚这个问题，对公安民警预防袭警具有重要意义。各警种中，交警、巡警、治安警、刑警相对来说更加可能遭到袭击。笔者分别通过案例，考查了上述四个警种常见的遇袭情形。

既然导致袭警行为的原因错综复杂，那么预防袭警行为也必须多管齐下。首先，需要完善法律制度。包括警察职权职责的法律制度、警察执法保障的法律制度、社会协从法律制度和惩处袭警行为的法律制度。其次，要改善警民关系。改善警民关系需要这个“关系”的双方，即公安机关及其公安民警和人民群众的共同努力，当然，公安机关及其公安民警应当付出更多的努力。作为“第四种权力”的新闻媒体，对警民关系的状态也具有无可替代的作用，所以必须要充分重视媒体的作用，传播良好舆论。最后，警察机构要充分重视防范袭警行为并采取有效措施，对于防止袭警行为的发生具有重要意义。警察机构对防范袭警行为的重视，集中体现在警察机构负责人重视这个问题，警察机构重视加强执法保障和执法维权。警察个体的防范是防止袭警行为发生的最直接因素。袭警行为最终都是指向具体的遇袭警务人员，没有遇袭的警务人员，也就没有袭警行为。基于工作的性质和特点，为了避免成为袭警行为的被害人，警察个体应当增强法律意识、提高安全意识、增强协同作战意识和防卫能力。

对袭警行为的现场进行妥善处置，对于预防袭警行为、控制袭警行为的发展，以及对袭警行为的后期处理都意义重大。袭警行为的现场异常复杂，可以说，每一个袭警行为的现场都不完全相同。不同的现场，现场处置方法和处置措施都会有所区别。笔者根据袭警行为人实施袭击行为后是否仍在现场，将袭警行为现场分为两类：一类是袭警行为人逃离的袭警行为现场；另一类是袭警行为人在场的袭警行为现场。袭警行为人逃离的袭警行为现场的处置，相对易于开展。但是，即便是此种容易处置的现场，也要根据具体情况采取相应的处置措施。袭警行为人逃离的袭警行为现场的处置任务主要包括保护现场、救治伤员、收集证据、宣传教育群众，如果袭警行为人逃离现场时间不长，还应当安排设卡堵截袭警行为人。袭警行为人实施袭击行为后，没有逃跑或没能逃跑的现场，称为袭警行为人在场的袭警行为现场。根据最终控制袭警行为人所需的程序，将袭警行为人在场的袭警行为现场分为三种情形：一是现场警务人员（正式在编人民警察及辅警，下同）可控的袭警行为现场；二是现场警务人员通过申请警力增援后可控的袭警行为现场；三是现场警务人员经请示后启动处置预案，按照预案进行处置的袭警行为现场。袭警行为人在场的袭警行为现场处置非常复杂，处置的方法请阅读本书第五章第二节和第三节的内容。

袭警行为的事后处理主要包括三个方面的工作：一是追究袭警行为人的法律责任。袭警行为的法律责任包括三项，分别是刑事责任、治安责任和民事侵权责任。在追究袭警行为人法律责任时需要注意一些问题，如满足办理刑事案件和治安案件的基本要求，注意回避制度的适用，注意法律竞合问题的处理等。二是对牺牲和受伤警务人员的抚恤和优待。三是做好针对袭警问题的公关工作，防止产生负面影响。

在完成书稿、合上电脑的那一刻，深感著书的艰辛与快乐。笔者关注袭警行为大约有 15 个年头，其间参加过关于保障民警合法权益的部级课题，深入辽宁、河北、山东等省开展调研，给一线民警举办过“袭警行为的预防与处置”的讲座，撰写过以袭警行为为主题的文章。有了上述工作，才有了成就本书的基础。笔者作为中国人民公安大学的教师，每次听闻人民警察因遭遇袭击而牺牲或者受伤，都无比痛心和震惊。如果我们，特别是决策者，对袭警问题足够重视，做好足够的防范工作，诸多袭警案件都可以避免。笔者多年来对袭警行为进行的诸多思考，希望通过本书与各位同仁分享，对预防和处置袭警行为有所裨益。

目录

第一章 袭警行为概述

国家是不能没有警察的。

——恩格斯

第一节

袭警行为的概念

袭警行为是一个非常复杂的问题，无论是袭警行为的表现形式、法律定性，还是追究其法律责任，都是一个复杂的问题。袭警行为的表现形式既可以是温和非暴力式的袭警，也可以是暴力袭警；既可以是个人的袭警，也可以是团伙的、群体性的袭警等。袭警行为的法律定性主要有两种：一是行政违法行为，二是刑事犯罪行为。袭警行为的法律责任大体上可以分为三类，分别是民事赔偿责任、行政法律责任和刑事法律责任。所有上述问题的解决都是建立在袭警行为的定义上。

一、 袭警行为的含义

对袭警行为含义的理解存在不同观点，但分歧不大。袭警行为不是一个法律概念，因此对其内涵有不同的理解。但是，因为袭警行为并非佶屈聱牙之词，其意浅显，理解不难，所以法律没有对袭警行为进行规定，关于袭警行为内涵的认识，分歧也不大。

目前，袭警行为的含义主要有两种：第一种认为“袭警”行为是指采用暴力、威胁方法阻碍警察依法执行公务的行为。“袭警”的行为手段是“暴力”或者“威胁”，目的是阻碍警察依法执行公务。行为的具体表现方式可以是对依法执行公务的警察进行侮辱、诽谤、伤害甚至杀害行为。① 第二种认为“袭警”行为是指以暴力、威胁或者其他方法阻碍警务人员依法履行职务的行为。②

上述两种观点相同点在于都认为袭警行为阻碍了警务的执行。但是二者也有诸多区别：首先，前者认为袭警行为的“袭”要达到一定程度，即采用了暴力或者以暴力威胁的行为方式；后者认为袭警的行为既可以是暴力或者以暴力威胁的方式，又可以是其他行为方式。其次，前者认为袭警行为的对象限于警察，袭击了正在协助警察执行警务的辅助人员不构成袭警行为；后者认为袭警对象包括警察和正在协助警察执行警务的辅助人员。

笔者认为，上述两种观点中，第一种观点过于狭窄，第二种观点过于宽泛。持第一种观点的学者非常多，他们一般把袭警行为置于袭警犯罪的背景下加以讨论，所以将袭警行为界定得狭窄一点具有合理性。持第二种观点的学者相对较少。如果把袭警行为作为一种违法行为，而不是作为犯罪行为加以界定，第二种观点更加具有合理性。本书是在第二种观点的基础上使用袭警行为的概念的。

笔者认为，“袭警行为”就是“袭击警务人员行为”的简称，它由“袭击”“警务人员”和“行为”三个实体词组成，“袭击”是行为的方式，“警务人员”是行为的对象。因此，本书将袭警行为的内涵界定为：故意对正在执行职务的警务人员实施侵袭的违法行为。对于这个内涵，我们应当从如下几个方面来加以理解：

1. 袭警行为的性质是一种违法行为，包含两层意思：一是袭警行为违法，这是对袭警行为作出的负面评判；二是袭警行为违法，但并没有定性违了什么法，究竟是违反了《治安管理处罚法》，还是违反了《刑法》，抑或是违反了其他法律。关于袭警行为的违法性质，在后文再做阐述。

2. 袭警行为是行为人主动作出的违法行为，这主要由“袭”字来加以

① 陈世伟. 袭警的内涵及我国刑法应有的选择——兼论妨害公务罪的完善. 中国人民公安大学学报，2007（4）：102.

② 金诚. 袭警行为研究. 公安研究，2005（1）：23.

限定。“袭”，在《现代汉语词典》中的解释有两种：一是侵袭，二是照样做。这两种解释都是主动动词，袭警行为使用的是第一种解释，即侵袭。袭警行为是行为人主动作出的违法行为，与行为人被动的不配合警务人员，躲避、逃避警务人员执法的行为不同，行为人躲避、逃避警务人员执法的行为是不会构成袭警行为的。

3. 袭警行为发生的时间是在警务人员正在执行警务的过程中。后文在分析袭警行为的客观方面构成要件时，要做详细阐述，此处略去。

4. 袭警行为的行为方式是侵袭。按照《现代汉语词典》的解释，“袭”乃“侵袭”。根据侵袭的暴力程度不同，侵袭行为的行为方式可以是暴力方式、以暴力相威胁方式和非暴力方式。关于袭警行为的行为方式后文将做详细阐述。

二、 袭警行为与相关概念的关系

（一）袭警行为与袭警犯罪的关系

袭警犯罪，是指故意对正在执行职务的警务人员实施侵袭，依照刑法规定，应当追究刑事法律责任的违法行为。需要说明的是，袭警犯罪不同于袭警罪。袭警罪，是刑法所规定的一类独立的犯罪。例如，美国的联邦刑法及其各州刑法均将袭警行为规定为一种独立的犯罪；英国《1996 年警察法》第 89 条规定了袭警罪。[①] 我国《刑法》目前没有把袭警罪作为一类独立的犯罪加以规定。袭警犯罪不是一个独立罪名，而是一些罪名的概括。根据我国法律的规定，这些罪名包括“妨害公务罪”“煽动暴力抗拒法律实施罪”“故意杀人罪”“故意伤害罪”“非法拘禁罪”等。

根据前文对袭警行为和袭警犯罪内涵的阐述，袭警行为与袭警犯罪的区别主要有如下三点：（1）二者承担的法律责任不同。袭警行为承担的法律责任包括刑事法律责任、行政法律责任和民事法律责任，具体要承担何种性质的法律责任，要根据相应袭警行为的具体情形来确定；袭警犯罪承担的法

① 杨忠民，张志国．论袭警行为的刑法规制．中国人民公安大学学报，2006（3）：105.

律责任是刑事法律责任，是单一的法律责任。（2）二者的行为方式不同。袭警犯罪是袭警行为中比较严重的一种，其行为方式多采用暴力或以暴力相威胁的方式，或者采用煽动他人采用暴力或以暴力相威胁的方式，或者采用聚众的方式；袭警行为的方式可以是上述方式，还可以是比上述方式要平和的方式。（3）二者的后果不同。袭警犯罪应当以产生严重危害后果为条件，而袭警行为不以产生严重后果为条件。

（二）袭警行为与袭警罪的关系

袭警罪主要是英美国家刑法所规定的一类独立的犯罪。英美国家对警察执法权威给予高度重视，根据美国刑法的一般原则，任何人都不得对正在执行公务的警察人员进行任何形式的威胁、袭击和伤害，不得接触警察的身体，而所谓的威胁既包括口头语言上的威胁，也包括具体行为的威胁，甚至威胁警察的直系亲属也构成同样的犯罪。按照部分州的刑法规定，对于袭击警察造成伤亡的犯罪可以适用死刑。

结合前述内容，本书所说的袭警行为与英美国家法律规定的袭警罪在内涵和外延上高度重合，都指对正在执行公务的警察人员进行侵袭的违法行为。二者的区别不大，但仔细分析，其还存在两点不同：（1）二者范畴不同。袭警行为是一个学术概念，用来描述包括袭警罪在内的各种袭警现象；袭警罪是一个法律概念，是英美国家对袭警行为进行定性和量刑的法律概念。（2）二者的外延不完全相同。本书认为的袭警行为的外延不包括伤害警察直系亲属的行为，而英美国家规定的袭警罪包括伤害和威胁警察直系亲属的行为。

（三）袭警犯罪与袭警罪的关系

袭警犯罪与袭警罪的关系更为复杂。从字面上看，二者都是犯罪，但本书所说的袭警犯罪和袭警罪两个概念中的犯罪是不同的。而且，本书所说的袭警犯罪与一些西方国家的袭警犯罪也有不同。本书所说的袭警犯罪，描述的是一类严重的袭警行为，包含英美国家袭警罪中的部分袭警犯罪，以及其他一些西方国家的部分袭警犯罪。

从西方一些国家的刑事立法模式来看，关于袭警犯罪的规定大致可以分为以下三种不同的类型：第一种是将威胁、袭击、伤害、杀害警察的行为规定为独立的犯罪，具有“袭警罪”这一独立的罪名。采用这类立法方法的主要是英美法系国家。第二种是将威胁、袭击和伤害警察的行为纳入“抗拒公务员”的犯罪，并且按照情节分别规定了不同的类型。采用这类立法方法的主要为法国、德国和意大利等大陆法系国家，其中以法国刑法的规定最为详尽。法国刑法规定的“公务司法人员”的范围比较宽泛，凡是执行公务的警察和其他司法人员均纳入这一范畴。法国刑法将袭击公安司法人员（警察）的犯罪分为四种类型：一是具有暴力抗拒警察的威胁行为，但并未接触警察的身体；二是暴力袭击警察，但并未造成伤害；三是暴力袭击警察，并且造成被袭击警察一定程度的伤害；四是暴力袭击警察，并且对被袭击警察造成严重的伤害或者导致死亡。对于“抗拒公务员”的犯罪，法国刑法规定的法定最高刑为无期徒刑（法国已经废除死刑）。第三种是将一般情节的袭击警察的行为纳入“妨害公务”的犯罪，将袭击警察造成伤害或者死亡的犯罪规定为“加重结果的伤害罪”或“加重结果的杀人罪”。采用这一立法方法的主要是日本等成文法国家。日本刑法将妨害公务的犯罪视为破坏国家秩序的犯罪，而暴力抗拒执行公务的警察的行为则被规定为特定的妨害公务罪。①

根据上述内容，本书中的袭警犯罪与英美国家的袭警罪之间的区别可以概括为：（1）二者所属范畴不同。袭警犯罪是一个学术概念，描述那些严重的袭警行为；而袭警罪是英美国家的法律概念，诸多袭警行为在英美国家都构成袭警罪。（2）二者的外延不完全相同。袭警犯罪是英美国家中比较严重的袭警罪，袭警罪中的部分情形，由于其危害的严重程度不大，如接触警察身体尚未造成严重损害后果的，不属于本书所说的袭警犯罪。

---

① 陈世伟．袭警的内涵及我国刑法应有的选择——兼论妨害公务罪的完善．中国人民公安大学学报，2007（4）：104.

第二节

袭警行为的构成

借用犯罪构成理论，袭警行为的构成要件包括四个，分别是袭警行为的主体要件、袭警行为的主观方面要件、袭警行为的客体要件和袭警行为的客观方面要件。由于袭警行为的主体要件与行政违法行为和犯罪行为的主体要件没有本质上的区别，下文不作阐述。袭警行为的其他三个构成要件，虽然在标题上与犯罪行为相应的构成要件相同，但是每一个构成要件又有其独特的内容。下文对这三个构成要件分别阐述。

一、 袭警行为的主观方面要件

行为人存在“袭击警务人员的主观故意”是袭警行为的主观方面要件，如果行为人不是出于故意袭击警务人员，尽管导致了警务人员受到伤害，也不能认定为袭警行为。例如，违法犯罪分子为了逃避制裁和打击，在警务人员实施抓捕时挣扎、挣脱的行为，导致警务人员受到伤害的，不属于袭警行为；又如，违法犯罪分子逃跑时，警务人员驾车追赶，如果在驾车时发生车祸导致警务人员人身受到伤害的，不属于袭警行为。

判断行为人的主观状态是一件复杂的事情，因为主观状态是属于思想意识领域的东西，不能被我们直接观察到，我们主要通过行为人的外在行为方式来内推行为人的主观状态。对于有计划、有预谋型的袭警行为，寻衅滋事型的袭警行为，打击报复型的袭警行为，我们比较容易认定行为人在主观上存在故意。但是，对于抗拒执法型的袭警行为和逃避打击型的袭警行为，特别是在警务人员实施抓捕活动中发生的伤害警务人员的行为，不好认定是行为人在主观上究竟是抗拒执法、逃避打击还是故意袭警。笔者认为，对于后者，如果在警务人员与行为人没有身体接触的情况下，行为人主动接近警务人员并触及警务人员身体，导致警务人员受到伤害的，都可以认定行为存在袭警的主观故意。

因此，公安机关在查处袭警行为时，要有意识地收集证明行为人主观方面要件的证据。证明主观方面要件的证据，更多依靠行为人的陈述。办案民警在询问行为人时，应当有意识地询问行为人的行为动机和行为目的，固定证明行为人主观状态的陈述。如果行为人拒绝陈述其实施袭击行为时的主观状态，公安机关在其他证据充分确凿的情况下，也可以认定行为人实施袭击行为时的主观状态。

二、 袭警行为的客体要件

袭警行为的客体是袭警行为所侵害的受法律保护的社会关系。袭警行为的客体是复合的，包括两个方面：一是受到国家法律保护的公安机关正常的行政管理及刑事司法活动秩序；二是受到国家法律保护的警务人员的人身权利。本书认为袭警行为同时侵害了上述两个客体，不能孤立地看待上述两个客体。如果仅仅侵害了其中的某一个客体，就不构成袭警行为。

（一）袭警行为侵害了公安机关正常的行政管理及刑事司法活动秩序

我国公安机关的职责包括预防、制止和侦查违法犯罪活动；防范、打击恐怖活动；维护社会治安秩序，制止危害社会治安秩序的行为；管理交通、消防、危险物品；管理户口、居民身份证、国籍、出入境事务和外国人在中国境内居留、旅行的有关事务；维护国（边）境地区的治安秩序；警卫国家规定的特定人员、守卫重要场所和设施；管理集会、游行和示威活动；监督管理公共信息网络的安全监察工作；指导和监督国家机关、社会团体、企业事业组织和重点建设工程的治安保卫工作，指导治安保卫委员会等群众性治安保卫组织的治安防范工作。这些职责可以概括为行政管理职责及刑事司法职责。法律保护公安机关依法履行上述职责。

袭警行为侵袭了依法履行职责的警务人员，致使警务人员不能正常履行职责，进而侵害了公安机关正常的行政管理及刑事司法活动秩序。

基于袭警行为此项要件，袭击正在协助警察执行职务的辅助人员也必然侵害了公安机关正常的行政管理及刑事司法活动秩序，本书认为应当纳入袭警行为的范围中来。

（二）袭警行为侵害了警务人员的人身权利

构成袭警行为还应当以侵害了警务人员的人身权利为条件，只是侵害了上述第一个客体，还不适宜认定为袭警行为，如行为人掀翻警车，造成警车损坏，但警车上没有警务人员，没有警务人员因之受到侵害的行为，不宜认定为袭警行为。袭警行为最终应当落实到对警务人员人身权利造成或可能造成侵害。关于警务人员的范围，后文再做详细分析。

袭警行为侵害警务人员的人身权利不仅包括警务人员的生命权、健康权，还应当包括警务人员的人格尊严。当众侮辱正在执行职务的警务人员，如当众向警务人员泼脏水、吐唾沫、辱骂等，足以导致警务人员不能正常履行职责，这既侵害了警务人员的人身权利，也侵害了公安机关正常的行政管理及刑事司法活动秩序。

三、袭警行为的客观方面要件

袭警行为的客观方面要件包括如下诸多内容：

（一）袭警行为的侵害对象是警务人员

警务人员首先是指人民警察。根据《人民警察法》第 2 条第 2 款的规定，我国人民警察的范围包括公安机关、国家安全机关、监狱、劳动教养管理机关的人民警察和人民法院、人民检察院的司法警察。凡是以上范围内的人民警察都可以成为袭警行为的侵害对象。警务人员其次是指辅助警务工作的人员（后文简称辅警）。

关于辅警是不是构成袭警行为的侵害对象，有不同的观点。有人认为袭警行为的对象不包括辅警，“必须是依法履行公务的在编人民警察”①；有人

① 金诚，李小芽．袭警行为研究．公安学刊，2004（6）：36.

认为袭警行为的对象包括辅警①。笔者赞成后者的观点，理由有：（1）受到警力的限制，我国客观上需要和客观上存在着人数众多的辅警。他们协助人民警察，与人民警察一起最终完成法律赋予公安机关的任务和职责。世界各国也都有辅警。我国法律应当肯定辅警对于保护国家安全、维护社会稳定、打击违法犯罪行为的作用。（2）袭击辅警侵害的客体也包括两个方面：其一是受到国家法律保护的公安机关正常的行政管理及刑事司法活动秩序，其二是辅警的人身权利。袭击辅警侵害了辅警的人身权利，辅警的人身权利应当受到法律的保护，毋庸赘述。袭击辅警实质上也侵害了公安机关正常的行政管理及刑事司法活动。有学者指出："在当前，协助警务的人员尽管并不具有人民警察的身份和职权，但在事实上却是在公安机关的统一领导下，并在人民警察的直接带领下参与了依法进行的警务活动。也就是说，协助警务的活动已经在事实上成了人民警察依法执行职务的一个组成部分。"②（3）英美国家规定袭警罪的侵害对象包含辅警，值得我们借鉴。例如，美国纽约州法律规定的袭警罪的侵害对象包括治安警察、警官和消防队员。③ 又如，英国《1996 年警察法》第 89 条对袭警罪做了如下规定："袭击正在执行职务的警察或正在协助警察执行职务者，构成犯罪，应当经简易程序判罪，处以不超过 6 个月的监禁，或者单处或并处不超过标准罚金额度第 5 等级的罚金。""对抗或者恶意妨碍正在执行职务的警察或正在协助警察执行职务者，构成犯罪，应当经简易程序判罪，处以不超过 1 个月的监禁，或者单处或并处不超过标准罚金额度第 3 等级的罚金。"④

当然辅警成为袭警行为的侵害对象还必须具备如下一些条件：一是必须属于在公安机关统一领导下的辅警；二是辅警必须是在人民警察直接带领下进行协助警务活动时遇袭；三是所协助的警务活动必须具有合法性，即所协

---

① 杨忠民，张志国．论袭警行为的刑法规制．中国人民公安大学学报，2006（3）：107－108.

② 杨忠民，张志国．论袭警行为的刑法规制．中国人民公安大学学报，2006（3）：108.

③ 胡彬．论完善我国袭警犯罪刑事立法的必要性和可行性．犯罪研究，2004（3）．

④ 谢望原．英国刑事制定法精要（1351—1997）．中国人民公安大学出版社，2003.

助的警务活动必须具备符合法律规定的实质要件和形式要件。[①]

（二）袭警行为发生的时间必须是在警务人员正在执行职务时

袭警行为作为一种侵害公务的违法行为，必须是对公务构成了侵害，如果警务人员不是在执行职务，公务没有受到侵害，则不构成袭警行为。对袭警行为进行打击，最终会落实在对警务人员的人身安全进行保护上，但警务人员的人身安全与任何公民的人身安全一样都受到法律平等的保护，警务人员的人身安全并不比任何公民的人身安全更重要或更不重要。惩治袭警行为的主要目的在于维护国家公权力的权威、维护法律的权威、保证法律得到贯彻执行，旨在保障执行公务以保护每一位公民的合法权益。警务人员不是在执行职务时也可能遇到袭击，但此袭击行为与对一般公民的侵害别无二致，只侵害了公民的人身权利，而没有侵害公务，不宜认定为袭警行为。民警也可能要受到一些打击报复，比一般公民要面临更多的风险，但这是一种职业风险。

何谓执行职务？确立何种标准予以认定执行职务的范围？这个问题直接关系到一个行为是否构成袭警行为。从国外行政法理论看，认定是不是执行职务行为有两种标准：其一是盛行于英国、美国的主观标准，即以雇佣人的意思为判断标准，执行职务的范围也仅限于雇佣人命令受雇人办理的事项范围；其二是客观标准，即以行为人之外观为准，只要行为从外观上可认为属于社会上执行职务的范畴即可，德国、日本等国家均采此标准。[②] 我国行政法学术界对区分执行职务的行为与非执行职务的行为提供了各种不同的标准。例如，有的以时间、职责权限、名义、实质意义为标准，[③] 也有的以时间、地点、目的、行为方式为标准，[④] 还有学者认为应当考虑执行职务的时

---

① 杨忠民，张志国．论袭警行为的刑法规制．中国人民公安大学学报，2006（3）：108.

② 姜明安．行政法与行政诉讼法（第二版）．北京大学出版社，高等教育出版社，2005（2）：658.

③ 张树义．行政诉讼实务详解．中国政法大学出版社，1991：44－45.

④ 姜明安．论国家侵权责任的构成．中外法学，1991（4）.

间和地点、实施行为的名义，以及与行使职权的内在联系等因素。① 鉴于执行职务行为的复杂性，特别是《人民警察法》规定了人民警察有义务在“遇到公民人身、财产安全受到侵犯或者处于其他危难情形，应当立即救助；对公民提出解决纠纷的要求，应当给予帮助；对公民的报警案件，应当及时查处”，“应当积极参加抢险救灾和社会公益工作”，判定警察执行职务的行为更为复杂，我们更应当采用客观标准。

另外，执行职务行为需要过程，这个过程具有一体性和连续性特征，我们不能将一个具有一体性和连续性的执行公务过程人为地进行分割或分段，进而分别判断某一过程中的公务行为是否已经开始或是否已经结束。公务行为过程中，即使外表上看暂时中断或偶尔停止的期间，也应当理解为属于公务过程。

（三）袭警行为的行为方式具有一定的暴力性

袭警行为的行为方式主要表现为对警务人员使用了暴力或者以暴力相威胁手段，或者使用了撕扯、推搡、打耳光等有身体接触的非暴力手段，性质恶劣的当众侮辱警务人员也应当纳入袭警行为的范围内。所谓暴力，是指施加于警务人员本人的人身或物品的强力打击或强制行为，包括损毁警务人员的财物，捆绑、拘禁、殴打、伤害乃至杀害等一系列程度不同的侵犯人身的行为。所谓威胁，是指对警务人员或者其亲属表示将以侵犯人身、毁损财产、破坏名誉等相胁迫，对警务人员实行精神强制，意图使其在心理上产生恐惧感，从而达到阻却其依法执行职务、履行职责的目的。这种意思表示的方式可以是口头的、书面的，也可以是肢体语言或其他的方式。

对使用暴力、威胁的手段需要达到何种程度，或者有无程度上的限制和要求，需要进一步加以明确。笔者认为，只要实施了暴力、胁迫手段就显示出对国家和执法权威的藐视，就对警务人员执行职务产生了一定的影响，就对警务人员的人身或精神产生了一定的侵害，就应当构成袭警行为。也就是说，袭警行为不以该行为实际产生的后果为要件。但是在追究袭警行为的法

---

① 马怀德．国家赔偿法的理论与实务．中国法制出版社，1994：92－93.

律责任时，因为需要区分是行政责任还是刑事责任，所以应当考虑使用暴力、威胁的手段的程度。暴力、威胁行为比较轻微，一般不宜追究袭警人员的刑事责任，而应当追究袭警人员的行政责任。

一般情况下，袭警行为应当以与警务人员的身体有接触式的侵袭为条件，但是少数性质恶劣的侮辱行为，对警务人员的精神造成极大的刺激，足以导致警务人员不能正常执行职务行为，如前文列举的诸多侮辱行为，再如行为人对异性警务人员，特别是男性行为人对女性警务人员，故意暴露隐私部位的行为等。

第三节
袭警行为的危害

袭警带来的后果是严重的，它损害了国家和法律的权威，侵害了警察的合法权益，挫伤了警察的工作积极性和热情，助长了犯罪分子的嚣张气焰，最终损害了人民群众的利益。

一、 损害了国家和法律的权威

按照马克思主义的观点，警察是伴随着国家的出现而出现的，有了国家就必然有了警察。国家需要警察来防范和惩治违法犯罪活动，维护国家存在所必需的正常秩序。新时期，我国的公安机关是人民民主专政的重要工具，是武装性质的国家治安行政力量和刑事司法力量，肩负着打击敌人、保护人民、惩治犯罪、服务群众、维护国家安全和社会稳定的重要职能。警察执法权属于国家公权力的范畴，是实现警察职能、履行警察职责的重要保证。人民警察依法执行公务，不是个人行为，而是依照国家法律履行法定职责的行为。公安机关的执法活动代表着国家和法律的尊严。

因此，在暴力袭警案（事）件中，被打掉的是警帽，被撕破的是警服，被侮辱的是民警个人，但被亵渎的却是神圣的国家公权力及法律尊严，损害了国家和法律的权威。

二、 侵害了民警的合法权益， 挫伤了民警执法的积极性和热情

袭警案（事）件使公安民警的尊严和形象遭到蔑视。在袭警案（事）件中，不法分子轻则当众对民警辱骂、吐口水、推搡、撕扯、打耳光、抡拳头，重则使用砖头、石块、棍棒和其他器械攻击民警，有的甚至采取凌辱手段，恣意践踏公安民警的尊严。

一份调查显示袭警案（事）件的频发和善后处理工作不到位，给民警的身心健康带来了伤害，并严重挫伤了民警执法的积极性和自信心，表现为：（1）工作中思想压力大。49%的民警“担心”在工作中受到袭击；25%的民警表示“很担心”；12%的民警表示“害怕”，怕受到袭击后受伤致残成为家人的负担，怕失去生命。（2）工作态度比较消极。46%的民警认为接处警“心有疲惫，但职责所在必须履行”，31%的民警觉得接处警“紧张，不知道会发生什么，没有安全感”。民警遇到暴力袭警时，大多采取忍气吞声或避让的方式对待。调查中，在回答“你认为遇到暴力袭警时，采取的最好方式”时，41%的民警选择“采取说服教育”，14%的民警选择“迅速离开现场，以后再处理”，18%的民警选择“停留在现场，等待援助”。（3）抱怨情绪比较大。32%的民警对当前的工作环境不满意，表示不能忍受；31%的民警感觉一般，还可以忍受；21%的民警认为不好说。

笔者的相关调查也印证了上面的结论，“不作为”反映了部分民警的执法现状。一些民警在下班时间，即使目睹警情也不去处理；在上班时间遇到一些警情，如果没有接到指令，或者没有接到当事人的请求，就不会主动去履行职责。一些派出所，民警一到下班时间立即离开，不愿在派出所多待一分钟，唯恐沾上事务；在轮休时间，更是不愿接受任务。

三、 助长了违法犯罪分子的嚣张气焰

暴力袭警案件的频发，严重阻碍了警察执行惩治违法犯罪、维护社会治安的职务行为，削弱了对违法犯罪行为的打击力度，助长了违法犯罪分子的嚣张气焰。

据《燕赵都市报》2015 年 9 月 16 日报道：9 月 14 日中午，河北省某派出所追赶嫌疑车辆时出现尴尬一幕，犯罪嫌疑人无路可逃之际，竟手持片刀棍棒扑向尾追的警车，警车车身多处被砸。随后，嫌疑车辆反过来把警车追出很远，直至警车进入一处村庄，嫌疑车辆才停止追赶。由此可见，在一些地区，违法犯罪分子的气焰何等嚣张。

四、 袭警最终损害了人民群众的利益

我国是人民民主专政性质的国家，国家代表和维护着广大人民群众的利益，国家对于个人权利的实现和保护不可忽视。警察机构是我国国家机器中的重要组成部分，始终把维护国家安全和社会稳定置于各项工作首位，经受住了各种严峻考验，忠实地履行了宪法和法律赋予的职责，较好地完成了党和人民赋予的各项公安保卫任务，为推进社会主义物质文明、政治文明和精神文明建设，保障改革开放和现代化建设的顺利进行作出了重要贡献。人民警察勇于奉献、不怕流血牺牲，坚决同违法犯罪作斗争，使国家得以长治久安、人民能够安居乐业。

袭警挫伤了基层警察的执法积极性和热情，一些民警消极不作为，怠于履行职责，削弱了公安机关保护人民群众生命财产安全、维护治安秩序的能力。袭警现象如果不给予坚决打击，不能得到有效控制，势必影响国家和社会的稳定，人民的生命和财产安全无法得到有效保护。例如，有一份报道称，在某市街头，三名违法分子人手持一尺多长的砍刀殴打出租车司机，民警接警后赶到现场，歹徒公然持刀与民警对峙，民警无法果断处置。

另外，袭警案（事）件的接连发生，客观上传递了这样一个信号：一

些警察连自己都保护不了，又怎能保护人民群众？与这种信号相对应，当前一些地区出现了一种令人担忧的现象：个别社会成员在遇到危及自身利益的问题时，不是求助公安机关，而是花钱在社会上雇用恶势力来“摆平”。“花钱保平安”变了味，成了“花钱雇恶保平安”。

第四节

发生袭警行为的宏观原因

袭警行为的成因是复杂的，有很多文章和著述对之都进行过阐述，但是，任何阐述都很难做到全面准确。本书对袭警行为的成因分析也不例外，也存在诸多不足之处。每一例袭警行为都有其特殊的、具体的原因，不同案例的发生原因千差万别。所以，本节只分析袭警行为的宏观原因。从宏观方面来看，产生袭警行为的原因大致可以归纳为以下五类。

一、 社会原因

(一) 社会价值观扭曲，社会正义感淡化

随着社会的转型和市场经济观念的不断强化，对传统的价值观造成了极大的冲击，一些人的价值观取向发生了较严重的扭曲和转化，奉行“个人利益才是现实唯一的利益”。为谋取私利而急功近利，排斥社会公众利益，出现享受与履行义务的严重失衡，对社会缺乏责任感，以致公安机关和广大人民群众几十年来所形成的警民关系严重弱化，公民同犯罪作斗争的正义感淡化，社会责任感下降，民警在值勤过程中遭受不法侵害时，围观群众袖手旁观，客观上助长了犯罪分子的嚣张气焰。

（二）社会和体制的原因将警察置于人民内部矛盾的风口浪尖

当前，我国正处于人民内部矛盾凸显、刑事犯罪高发、对敌斗争复杂的时期，在这一特殊的社会背景下，公安机关除履行法定职责外，还需承担大量的非警务工作，这势必将公安民警推到人民内部矛盾的风口浪尖，成为社会矛盾的焦点，也就自然成了法律意识淡薄、价值观扭曲的违法犯罪分子袭击的目标。

二、法治原因

（一）公民法治意识比较淡薄，特别是守法意识缺失

公民法治意识既是一种权利意识，也是一种义务意识。当前，我国公民的权利意识一定程度上已经被激活，但是义务意识还在沉睡中。随着社会实践的发展和社会主义法治体系建设的推进，我国公民的权利意识已经发生了根本性变化。有学者指出，这些变化主要体现在：（1）民众在政治地位和社会角色的扮演方面，已由被动接受向主动参与转化；（2）在法治观念方面，人们已逐步学会自觉地运用法律武器维护自己的合法权益。从某种意义上说，执法者与执法对象之间的关系已由上下级关系变为平等关系，由管理者与被管理者的关系变为服务者与服务对象之间的关系。①

我国近年来的民主与法治建设也在有意识地加快这种进程，国家机关在作出决策，特别是重大决策时，强调社会公众，特别是专家的参与。党的十八届四中全会作出的《中共中央关于全面推进依法治国若干重大问题的决定》（以下简称《全面推进依法治国决定》）明确要求健全依法决策机制，把公众参与、专家论证、风险评估、合法性审查、集体讨论决定确定为重大行政决策法定程序，确保决策制度科学、程序正当、过程公开、责任明确。同时要求建立行政机关内部重大决策合法性审查机制，未经合法性审查或经审查不合法的，不得提交讨论。可以预见的是，我国公民参与国家决策日益

① 邓国良等．袭警犯罪的控制与预防．北京大学出版社，2015：139－140.

广泛深入，公民的政治地位日益提高。在公安机关，我们坚持强调国家机关工作人员是人民的公仆，服务于人民，将全心全意为人民服务确立为人民警察的宗旨。

但是关于公众守法意识的培养，目前还相当缺乏。公众的权利意识被普遍唤醒后，如果不能全面正确理解“人民权益要靠法律保障，法律权威要靠人民维护。必须弘扬社会主义法治精神，建设社会主义法治文化，增强全社会厉行法治的积极性和主动性，形成守法光荣、违法可耻的社会氛围，使全体人民都成为社会主义法治的忠实崇尚者、自觉遵守者、坚定捍卫者”，我们的法治还是不健康的，不是真正的法治。被唤醒的畸形的权利意识，如果没有与之相适应的义务意识，必然成为一个“怪物”，反过来会侵蚀法治建设的成果，影响法治建设的进程。

只讲权利不讲义务成为产生袭警问题的深层次原因之一。这表现在如下两个方面：一是没有义务意识约束的强烈的个人权利意识者，容易发展为藐视国家权威、藐视法律权威、藐视警察权威。国家、法律、警察对他们的权利有利时，他们就去支持、遵守和服从；反之，他们就去反对、违背和对抗。而警察是一支维护公共秩序与安全、执行国家法律的队伍，贯彻执行法律是人民警察的职责所在。人民警察的职责与狭隘的个人权利主义者之间必然存在着内在的紧张关系。二是当人民警察执行职务影响到他们的权利时，由于他们缺乏义务意识，兼之藐视国家、法律和警察的权威，容易演变成公然对抗警务人员，甚至袭击警务人员。

特别是在群体袭警行为中，由于行为人法治意识淡薄，错误认为“法不责众”，如果公安机关的执法行为涉及多人利益时，容易引起群体抗法、群体袭警行为。

（二）我国社会主义法律体系已经建成，但还不够完善

从1978年党的十一届三中全会以来，我国深刻总结社会主义法治建设的成功经验和教训，提出为了保障人民民主，必须加强法治，必须使民主制度化、法律化，把依法治国确定为治理国家的基本方略，把依法执政确定为治国理政的基本方式，积极建设社会主义法治，取得历史性成就。目前，中

国特色社会主义法律体系已经形成，法治政府建设稳步推进，司法体制不断完善，全社会法治观念明显增强。同时，必须清醒看到，同人民群众期待相比，同推进国家治理体系和治理能力现代化目标相比，法治建设还存在许多不适应、不符合的问题。《全面推进依法治国决定》将这些问题概括为：有的法律法规未能全面反映客观规律和人民意愿，针对性、可操作性不强，立法工作中部门化倾向、争权诿责现象较为突出；有法不依、执法不严、违法不究现象比较严重，执法体制权责脱节、多头执法、选择性执法现象仍然存在，执法司法不规范、不严格、不透明、不文明现象较为突出，群众对执法司法不公和腐败问题反映强烈；部分社会成员尊法信法守法用法、依法维权意识不强，一些国家工作人员特别是领导干部依法办事观念不强、能力不足，知法犯法、以言代法、以权压法、徇私枉法现象依然存在。

上述问题违背了社会主义法治原则，损害了人民群众利益，降低了政府威信和执法公信力。政府威信的高低，执法公信力的大小，对人民警察执法工作影响巨大。因为，从一定程度上说，警察就代表了国家和政府。利益受到侵害的人民群众对政府的不满，很容易转移到人民警察身上，一些地方也因此发生了攻击公安机关、伤害人民警察的恶性案件。

三、执法原因

（一）参与较多非警务活动

当前，由于基层公安机关经常介入政府拆迁、经济纠纷等活动，极易发生越权或滥用权力的问题，严重影响公安机关的形象及执法权威。因此，人民群众往往容易将矛盾和敌对情绪转嫁到公安机关和人民警察身上。而这些“非警务活动”因为没有执法依据或依据不足，公安机关的行为很难受到法律的保护，也缺少正当性。执行非警务活动的警务人员处理不当，很容易招致袭击。

（二）缺乏执法保障

公安机关是武装性质的国家治安行政力量和刑事司法力量，其执法权威不容置疑。然而，目前我国公民的法治观念尚处于一个由盲目到理性的过程中，对于法律采用实用主义态度，只讲权利，不讲义务，只讲法律对自身有利的方面，不讲对自己约束的方面，进而错误地认为民警“过错”不少，甚至暴力伤害民警。而公安机关在执法保障方面还缺乏必要的心理准备及制度准备，警察遭遇围攻或袭击后又缺乏完整的法律援助体制和相关的援助机构。以下两点尤为突出：

1. 没有赋予人民警察执法时具有的足够权威。在我国，人民警察在执行职务时，被群众辱骂、推搡、薅衣领的现象屡有发生，但是，现有的法律制度和司法实践基本上不对这些群众进行惩处。而且，被辱骂、推搡的警察经常要秉持“骂不还口，打不还手”的原则来处理此类问题。

2. 现有法律关于人民警察使用武器警械的规定不太科学。人民警察执法时使用武器警械的法律依据主要是《人民警察使用警械和武器条例》。该条例对人民警察在何种情况下可以或应该使用警械的规定较模糊，可操作性不强，导致人民警察在实际工作中不敢使用警棍、高压水枪、催泪弹、武器等法律规定配备的警械。

关于使用武器的规定，则更加谨慎，要求人民警察判明有下列暴力犯罪行为的紧急情形之一，经警告无效的，方可使用武器：（1）放火、决水、爆炸等严重危害公共安全的；（2）劫持航空器、船舰、火车、机动车或者驾驶车、船等机动交通工具，故意危害公共安全的；（3）抢夺、抢劫枪支弹药、爆炸、剧毒等危险物品，严重危害公共安全的；（4）使用枪支、爆炸、剧毒等危险物品实施犯罪或者以使用枪支、爆炸、剧毒等危险物品相威胁实施犯罪的；（5）破坏军事、通讯、交通、能源、防险等重要设施，足以对公共安全造成严重、紧迫危险的；（6）实施凶杀、劫持人质等暴力行为，危及公民生命安全的；（7）国家规定的警卫、守卫、警戒的对象和目标受到暴力袭击、破坏或者有受到暴力袭击、破坏的紧迫危险的；（8）结伙抢劫或者持械抢劫公私财物的；（9）聚众械斗、暴乱等严重破坏社会治安秩序，用其他方法不能制止的；（10）以暴力方法抗拒或者阻碍人民警察依法履行职责或者暴力袭击人民警察，危及人民警察生命安全的；（11）在押人犯、罪犯聚众骚乱、暴乱、行凶或者脱逃的；（12）劫夺在押人犯、罪犯的；

(13) 实施放火、决水、爆炸、凶杀、抢劫或者其他严重暴力犯罪行为后拒捕、逃跑的；(14) 犯罪分子携带枪支、爆炸、剧毒等危险物品拒捕、逃跑的；(15) 法律、行政法规规定可以使用武器的其他情形。而且还作了禁止性规定，即人民警察遇有下列情形之一的，不得使用武器：(1) 发现实施犯罪的人为怀孕妇女、儿童的，但是使用枪支、爆炸、剧毒等危险物品实施暴力犯罪的除外；(2) 犯罪分子处于群众聚集的场所或者存放大量易燃、易爆、剧毒、放射性等危险物品的场所的，但是不使用武器予以制止，将发生更为严重危害后果的除外。

考虑到人民警察同违法犯罪人员对抗的实际状况，上述关于武器使用的规定是不够的，而且不便于人民警察依法有效使用武器。例如，在发现有违法犯罪可疑人员，需要对其进行盘查，被盘查人员只是可疑人员，不属于上述情形中的任何一种，依据该条例的规定，此种情况下，人民警察不能使用武器。然则，在实践中，被盘查人可能极具危险性，但人民警察无法辨明，由于不能使用武器，从而导致猝然遇袭。

(三) 执法舆论欠佳

在我国，受传统观念的影响，人们一贯认为警察既然是执法者，自然就是奉献者，许多媒体也从不同的角度肯定了这种看法。所以，媒体在进行执法报道时，过于强调警察的集体主义和无私奉献精神，忽视对警察个体合法权益的保障，致使侵害民警的案件得不到广大群众的理解和同情。长期以来，由于公安机关不注重警察公共关系，没有充分地运用媒体改善良好的执法形象，没有引起社会舆论的理解与重视，一旦警察受到攻击，新闻媒体往往推波助澜，将警察置于不利的边缘，从而进一步“激发”了不法分子的对抗情绪，诱发人民群众对警察的误解。

四、 警察自身原因

(一) 自我保护意识不强

许多基层民警战术意识不强，警惕性不高，缺乏自我防范意识和查缉战术意识，思想上轻敌，缺乏最起码的安全知识。一些民警除缉捕事前明确的可能带枪、持械的违法犯罪嫌疑人外，在传唤、羁押一般的违法犯罪嫌疑人员时，很少携带武器警械，普遍存在侥幸心理。

（二）接处警行为欠规范

（1）警力不足，难以保证接处警工作的顺利完成。（2）强制手段的运用不到位。（3）部分民警在接处警活动中态度不好、语言不规范，不善于做群众工作，导致矛盾激化，容易诱发袭警案件。（4）部分民警在盘查、搜查等警务活动中技能不高、处置不力，出现无谓的流血事件。

（三）软弱执法

文明执法不等于软弱执法，软弱执法不仅不利于执法目的的实现，有时甚至招致袭击被害。有学者认为：部分公安机关过分强调警察的服务功能和社会稳定，反倒束缚了民警的手脚，一定程度上助长了犯罪分子的嚣张气焰。警察执法日益文明，公安机关内部程序和规定越来越多，越来越严格，反而让不法分子觉得警察好欺负，一些过分强调“文明办案，以人为本”，“骂不还口，打不还手”的内部管理机制更加束缚了民警的手脚，以致民警不敢大胆管理，甚至抱着“多一事不如少一事”，“多管不如少管，少管不如不管”的思想。有一些地方政府和部门领导干部对袭警的危害认识不足，片面强调稳定，低调处理或所谓“冷”处理以求息事宁人，加之一些地方保护主义和人情风，使一些不法分子纷纷效仿，引起连锁反应和恶性循环，助长了犯罪分子的嚣张气焰，警察权威受到前所未有的挑战。因此，在实践中，有的民警在遇到合法权益遭受侵害时，首先想到的不是去争取自己的合法权益，而是想到“怎样不要被投诉”，以求尽快息事宁人，导致执法过程中存在怕投诉、怕处理、怕诬告的心理，工作畏首畏尾、缩手缩脚，反而引发合法权益受侵害现象的发生。① 过分的软弱执法，不足以震慑违法犯罪人员，相反会遭到违法犯罪人员的加害和报复。

---

① 邓国良等．袭警犯罪的控制与预防．北京大学出版社，2015：151.

五、 社会心理原因

（一）潜在的社会仇视心理

由于社会利益分配不均、自我价值难以实现或曾经因违法而受到过打击的人员，对社会仇视的心理很容易变相“迁怒”到代表国家行使权力的人民警察身上，主观上就有违法甚至袭警的心理准备。一旦遇到可以“点燃”不健康心理的刺激，就铤而走险，采取极端手段，动辄使用管制刀具、枪支弹药，以身试法，暴力袭警。

（二）人格缺陷引发的极端行为

在城市化进程中和我国全面转型期，大量寻梦的人离开土地、离开家乡，由于贫富过于悬殊，又在异地他乡，他们的心理变得异常脆弱而不平衡，心理压力加大，人际关系疏远，容易产生严重的人格缺陷，而人格缺陷的人最大的特点就是爱走极端。当警察执法不公平、不文明、不一致、不规范时，极易“激发”他们的心理反应，从而出现暴力抗法乃至暴力袭警。

第五节

正确认识当前的袭警现象

自 2005 年下半年以来，各类袭警案件不断见诸报端和网络。一时间，袭警现象的严峻程度似乎史无前例，警民关系似乎非常恶化。事态果真严重如斯了吗？对此，我们应当有一个正确的判断。笔者经过认真调查和研究认为：近年来，袭警现象确实比较严峻，但并非从 2005 年下半年突然变得更为严峻，而是相反，袭警现象得到了遏制并有了一定程度的好转，整体上警民关系正逐步得到改善；各类袭警案（事）件不断见诸报端和网络的原因是多方面的，我们应当正确认识当前的袭警现象。笔者认为，目前袭警现象高发，但没有变得更为严峻；近年来，公安工作逐步完善、民警执法能力逐步提高、警民关系逐步改善，有效降低了袭警行为的发生。

一、袭警现象高发，但没有变得更为严峻

袭警现象由来已久，并非最近突然出现的新生事物。从公安部公布的统计数据来看，袭警案件在我国并没有变得更为严峻；相反，得到了遏制并有了一定程度的好转。

从因袭警导致民警的牺牲人数来看，从 1999 年到 2003 年，整体呈上升趋势，2003 年达到了最高峰，牺牲人数达到 84 人。自 2003 年以来，整体呈高位运行趋势，2004 年和 2005 年分别为 48 人和 27 人。此后，根据互联网公开资料显示，袭警行为一直处于高发态势，但是牺牲的民警人数没再超过 2003 年 84 人的峰值。

从因袭警导致民警的受伤人数来看，整体发展趋势同因袭警导致民警的死亡人数的发展趋势。从 1999 年到 2003 年逐年增多，达到 2003 年的峰值 4000 人。从 2003 年以来，一直处于高发态势。数据显示，从 2010 年到 2014 年，公安民警因遭受暴力袭击负伤 8880 人，平均每年 2200 人左右，暴力袭警、暴力抗法问题依然处在高位运行态势。

二、公安工作逐步完善、民警执法能力逐步提高、警民关系逐步改善

近年来，党和人民政府以及公安机关自身积极探索公安工作的有效模式，进行了诸多改革。这些改革是全面的，不但涉及治安管理的主体、公安法制、管理方式等传统问题，而且涉及公安科技、警民关系等新制度建设，使公安工作得到了逐步完善、民警执法能力得到了逐步提高、警民关系得到了逐步改善。因此，在很大程度上改变了滋生袭警行为的土壤和条件，袭警行为因此得到了有效控制。

（一）加强管理主体自身的改革，加强全国公安队伍正规化建设

为加强管理主体自身的改革和公安队伍正规化建设主要做了以下几个方面的工作：

第一，在广大民警中深入开展了端正执法思想、坚持执法为民的教育。近年来，在广大民警中深入开展了学习和讨论“三讲”“三个代表”“三项学习教育”“保持共产党员先进性”及科学发展观等一系列教育活动。2003年11月，中共中央召开政法工作会议作出了《中共中央关于进一步加强和改进公安工作的决定》，指出“贯彻‘三个代表’重要思想，坚持立党为公、执政为民，具体到公安队伍，落实到公安工作，就是要坚持执法为民”，“执法为民是公安机关执法思想的核心”，要求“各级公安机关要把执法为民思想根植于每一个警种、每一个民警，落实到每一个执法环节中”。在中共中央召开政法工作会议后不久，公安部召开第二十次全国公安工作会议，会议对坚持执法为民的重要性、必要性和如何坚持执法为民进行了全面、系统、深刻的阐述。

特别是2017年5月，习近平总书记在接见全国公安系统英雄模范立功集体表彰大会代表时，从政治的全局的战略的高度，对公安工作和公安队伍建设明确提出了对党忠诚、服务人民、执法公正、纪律严明的“四句话、十六字”总要求。这是新形势下加强公安工作和公安队伍建设、推进国家治理体系和治理能力现代化的科学理论指南。

第二，加强公安队伍正规化建设。大力加强公安队伍的正规化建设是《中共中央关于进一步加强和改进公安工作的决定》和第二十次全国公安工作会议作出的重大举措，是当前和今后一个时期公安队伍建设的主线。2004年10月，公安部发出了实施《公安部关于2004—2008年全国公安队伍正规化建设纲要》的通知。2005年7月，公安部政治部发出了公政治〔2005〕471号通知，将实施《公安部关于2004—2008年全国公安队伍正规化建设纲要》所涉及的理顺组织体制、规范机构设置、规范职务序列等24项任务进行详细分解，各相应部门负责具体落实。

第三，加强对民警队伍的训练，提高民警素质。近年来，各级公安机关

为深入贯彻《公安机关人民警察训练条令》，建立和完善训练体制，在市（地）级以上公安机关政工部门设立专门的训练管理机构，主管训练工作。各警种、各部门的训练工作在政工部门的统一指导下，分别组织实施。统一训练标准，制定训练时间、内容、要求和考核标准，保障每位民警每年参加不少于半个月的训练。改进训练方法，持之以恒、常抓不懈地开展全警大练兵。坚持岗位练兵与集中强化训练相结合，市、县级公安机关要采取“战训合一”的模式，开展集中强化训练，做到以练促战。创新训练机制，建立训练激励机制，将公安民警参加训练的情况纳入考评内容，与评先创优、晋职晋衔挂钩。建立训练经费保障机制，把训练经费列入年度公安业务经费预算，并逐年增加。同时，对民警队伍的法律知识和执法水平提出了新的要求。公通字〔2005〕44 号《公安机关领导干部法律学习培训规定》要求：以提高公安机关领导干部法律素质和依法行政能力为目标，以公安部部属局级单位和各省、自治区、直辖市公安厅、局处级以上领导干部和地（市）、县（市）级公安机关领导班子成员为对象，抓紧抓好本级公安机关领导干部法律学习培训的贯彻落实工作。各级领导机关和领导干部要以身作则，不仅自己要学，还要带动民警学。根据该规定要求，公安部拟定了《公安机关领导干部法律知识水平要点》，作为对公安机关领导干部法律知识水平进行摸底的依据。

第四，建立健全公安监督制约机制，从严治警。整合内部监督力量，自 2004 年以来，公安机关纪检、监察、督察、审计部门实行合署办公；充分发挥公安法制部门的执法监督作用，加强执法质量考评；以基层一线和窗口单位为重点，深化警务公开工作；进一步完善针对民警的投诉机制；健全定期联系人大代表、政协委员制度和开门评警制度；规范特邀监督员工作，完善特邀监督员工作制度；严格责任追究；对贯彻执行上级公安机关政令警令的情况进行定期督查，及时纠正工作偏差；健全执法责任制，完善执法过错责任追究制度；推行领导干部引咎辞职和责令辞职制度，对政令警令不通、工作措施落实不到位或对工作造成严重影响的，予以严肃查处；全面推行办理重大治安案件倒查制度；严格执行《公安机关人民警察内务条令》和“五项禁令”，解决公安队伍在枪、酒、车、赌等方面存在的问题；颁布实施《公安机关人民警察纪律条令》；加强公安机关党风廉政建设。

（二）严密公安执法程序，全面加强公安法治建设

公安部制定并严格执行《公安机关办理行政案件程序规定》《公安机关办理刑事案件程序规定》等一系列程序规定和工作细则，针对每一种执法行为、每一项执法措施和每一个执法环节，细化制定明确、严密、标准和具有较强可操作性的规定，进一步加强公安执法制度建设；制定出台公安机关适用继续盘问、适用羁押措施及程序、防止和纠正超期羁押、受理控告申诉和公安机关受案等方面的规定；认真学习贯彻《行政许可法》，对公安机关行政审批事项和行政许可规定进行了全面清理工作，推进了公安行政审批制度法制化程度；强化公安队伍的法律学习和教育培训；建立并逐步完善公安执法监督机制；通过坚持严格、公正、文明执法，提高公安机关执法的公信度，维护公安机关执法权威。

2008 年以来，公安执法规范化建设更是取得了巨大成效，极大地推动了公安法治建设，民警执法也因之变得更加规范。这在很大程度上减少了袭警行为的发生。

（三）积极实施科技强警战略，重视在治安防控体系中运用现代科学技术

近年来，现代科学技术，特别是信息技术在公安工作中的运用，极大地改进了公安工作的效率。标准化体系建设、视频监控系统建设、信息融合、大数据应用等都取得了巨大成绩。标准化体系建设是将围绕业务应用、信息化建设、运维管理、资源共享及安全等核心内容形成统一标准体系，提升信息化标准化水平；视频监控系统建设，实现了对复杂公共场所、重点场所和社会面的全时空监控；信息融合是将在用系统数据资源和社会数据信息资源的整合，并以资源目录服务、数据交换及服务总线方式，向全警提供信息资源服务；大数据应用是当前数据挖掘新技术，对各类数据背后蕴含、内在、必然的关系进行挖掘，实现数据汇集的量变到支撑、引导公安业务实战发生质变。

大量袭警行为都是因袭警行为人对公安机关的工作不满，情绪失控所导

致。现代科学技术在公安工作中的广泛应用，极大地改进了公安机关的工作效率、工作效果和工作方式，提高了社会公众对公安机关工作的满意度。在一定程度上，袭警行为也因此失去了滋生的土壤。

（四）探索新的治安管理方式，重视社会力量在维护社会治安中的作用

近年来，公安机关在积极探索新的公共行政管理的方式，主要体现在：第一，依照国务院关于行政审批制度改革的要求和《行政许可法》的规定，对公安机关的审批项目进行了集中清理，并进行了相应的修改和废止工作，对于由市场机制可以解决的原行政审批事项不再进行行政审批，最终经国务院决定，保留了37项行政审批项目；第二，积极推进社会治安防控体系建设，充分挖掘和利用社会资源，有效动员和整合群防群治力量，发挥社团、行业组织和社会中介组织在加强社会管理、维护社会治安方面的积极性；第三，公安部作出了诸多便民利民措施的规定，并在公安机关中全面得到落实，在广泛听取群众意见的基础上，继续推出新的便民利民措施；第四，深化改革各项具体管理制度，如改革暂住户口登记制度、改革验收消防行政审批制度、改革出入境管理制度等。

（五）重视警察公共关系建设，密切警民关系

警察公共关系建设和密切警民关系得到前所未有的重视，体现在：第一，自2003年年底开始，在公安机关中逐步建立和健全公安新闻发布制度，高度重视舆论引导工作，提高公安舆论的引导力，增加公安工作的透明度，提高人民群众对公安机关的认知度，塑造公安队伍的良好形象；第二，集中处理涉法上访问题，对于人民群众反映强烈，属于公安机关职责的上访问题，利用半年多时间集中进行处理，做到三个不放过，即“问题不查清不放过，问题不解决不放过，有关措施不落实不放过”。

十六届六中全会作出了在我国构建社会主义和谐社会的战略布局，构建和谐的警民关系是这个战略布局中的重要一环。和谐的警民关系应该是警察热爱、尊重、服务人民，为人民保一方平安，视人民如父母，受人民监督，让人民满意，人民理解、信赖、依靠、支持警察，警民亲如一家、水乳交融

的状态。全面推进和谐警民关系建设：一要转变执法理念，打牢执法为民的思想根基，切实解决伤害群众感情、漠视群众疾苦、侵害群众利益问题，体现“人民公安为人民”的宗旨，推动社会主义法治理念教育。二要着力解决人民群众最关心、最直接、最现实的利益问题，励精图治，内铲积弊，外树警风，顺应民意，构筑和谐，不断减少不和谐因素，增加和谐因素。三要加强公安机关能力建设，保障人民安居乐业。持续不断地加强“四个能力”建设，并通过实施“三基”工程建设，抓基层，打基础，苦练基本功，打牢公安工作的根基。四要充分依靠媒体，架起沟通警民关系的桥梁，畅通警民关系的沟通渠道。可以肯定，全面推进和谐警民关系建设对密切警民关系必将起到巨大的促进作用。

第二章 袭警行为的种类

第一节　从袭警人员角度划分袭警类型

第二节　从袭击对象的角度划分袭警类型

第三节　从袭警行为的法律性质划分袭警类型

如果坏人不怕警察，这国家就出毛病了。

——佚名

袭警行为是一种复杂的社会现象。袭警行为的复杂性首先表现为行为人存在差别，譬如性别、年龄、职业、经历等；其次表现为袭警的原因、动机、目的、行为方式、性质等存在差别；最后表现为袭警行为所侵害的客体的复杂性：袭警行为侵害了警务秩序以及警务人员的生命健康权。因为袭警行为非常复杂，只有对其进行合理分类，我们才能比较方便、系统地了解袭警行为。

研究袭警行为的种类具有重要意义。第一，化繁为简、便于研究、加深认识。袭警行为作为一种复杂的社会现象，如何形成对袭警行为的正确认识是进行科学研究的基础和前提，对纷繁芜杂的社会现象进行种类的划分不失为一种化繁为简、化难为易的研究方法。通过对袭警现象进行种类的划分，便于开展研究，也加深了对袭警行为的认识，可以说，对袭警行为种类的划分既是袭警行为研究的基础工作，也是袭警行为研究深入的重要一环节。第二，通过对袭警行为种类的研究可以为立法提供依据。对袭警行为进行法律规制是法治社会的要求。制定切实可行的法律规范的前提是对现实清醒、全面的认识。对袭警行为的规制进行立法也应该是建立在对各种袭警行为种类清醒、科学、全面认识的基础之上。第三，袭警种类的划分有助于执法、司法实践。袭警行为的不同种类往往具有不同的主观恶性、社会危害性，对其处理也应该有所不同。对不同的袭警行为作出与行为后果相对应的处罚的前提和基础一定是对不同的袭警行为有科学的认识。第四，袭警种类的划分有利于袭警行为的预防。不同的袭警种类在行为发生的场景、原因等方面存在诸多差异，根据各自的发生特点制订不同的预防措施也就显得十分重要。本章主要从袭警人员的角度、警务人员的角度以及袭警行为本身的角度划分袭警行为的种类。本书在进行种类划分时坚持如下原则：一是明确目的原则。袭警种类的划分有着各自的目的与意义，只有坚持种类划分的目的才能避免种类划分的盲目性、随意性。二是坚持多元统一标准。袭警行为的复杂性要求必须用多种视角去研究袭警行为，在对袭警行为进行种类划分时应该坚持多元标准。需要说明的是，在坚持多元标准的同时还应该注意到划分种类的前提一定是行为具有普遍性。譬如虽然从袭警人员的身份来看，我们可以将袭警行为划分为普通人员的袭警以及警务人员的袭警，但是我们应该看到警务人员对警务人员的袭警并不具有多发性，对于这种发生频次很小的事件不应该纳入袭警种类的研究范围。在坚持多元标准的同时还应该坚持统一标准，这是划分类型的内在要求。

第一节

从袭警人员角度划分袭警类型

从袭警人员的角度划分袭警类型首先是由袭警人员自身的不同特点决定的。袭警人员所具有的不同特征是袭警主体自身具有的特点，不管袭警行为是否存在，这些特征都会存在。同时我们还应该看到，袭警人员自身特性还会体现在袭警行为上。也就是说，不同类型的袭警主体所实施的袭警行为也会因为主体的不同而有所不同。需要说明的是，袭警人员的种类不同于从袭警人员角度划分出的袭警行为种类，两者是不同的概念。站在袭警人员的角度对袭警进行种类划分是以袭警行为为考察对象而不是以袭警人员为考察对象，因为我们进行的是袭警行为的种类划分而不是袭警人员的种类划分。

一、 以袭警人员的基本情况为标准的分类

袭警人员的基本情况有很多，有的具有分类的意义，有的意义不大。以考察袭警行为的现象、原因、结果、对策为重点，本书主要从袭警人员的年龄、性别以及身份特点等对袭警行为进行种类划分。

（一）以袭警人员的年龄为标准

根据袭警人员年龄的不同，将袭警行为划分为青少年袭警、壮年袭警以及老年人袭警。三者违法犯罪动机、原因、社会危害性、矫正可能性等存在较大区别。如青少年型犯罪以偶发型袭警为主，矫正的可能性大，可塑性强，且对未成年人犯罪应本着以教育与保护为主的态度，司法实践当中也在坚持该政策。老年人犯罪有其独特的社会原因与个体原因，且随着老龄化社会的到来，老年人犯罪已经成为一种重要的社会现象，对其进行研究也是社会的要求。壮年袭警是袭警行为中较为常见的现象，在袭警行为中所占比例最大，理解起来相对容易，本书不予以过多讨论。与壮年袭警存在明显区别的是青少年袭警与老年人袭警。本书对青少年袭警以及老年人袭警进行详细阐述。

1. 青少年袭警。在我国，青少年犯罪并非一个法律术语，在我国司法实践中以及相关法律文件中更多的使用未成年犯罪这一说法，青少年犯罪在国际上以及犯罪学领域中使用较多。综合考虑我国司法实践以及我国法律文件的规定，本书认为青少年袭警是指已满十四周岁不满十八周岁的未成年人实施的袭击警务人员的行为。未成年人犯罪是当今世界各国普遍存在的社会问题，具体到我国，特别是袭警犯罪中来，青少年袭警也不可忽视。青少年袭警是不同于其他年龄层次的袭警类型。第一，总体上看，青少年袭警动机简单。青少年由于心理、生理发育不成熟，易于受到外界影响，进行袭警时往往表现为一时冲动，或者出于好奇、因为无知，或者因为一味模仿影视作品经典片段，寻求刺激，从而对警务人员进行袭击。第二，青少年袭警行为所表现出来的主观恶性、社会危害程度以及接受矫正的态度都明显不同于其他年龄阶段。青少年袭警同成年人袭警相比，所表现出的主观恶性以及社会危害性较低，在处理此类行为时也应该有所不同。当然不排除某些特殊情形中青少年不知轻重对警务人员进行不计后果的袭击情形。第三，对青少年袭警行为的处理坚持以教育挽救为主，这不同于其他年龄层次的袭警行为。第四，青少年袭警往往具有团伙性。

【典型案例】

案例1：2002年1月某日下午，陕西省渭南市某职业学校校长张某因为抢夺生源，伙同他人在另一技校门口殴打一名女学生，致其住院。立案后，临渭区公安分局某派出所曾两次依法传唤张某，张某拒绝接受调查。1月18日10时左右，4名民警到该职业学校对张某进行强制传唤，张某拒不配合。争执期间，张某的母亲在旁喊道：“同学们下来，给我打这几个土匪！”张某也朝楼上大喊：“各位同学都下来帮我揍这些不长眼的。”随后四五十个学生从楼上下来，手中或挥着木棒，或掂着铁棍，甚至有手提菜刀者，将民警团团围住。几名在场的学校教师亦呼喊学生下楼，并叫嚣“打！打死不偿命！”四五十名学生共同攻击4名民警。民警见状立即撤向大门外。此时学校大门已被锁住，4名民警在大门紧锁的校园内被围困，遭到几十名学生疯狂殴打近十分钟。

案例2：2017年6月7日19时30分，广东省揭阳市交警支队民警陈某及相关辅警人员在市区某路口执勤。19时47分，民警发现一辆正在行驶的无牌白色摩托车，车上驾驶员（张某，男，16岁，安徽籍）与乘客（安某，男，17岁，河南籍）均未按规定佩戴安全头盔，民警依法将其拦停后进行检查。由于未携带驾驶证，张某与安某以需返回家取为由离开现场。20时20分左右，上述两名男子返回现场，用一根长约60厘米的铁水管对执勤人员进行暴力袭击，后被现场警务人员制服。该事件致使4名警务人员受伤。

2. 老年人袭警。社会生活中老年人往往以弱者的身份出现，即便是在警务实践中，在面对老年人时执法人员往往会放松警惕，表现出对老年人的理解与保护。然而，不可忽视的是，部分老年人倚仗自己年龄及社会尊老的优良传统，在面对警察执法时却变本加厉对警务人员的执法行为进行阻挠，甚至侵害警务人员。随着我国老龄化社会的到来，老年人袭警的现象也较为普遍起来。对老年人袭警进行研究不仅是我国社会现实的要求，也是对警务人员保护的要求。老年人袭警具有如下特点：第一，总体来说，袭警的老年人文化水平不高、法治观念不强，面对警务人员的执法活动往往过分强调个人权利、忽视个人义务。第二，老年人袭警往往倚仗自己年老体弱等条件，在遇到警务人员执法时往往倚老卖老，拒不配合执法。第三，随着我国经济水平的提高以及医疗水平的发展，老年人的身体条件总体呈现老而不衰的特点，某些老人在体力上并不输于壮年，一些老人的袭警行为所造成的危害并不低于青壮年袭警造成的危害。第四，随着我国老龄化社会的到来，老年人袭警的现象还将呈现进一步发展的态势。

【典型案例】

2017 年 3 月某日晚，在江苏镇江丹徒区谷阳镇上，一个马戏团在集镇上进行马戏表演。其间，一醉酒老汉堵在检票入口，影响了观众进出。为此，马戏团工作人员与老汉争执不下，随后双方扭打在一起。周围群众见后报警，民警到达现场后欲对双方进行调解，其间醉酒的马某趁机打了民警一拳，扇了民警一巴掌。民警以涉嫌袭警为由将马某口头传唤到派出所做进一步处理。到达派出所后，马某谎称自己有严重的心脏病、高血压需要治疗而在地上撒泼打滚，随后又对派出所桌椅、玻璃等进行打砸，严重扰乱派出所工作秩序。

（二）以袭警人员的性别为标准的分类

根据袭警人员的性别，可以将袭警划分为男性袭警和女性袭警。总体上看，男性袭警仍然占据主要部分，女性袭警明显低于男性袭警。导致这种状况的原因有多种，首先源于男女性别具有不同的生理、心理特征，男性更具有攻击性，在与警务人员发生争议时，容易演变成袭警行为。其次是男女两性在社会地位上也存在不同，由于社会对女性的定位为第二性，女性在社会生活中一直处于被保护的地位，这种习惯会延续到执法过程中，甚至会延续到司法程序中，警察面对女性执法时，相对表现得温和一些，引发冲突的可能性也就小一些。

需要注意的是，随着女性社会地位的提高，女性更多地参与到社会生活中来，女性接触警察的机会也日渐增多，女性袭警犯罪也呈现增多的趋势。

【典型案例】

2013 年 2 月 15 日 16 时许，犯罪嫌疑人张某振、张某（女）、张某然、谢某华（女）在梅县雁洋镇长教村上村张屋路段以一辆黑色小轿车经过吓到张某振为由，持一条长竹竿将黑色小轿车拦停，不让其通过。雁洋镇长教村现场维持桥溪村建设秩序的执勤民警黄某静以及雁洋镇政府司法所干部洪某忠发现后前往处理，执勤民警黄某静表明身份后耐心劝导犯罪嫌疑人张某振等人停止拦路行为，但犯罪嫌疑人张某振等人不听劝阻。在执勤民警黄某静对他们的违法行为进行手机录像取证过程中，犯罪嫌疑人张某将黄某静正在录像取证的手机抢走，并伙同犯罪嫌疑人张某振、张某然、谢某华对黄某静进行殴打，造成黄某静全身多处受伤。随后，犯罪嫌疑人张某振从犯罪嫌疑人张某手中接过黄某静的手机，将该手机里存有他们拦路闹事录像的内存卡取出丢掉，手机则放在路边石头上。经梅县公安司法鉴定中心鉴定，伤者黄某静损伤程度未达轻伤。法院认为，被告人张某、张某振、张某然、谢某华无视国家法律，以暴力方法阻碍国家机关工作人员依法执行职务，其行为均已构成妨害公务罪，应依法分别惩处。

二、 以袭警人员的身份为标准的分类

根据社会身份不同分为普通袭警与权力袭警①。普通袭警，是指没有特别身份的人实施的袭警行为。权力袭警，是指国家工作人员（包括警察机构工作人员）凭借其特定公职身份及其所享有的国家公权力对正在执行职务的警务人员进行袭击的行为。由于大多数袭警类型都是普通公民实施的，生活中较为常见，理解起来并不存在多大困难，本书不予以过多论述。权力袭警，亦有学者将其称为“恃权欺凌型袭警”②。由于有恃无恐、知法犯法、滥用权力，其影响比普通公民袭警更为恶劣。权力袭警者在面对警务人员时往往会主动表明自己的身份，暗示自己享有超越法律之外的特权。实践中甚至有权力袭警者对警务人员进行威胁，严重干扰了警务人员正常执法。现实生活中“官大一级压死人”、“县官不如现管”的人治思想仍然不同程度地

① 胡昊昕．权力袭警：一个危险的信号．人民公安，2006（23）：8.

② 邓国良等．袭警犯罪的控制与预防．北京大学出版社，2015.

存在，这在某种程度上也影响着警务人员的正常执法。即便权力袭警的违法事实已经发生，传统观念中特权思想、不平等观念等也会再次显现，对违法人员的处理往往寄希望于组织，很难如普通公民一样接受法律正义的制裁。而所在单位往往对位高权重者以保护教育为主，大事化小、小事化了，对权力袭警者的处理也草草了事。最后，为官者或者公权力者自身带头违法也会在公众面前带来严重的负面影响。

【典型案例】

案例1：2011年5月27日14时左右，河北沧州河间市公安局巡警大队民警王某接到110指挥中心指令，称位于某路的某饭店有人打架，王某随即与同事驾车赶往现场。民警到达现场后，发现一名约40岁的妇女（袁某某）正和饭店一名服务员互相谩骂。经了解，袁某某因嫌服务员上主食太慢，与服务员发生肢体冲突。袁某某拒不接受调解。王某让双方到派出所说明情况。此时旁边一名男子（河间市某部门领导，系袁某某的配偶）突然向王某挥来一拳，王某被打倒在地，随后向巡警大队请求支援，并准备将有关人员移交河间市某派出所。等待支援过程中，饭店门外来了十余人，将王某拽出饭店外对其进行拳打脚踢，并把他拖进一辆轿车内进行殴打。王某逃跑后拦了一辆出租车，但被拽下车继续遭到拳打脚踢。后王某同事开车将其救走。殴打行为致王某身体多处受伤。

案例2：2012年10月13日晚7时40分左右，正在太原市迎泽大街大南门十字路口执勤的太原市公安局交警支队民警夏某收到迎泽大街天龙岗交警发来的信息，要求协助拦截一辆车牌号为“晋KK82××”的黑色现代越野车，原因是该车在天龙岗十字路口不听交警劝导，强行违章左转。晚8时许，该车驶入迎泽大街大南门十字路口，执勤交警夏某将其拦下进行检查。夏某要求司机出示驾驶证和行车证，但该司机自称是太原市公安局某部门的干警，并出示了一张太原市公安局的门禁卡。门禁卡显示，司机的姓名为李某。李某称自己急着去火车站送人，夏某便扣押了李某的门禁卡，让其先去车站送人后再来接受处理。但这一处理方式被李某拒绝。夏某称留下驾驶证也行，李某说没有带，一番争执后，李某出示了行车证，夏某予以扣押后转身离开。据夏某讲述，李某开车门便冲自己跑过来，一把掐住了他的脖子，连打带骂试图夺回门禁卡和行车证。夏某喊道，“你是警察咋还打警察呢”，边向路边跑边用对讲机请求附近交警的援助。这时围观的群众纷纷指责，有人出面试图制止李某。稍后赶来增援的3名交警将李某控制。

三、以袭警人员的组织形态为标准的分类

根据人数多寡将袭警类型划分为个人袭警与共同袭警。个人袭警，是指个人单独实施的袭警行为。共同袭警，是指两人以上共同实施的袭警行为。有学者统计，群体袭警事件占比已达45.2%，接近个体袭警所占比例（54.8%）。[①] 根据人员规模、组织严密程度不同，将共同袭警划分为团伙型、聚众型以及集团型。而集团型根据发展阶段的不同则又可分为集团组织型、黑社会性质组织型以及黑社会组织型。由于各种袭警类型之间存在诸多细微差别，下面分别阐述。

（一）团伙袭警

在我国犯罪团伙并不是一个法律概念，没有统一的定义，但在警察领域广泛使用。团伙犯罪有广义和狭义的区分。广义上的犯罪团伙是泛指所有的组织犯罪；狭义的犯罪团伙则专指3人以上为了多次实行犯罪而结合起来，组织形式多样、结构松散、成员不完全固定、组织化程度较低的犯罪结伙。根据公安实践，结合袭警行为的现象，我们认为团伙袭警是指3人以上为了某种一致目的而临时纠集共同实施袭警，完毕后即散去的犯罪结伙。团伙袭警具有如下特点：第一，团伙袭警的犯罪目的具有很大的随意性与偶然性，在内容上并不具有明确性。第二，即便团伙袭警的目的性较差，内容不确定，但之所以称为团伙，是因为团伙成员在某种特定情形下已经达成较为一致或者内容高度重合的犯罪目的。这种目的可以是实施其他违法犯罪活动，

① 2015—2016袭警现象报告：每18小时发生一起袭警事件．［2016-07-14］．https：//mp.weixin.qq.com/s/O78sMARhWMo4IQx8RI-ZQQ.

也可以是直接对警务人员进行袭击。内容上在所不同，但至少要求成员在目的上具有某种程度的一致或者内容上的重合。第三，团伙袭警无固定组织、无固定成员。团伙袭警在外观上并没有成型的组织形式，成员也不完全固定，团伙成员大都临时聚集，一旦行为结束后便各自散去。

【典型案例】

案例 1：某日上午，重庆铁路公安处特警支队接到龙头寺火车站票调组信息，在进站候车旅客中发现多张实名制高价票。据乘客反映，这些票都是从武胜县烈面镇几个摊位上买来的。特警支队 6 名同志组成办案组赶到烈面镇侦查，并决定在票贩交票时动手打掉 3 个倒卖实名制车票的黑摊位。特警队员陈某在现场搜查一个黑色皮包时，摊主李某（女，40 岁左右）大吼着前来抢夺，摊位附近的人迅速围了上来，数名中年人挥舞拳头砸向陈某。特警队员钟某见状立即冲过去支援。陈某迅速将黑色皮包夺到手，打开一看里面装着一厚叠车票和满包的身份证（事后查明有长途车票 24 张，身份证 45 张）。此时，围殴民警的人中有人拿来了钢筋棍，一名 40 来岁的壮汉用钢筋棍砸到陈某头部，其他票贩抢夺黑皮包。陈某紧紧抓住黑皮包不放手。

案例 2：2006 年 5 月 28 日 9 时许，交警三大队民警张某、魏某在淝河路与东流路交叉口执勤时，要求违法驾驶人刘某出示驾驶证、行驶证，被拒绝后张某按照程序扣留其车辆。在张某用对讲机通知大队拖车到场时，刘某突然从驾驶室拿出一把铁锹向张某劈去，张某头部一偏，铁锹打在他的左臂上。民警魏某与张某一起将铁锹夺下，并将刘某压在身下。由于担心围观群众误会引发交通堵塞，民警就将刘某松开。但刘某立即从路边捡起两块砖头向民警冲去，民警再一次控制住刘某双臂，刘某又用脚向张某裆部连踢几下。刘某手中砖块被交警夺下后，又用手机邀来四五名同伙。其同伙到达现场后，立即围住两名交警，这时刘某突然挥拳打张某，民警魏某也被其同伙缠住，刘某在扭打张某时又狠狠咬住其左手拇指不肯松口。最后，在围观群众的帮助下，张某才将手指从刘某口中拔出。当增援民警赶到时，刘某已趁乱逃离现场。经诊断，张某左手大拇指指甲全被咬掉，身上多处软组织挫伤。

（二）聚众袭警

聚众袭警是指聚集多人共同实施的袭警行为。聚众袭警具有如下特点：第一，人数较多。所谓聚众，即聚集多人，但究竟聚集多少人算是聚众，目前没有法定的数字，我们一般认为聚集 10 人以上谓之聚众，即聚众袭警的人员规模在 10 人以上。第二，多人之间没有固定的组织，并且在实施袭击行为中，袭警人员的人数可能有增有减。聚众袭警是一个松散的临时同盟，表面上并不存在所谓的组织形式。聚众袭警主要表现为人员数量的不确定性，即随着行为的进行，数量会有所变化，有的人加入，有的人退出，表现出很大的随意性与不确定性。第三，其他人员参与进来往往受到情绪的感染，或者盲目地跟从，抑或是出于法不责众的心理。最典型的表现是群体性事件中的袭警行为。

【典型案例】

案例 1：2011 年 10 月，重庆万盛区和綦江县合并为綦江区，当地群众向有关部门反映了一些担心和具体问题。因当地群众利益诉求未能有效解决，2012 年 4 月 10 日，从中午开始，万盛经开区子如广场、高速公路路口、万盛公安分局等地先后出现人群聚集。其间，部分聚集者向维护秩序的执勤警察和武警投掷石块和砖头，并有 12 辆警车被砸，4 辆警车被烧。部分民警和群众受轻微伤。

案例 2：2013 年 4 月 11 日 13 时许，灵山县公安局陆屋派出所接到群众举报，有人在灵山县陆屋镇松木山村委会对面聚众赌博，随后民警邱某、朱某便带领治安队员李某、施某、谢某、郭某前往查处，在灵山县陆屋镇松木山村委会对面一商店内发现有十几个人正在赌博。民警邱某等人表明警察身份后即口头传唤参赌人员到灵山县公安局陆屋派出所接受调查，后又在现场对涉嫌赌博的犯罪嫌疑人杜某等 3 名参赌人员采取强制措施，但遭到犯罪嫌疑人杜某等人的极力反抗。犯罪嫌疑人杜某等人持木棍殴打民警，并煽动围观的村民殴打民警，后追赶民警朱某殴打致伤。案发后，犯罪嫌疑人杜某逃离现场。当日，民警朱某到陆屋镇中心卫生院治疗，经诊断，朱某的伤情为：右手食指挫裂伤，全身多处软组织挫裂伤。经灵山县公安局物证鉴定室鉴定，朱某的损伤程度构成轻微伤。灵山县人民法院认为，被告人杜某煽动群众阻碍并伙同他人持械殴打执行职务的公安人员，阻碍国家机关工作人员依法执行职务，其行为已触犯了《刑法》第277条第1款，构成了妨害公务罪。公诉机关指控应当以妨害公务罪追究被告人杜某的刑事责任成立。被告人杜某在妨害公务的共同犯罪过程中，煽动群众、积极参与殴打执行职务的公安人员，起主要作用，是主犯，依法应当按照其所参与的全部犯罪处罚。被告人杜成梅伙同他人持械殴打国家机关工作人员，造成一人受轻微伤，应对被告人杜成梅从严处罚。

（三）集团组织袭警

集团组织袭警是指3人以上共同实施袭警，成员间结成相对固定的组织。集团组织袭警具有如下特点：第一，集团组织袭警的组织形态相对稳定；第二，集团组织成员相对固定；第三，集团组织之间有较为明确的领导人员与骨干分子；第四，犯罪目的明确，一般为有预谋的犯罪，即各个成员间基于一种或几种共同的犯罪目的而纠集一起；第五，实施集团组织袭警行为时有较为明确的分工，成功实施的可能性大，社会危害大。

【典型案例】

2009年11月17日，云南景洪78名假和尚在接受民警盘查时，不仅不配合调查，还辱骂并围堵殴打民警，造成3名民警和1名辅警受伤。经调查，他们用“和尚”的身份作为掩护，以武力要挟等多种方式向群众强买强卖高价膏药。经核实，78人均系河南省平顶山市宝丰县农民，冒充和尚。11月16日下午，这伙人在一个叫“布套”的人组织下，乘一辆车牌号为豫K239××的大巴车到达景洪市，用“和尚”的身份作为掩护，在闹市区以武术表演为名吸引过往群众，然后强买强卖假膏药。据民警介绍，当时叫他们出示身份证、驾驶证、行驶证时，他们拒不配合，然后二三十个和尚将民警团团围住并扬言要和现场民警单挑，后拿沙子、石头等砸向现场警务人员，造成现场警务人员不同程度受伤。

（四）黑社会性质组织袭警

我国现行宪法规定了黑社会性质组织犯罪。2000 年 12 月 4 日，最高人民法院审判委员会通过了《关于审理黑社会性质组织犯罪的案件具体应用法律若干问题的解释》，在该规定中对黑社会性质组织的特征进行了归纳。2010 年 1 月 13 日，最高人民法院、最高人民检察院、公安部联合下发《办理黑社会性质组织犯罪案件座谈会纪要》，认为刑法规定的黑社会性质组织一般应当具备以下特征：第一，形成较稳定的犯罪组织，人数较多，有明确的组织者、领导者，骨干成员基本固定；第二，有组织地通过违法犯罪活动或者其他手段获取经济利益，具有一定的经济实力，以支持该组织的活动；第三，以暴力、威胁或者其他手段，有组织地多次进行违法犯罪活动，为非作歹，欺压、残害群众；第四，通过实施违法犯罪活动，或者利用国家工作人员的包庇或者纵容，称霸一方，在一定区域或者行业内，形成非法控制或者重大影响，严重破坏经济、社会生活秩序。黑社会性质组织袭警，即黑社会性质组织实施的袭警行为。黑社会性质组织袭警具有明显的反社会性，社会危害大。黑社会性质组织犯罪如果不加以制止，任由其发展，会发展成为黑社会组织犯罪。根据我国政府的判断，我国目前并不存在黑社会组织犯罪。由于本书所讨论的袭警种类主要限于我国境内，因此对黑社会组织犯罪以及黑社会组织袭警不再予以讨论。

【典型案例】

案例 1：以刘某柏为首的涉黑团伙主要活跃在湖南省新化火车站、黄泥坳一带，以暴力、威胁和其他手段，有组织地大肆进行故意伤害、寻衅滋事、敲诈勒索等各类犯罪活动，因此也称“黄泥坳团伙”。2010 年 5 月 12 日下午，新化县上梅镇黄泥坳村村民吴某于新化县人民医院剖腹产后病情突发，经抢救无效死亡。死者丈夫刘某为了让院方多赔钱，请以刘某柏为首的犯罪组织骨干成员刘某平等人出面到医院停尸闹事，该团伙在出事的县人民医院打砸闹事持续 3 天之久，造成人民医院 8 个病室被迫停业 10 天，造成财产损失 18 万余元。据当时在场的公安民警介绍，“5 · 12”聚众扰乱公共秩序事件中，该团伙用木棒、红砖等物品打砸医院，并将铁床堵在医院三楼的楼梯口，阻止在场的100余名公安民警将尸体搬离病房，且该团伙成员伍某等人及死者亲属用砖头、木棒、灭火器、鞭炮等物疯狂袭击民警，导致部分民警受伤，当晚的执勤任务受阻。

案例2：20世纪90年代后期至21世纪初，犯罪嫌疑人吴某贤（男，汉族，1974年7月15日出生于广东省廉江市，绰号“大眼贤”“和尚贤”）以假扮和尚诈骗、开设赌场等方式聚敛钱财。2004年以后，吴某贤利用非法聚敛的钱财成立多家企业，同时通过雇用、收买等手段吸收社会闲散人员，多次实施违法犯罪活动，以保证其企业非法获取高额利润，逐步形成了带有黑社会性质的犯罪组织。2006年12月初，犯罪嫌疑人吴某贤领导的犯罪组织在廉江市××镇通往××糖业公司的路段非法设点拦截去该公司出售甘蔗的蔗农或运输车辆，强行收购甘蔗再加价转卖牟利。同月4日8时许，组织成员蓝某在××镇××饭店门前非法设点，拦截驾车运输甘蔗的许某某，欲强行收购甘蔗。廉江市公安局××派出所接群众报警后，所长符某（被害人，男，时年44岁）带领民警钟某某及被害人郑某某、冯某某、李某某、吴某某（甲）等八名治安队员赶赴现场调查处理。符某当场制止蓝某对许某某（甲）的恐吓、施暴行为，蓝某拒不服从，符某遂用手铐铐住蓝某，要求蓝某配合调查。蓝某喊出聚集在××饭店的十余名同伙将蓝某从符某处抢走，并打电话向组织成员求救。而后，吴某贤及吴某君、赖某可、温某华、吴某兰、吴某某（乙）等组织成员纠集数十人来到现场，与蓝某等人一起围堵、辱骂、恐吓符某等公安执法人员。符某被困在警车内无法脱身，打电话向上级领导汇报情况；吴某某（乙）等人试图推翻警车未果，吴某兰用布条堵塞警车排气管。符某等人被围困约一个小时后，廉江市公安局相关领导龙某等人来到现场外围，符某下车欲前往龙某处汇报情况，吴某贤见状指令组织成员拦截、殴打符某，吴某君、赖某可、吴某兰等人遂冲上去将符某殴打致轻伤，并将在场保护符某的郑某某、冯某某、李某某、吴某某（甲）殴打致轻微伤。事后，吴某贤为逃避法律制裁，指使吴某君包揽全部罪行。吴某君向廉江市公安局投案，后被廉江市人民法院以故意伤害罪判处有期徒刑六个月，刑满释放后，吴某贤给其购买了车辆等作为补偿。[1]

四、以袭警人员的主观状态为标准的分类

以袭警人员实施袭击行为前是否有预谋为标准，袭警行为可以划分为有预谋型和无预谋型（也有学者称为激情型）袭警行为两种类型。无预谋型袭警根据具体情形的不同划分为机会型与激情型。

（一）有预谋型袭警行为

有预谋型袭警，是指袭警人员在实施袭击行为前，经过一定的思考、计划和部署，而对警务人员实施袭击的一类袭警行为。有预谋型袭警行为具有如下特点：第一，实施袭击行为前经过一定的规划、考虑，甚至是深思熟虑、精心策划，犯意坚决。第二，犯罪人具有强烈的报复动机，反社会性明显，社会危害性大。

【典型案例】

案例 1：2017 年 1 月 30 日凌晨 1 时 18 分许，太原市迎泽区分局迎泽派出所接 110 指令，有市民报警称在太原市某公司宿舍有人吸毒。值班民警在赶赴现场的过程中，发现身后有一可疑男子尾随，遂对其进行询问盘查。其间，该男子突然掏出随身携带的砍刀和匕首冲向民警，民警合力将其控制，当场缴获砍刀、匕首各一把。经查，嫌疑人魏某（男，44 岁，太原市迎泽区人）因家庭琐事产生轻生念头，遂预谋袭警。1 月 29 日晚，魏某多次持刀潜入迎泽派出所附近寻找作案时机未果。次日凌晨 1 时 18 分许，魏某以谎报吸毒假警情的方式引诱民警出警，后持砍刀、匕首藏至报警地隐秘处伺机袭警。

案例 2：2014 年 2 月 16 日，经警方全力侦查，新疆阿克苏地区乌什县暴恐袭警案件告破。经新疆警方查明，该案是一起有组织、有预谋的暴力恐

① 吴某贤故意杀人、组织、领导黑社会性质组织等死刑复核刑事裁定书．［2013－12－26］．http：//www. court. gov. cn/wenshu/xiangqing－40. html.

怖袭警案件。3 年前，麦某开始宣扬宗教极端思想，一些人员受其影响，思想逐步走向极端。自 2013 年 9 月起，以麦某为首的 13 人陆续纠集，收听观看暴恐音视频，进行体能训练，结成暴恐团伙。2014 年 1 月以来，该团伙购买作案车辆，制造爆燃装置、砍刀，多次试爆，预谋伺机袭击公安巡逻车辆。2014 年 2 月 14 日 16 时许，该团伙成员分乘作案车辆，携带爆燃装置，手持砍刀，实施犯罪。警方现场缴获数十枚爆燃装置及砍刀、车辆等作案工具。此次暴恐袭警案件致 2 名群众和 2 名民警受伤，5 辆执勤车损毁。公安民警在处置过程中，击毙 8 人，抓获 1 人，3 名犯罪嫌疑人在实施犯罪时发生自爆死亡。

（二）无预谋型袭警行为

无预谋型袭警，是指袭警人员在实施袭击行为前，没有经过一定的思考、计划和部署，而是在警务人员执行职务行为时，因情绪激动或是担心暴露自身的违法行为，突然袭击警务人员的一类袭警行为。有大量的袭警案件都属于这一类袭警行为。无预谋型袭警根据具体情形的不同划分为机会型与激情型。机会型袭警是指遇到某种情形当即形成犯罪决意而实施的袭警行为。此种类型的袭警并不具有很强的犯罪决意，决意大都是临时形成的，而且如果某种特定的情形不出现，就不会形成犯罪决意，犯罪行为也不会出现。激情型袭警是指某种情形激起了袭警行为人的强烈情绪，导致行为人情绪失控而袭警。

【典型案例】

2016 年 5 月 11 日，江苏省盐城市区新洋派出所民警周某某接到辖区内的一家医院报警称有患者在医院闹事。民警赶到现场后经调查了解，患者孙某因于 2016 年 3 月 24 日在该医院做胃镜检查时发生意外与医院产生矛盾，至今未得到解决。民警周某某将患者家属和院方代表带到了医院会议室进行协商调解。在民警向所里汇报情况时，患者家属刘某某对院方代表大打出手。民警周某某对刘某某殴打院方代表的行为进行制止。制止的过程中，刘某某对赶过来制止的民警周某某实施了殴打。刘某某将民警周某某按倒在地，对民警周某某的头部进行了猛击并掐住周某某的脖子。后刘某某被现场人员合力控制。殴打行为造成民警周某某的头部、颈部以及手臂不同程度受伤。在冷静下来之后，刘某某对自己的过激行为也感到了后悔。

五、 以袭警人员的主观目的为标准的分类

袭警人员在进行袭警时具有不同的主观目的，不同的主观目的反映到袭警行为上也会有所不同。可以说不同的主观目的决定了袭警行为不同的种类。根据袭警人员主观目的的不同，将袭警划分为以下几种类型。

（一）抢劫型袭警

抢劫型袭警，是指袭警人员以抢劫为目的对警务人员进行袭击的行为。实践中抢劫型袭警更多是以抢劫警械、武器、弹药为主。此种类型的袭警案件中，袭警人员为了实现犯罪目的，大都经过精心策划，深思熟虑。而且为了实现犯罪目的往往采用暴力程度高的手段，后果严重。袭警人员一旦成功实施抢劫后，往往会肆无忌惮地继续实施其他类型的犯罪，社会危险性大。

【典型案例】

案例 1：2004 年 8 月 3 日 20 时许，犯罪嫌疑人施某某、李某某、蒲某某及谭某某为准备抢劫犯罪的工具，采用暴力手段袭击正在重庆市渝中区解放碑商业步行街某公司门前执行巡逻任务的民警刘某，抢走“六四”式手枪 1 支，子弹 6 发，致 1 人轻伤，现场引燃自制炸弹。

案例 2：1998 年 12 月 6 日晚 7 时许，黑龙江省齐齐哈尔市公安局某公安分局刑警杨某和妻子外出期间被四名违法犯罪嫌疑人抢劫。杨某前胸、后背接连被刺两刀后倒地。杨某佩带的“七七式”手枪也被抢走。杨某受伤严重，经鉴定为重伤、八级伤残。齐齐哈尔市公安局铁锋公安分局很快锁定并抓获犯罪嫌疑人魏某某。魏某某交代了其伙同刘某某、李某、吉某某刺伤民警、藏匿枪支的犯罪事实。后李某、刘某某相继落网，犯罪嫌疑人吉某某一直在逃。经查，案发当晚，魏、刘、李、吉四人结伙密谋抢劫。他们尾随

杨某夫妇，刘某某刺伤杨某，李某抢走手枪，吉某某抢劫杨某妻子，魏某某将枪支藏匿。在这之后，四人随身携带匕首持刀抢劫作案29起。其中，吉某某参与作案3起，系抢劫共犯。1999年，魏某某被判处无期徒刑，李某、刘某某被判处死刑，吉某某在逃。在逃期间吉某某化名山东人“张国锋”，成为一名小有名气的演员，先后在30多部电视剧中出演配角。2011年12月7日，追捕组在浙江省金华市走访时，发现张国锋的体貌特征与在逃人员吉某某极为相似。后证实该男子就是潜逃13年的吉某某并将其抓获。2012年1月10日，犯罪嫌疑人吉某某被某区检察院批准逮捕。

（二）报复泄愤型袭警

报复泄愤型袭警，是指由于内心存在不满情绪对警务人员进行打击报复的袭警行为。报复泄愤型袭警根据袭警人员经历的不同又可分为因对打击处理行为不满而袭警和因对社会不满而实施恐怖袭警两种。第一种报复泄愤型袭警行为具有如下特点：第一，从袭警行为的主体来看，袭警人员本人或者与其关系密切者往往受到过公安机关的处理。第二，从主观目的上来看，袭警人员内心对查处行为或查处结果不满，实施袭击行为往往出于强烈的报复泄愤心理。部分袭警人员甚至有着明显的反社会心理。第三，从袭警行为的对象来看，被袭击的对象并不限于直接实施查处行为的警务人员这个范围，往往出现袭击目标泛化的趋势。第二种即恐怖袭警类型，具有明显的反社会性。由于成因复杂、获取资料困难等原因，本书不予以讨论。

【典型案例】

2005年7月25日下午3时许，安徽省无为县人董某和王某到合肥市办事，由于道路不熟，就将车停在人行道上，向行人打听道路，恰好被交警张某发现，张某立即拦住车辆，并处以300元罚款。王某称只是借道停车打听道路，路上行人少，并没有妨碍交通，不应罚款。张某遂呼来清障车，将董某的车辆拖到交警队接受处理。董某的车被拖到交警队后，董某一直等了两个小时，张某既不作处理，也不放车，让董某和王某第二天再来接受处理。董某和王某远道来合肥办事，事情没有办成，晚上还没有去处，忍无可忍，找到张某理论，并抽打张某几个耳光，后被他人拉开。

（三）抗拒执法型袭警

抗拒执法型袭警，是指袭警人员漠视法律，为抗拒、阻挠警务人员的行政执法活动，而对警务人员实施袭击的一类行为。抗拒执法型袭警具有如下特点：第一，从袭警的发生时间来看，袭警行为往往发生在警务人员执法过程中。袭警行为在当时的情形下是首次犯罪，在这之前并不存在违法犯罪活动。第二，从袭警人员的主观目的来看，袭警人员无视法律尊严、蔑视警察权威，目的在于抗拒、阻碍警务人员的执法。第三，从袭警的对象来看，袭警行为所针对的对象主要是现场执法的警务人员，范围相对固定。第四，警务人员与行政相对人之间存在明显的带有暴力与强制性质的互动。第五，从袭警行为发生的过程来看，袭警行为有一个冲突逐步演变、暴力不断升级的过程。第六，在冲突升级演变的过程中，警务人员大都存在一定的过错。第七，以激情犯罪居多，即在特定情形下激发犯罪决意而实施犯罪，因此也具有较强的突发性，防备困难。第八，手段较逃避打击型袭警（见下文）暴力性弱，造成的危害相对小，当然不排除情形严重者。

【典型案例】

2015 年 5 月 5 日 0 时许，犯罪嫌疑人何某与其朋友徐某（在逃）等 4 人在桃源县漳江镇某 KTV 娱乐。4 人离开到三楼电梯口时，遇王某、陈某乙、陶某，徐某以不喜欢陶某穿的花衣为由，用手提起陶某上衣，双方发生口角。随后，何某伙同徐某等人对王某、陈某乙、陶某实施了殴打，何某拿花盆砸向王某的头部，徐某在 KTV 大厅随意打砸物品。经常德市信源司法鉴定所鉴定，王某评定为轻微伤，KTV 损坏物品价值人民币 3010 元。因在场群众报案，桃源县公安局某派出所民警前往处警，并在桃源县漳江镇武陵西路某酒店门前公路上发现驾驶越野轿车的何某，对其进行口头传唤。何某置之不理，发动车辆倒车强行冲开民警的围堵，明知辅警陈某甲挂附在车门上，仍不顾警告开车将其拖带 400 余米摔倒在路边后驾车逃离。经常德市捍正司法鉴定所鉴定，陈某甲评定为轻微伤。湖南省桃源县人民法院认为，被告人何某在公共场所伙同他人随意殴打他人，任意损毁公私财物价值3010元，情节严重；以暴力方法袭击正在依法执行职务的人民警察，致1人轻微伤，其行为已分别构成寻衅滋事罪、妨害公务罪。

（四）逃避打击型袭警

逃避打击型袭警，是指袭警人员在实施了违法犯罪行为后，为逃避打击，而采取暴力袭击警务人员的一类袭警行为。逃避打击型袭警具有如下特点：第一，在袭警行为之前存在一个违法犯罪活动，有学者认为存在源犯罪①。第二，从发生的时间来看，逃避打击型袭警主要发生在源犯罪引起的刑事执法活动中。第三，从主体来看，袭警人员大都是实施了违法犯罪活动的违法犯罪分子。第四，从行为主体的主观目的来看，袭警人员袭击警务人员主要是为了逃避法律制裁、摆脱警察追捕。第五，从袭警对象来看，袭警对象往往是袭警人员进行拦截、抓捕等行为的人员，对象特定。第六，从袭警的手段来看，为了摆脱警察追捕、逃避法律制裁，袭警人员不顾一切后果，往往本着“孤注一掷”、“鱼死网破”的心态采取极端残忍、暴力的手段，后果严重。第七，警务人员在刑事执法的过程中由于已经知道源犯罪的有关情况，往往具有一定的准备，包括武器装备以及心理准备等。

【典型案例】

2006年10月23日0时30分许，北京市门头沟分局交警唐成文在109国道芹峪口路段检查一可疑车辆时，遭数名犯罪嫌疑人袭击，造成重伤，犯罪嫌疑人驾车逃逸。后经抢救无效，民警唐成文牺牲。26日夜、27日凌晨在河南周口市张某某等两名犯罪嫌疑人被抓获。

（五）公然挑衅型袭警

公然挑衅型袭警，是指袭警人员为发泄不满、藐视国家和法律权威，或者是无事生非故意挑衅并袭击警务人员的一类袭警行为。从主体上看，袭警

① 董科均．袭警犯罪研究．烟台大学硕士学位论文，2008.

人员往往属于社会闲散人员，或者对社会心生不满者。从行为方式上看，袭警人员往往采用语言挑衅、轻微暴力攻击等手段袭击警务人员。从行为后果来看，一般情形下造成后果并不严重。从行为人悔过态度看，行为人事后对自己行为后悔不已，表示愿意改过自新。可见此种类型袭警可塑性较强。

【典型案例】

2017年6月21日21时许，安徽省马鞍山市和县公安局某派出所民警在街道正常巡逻执勤。吴某平、郑某等3人酒后，故意纠缠和辱骂执勤民警，并伴有挑衅行为。面对数十名围观群众，吴某平、郑某公然叫嚣："我明天就到上海，你派出所有本事今晚把我拘了"，气焰极度嚣张，影响恶劣。2017年6月22日对情节轻微的郑某晓批评教育，对吴某平和郑某分别行政拘留9日和7日。

（六）脱逃型袭警

脱逃型袭警，是指行为人违法犯罪被有关机关控制后，行为人为摆脱被限制状态而袭击警务人员的行为。根据行为人法律身份的不同表现为违法嫌疑人的脱逃、犯罪嫌疑人的脱逃、被告人的脱逃、罪犯的脱逃。违法嫌疑人的脱逃是指行为人进行违法活动被警方控制后为了摆脱警务人员的控制而对警务人员进行的袭击行为。犯罪嫌疑人的脱逃是指行为人进行犯罪活动被依法采取刑事强制措施后，为了摆脱拘留、羁押的状态暴力袭击看管人员的行为。被告人的脱逃，是指犯罪嫌疑人被提起公诉后为了摆脱被羁押的状态而袭击看守人员的情形。罪犯的脱逃即越狱，是罪犯袭击监狱（看守所）看管人员企图逃出监所的行为。与其他类型的袭警存在明显不同的是罪犯的脱逃型袭警。越狱型袭警行为主体由于有犯罪经历，实施袭击行为时往往手段残忍，暴力程度大，造成的危害大，而且行为人往往进行精心的准备与策划，犯意强。

【典型案例】

2009年10月17日14时许，犯罪嫌疑人乔某强、董某继伙同同监区服刑的李某斌、高某，绑架3名狱警，并用钢板和塑料把手自制而成的三棱刀当场杀害其中一名狱警，并搜走其身上的门卡、钱包及3700余元现金。后换上另一名狱警的警服及自己提前准备的便服来到监狱门口，当受到值班人员盘问时，高某用刀击打值班人员头部，冲出监狱大门。其后，3人又冒称警察出警征用民车，抢劫一辆出租车，将司机和其中一名女乘客拽下车，将另一名女乘客陈某堵在车内，并抢劫陈某700元钱。驾车行至呼和浩特市南二环路段时熄火，4人弃车潜逃至呼和浩特市和林格尔县境内的山上。越狱67小时后，乔某强等人于2009年10月20日9时30分被警方抓获，高某拒捕时刺伤公安人员，被当场击毙。

（七）酒后无德型袭警

酒后无德型袭警，是指行为人在醉酒后因控制力减弱而对警务人员进行袭击的行为。需要说明的是，这里的醉酒是指除病理性醉酒以外的其他醉酒类型。此种类型的袭警具有如下特征：第一，行为人一次大量饮酒后导致控制力减弱，但由于是自由原因行为，因此要对自己的行为承担相应的责任；第二，行为人在实施袭击行为后往往对自己的行为懊悔不已。

【典型案例】

2014年6月24日中午，犯罪嫌疑人陈某某在朋友刘某某家饮酒，酒后在离开刘某某家时将楼道内的玻璃和刘某某的汽车风挡玻璃砸碎，刘某某打电话报警。民警在塔河县新华苑小区内发现犯罪嫌疑人陈某某在自己的挂车驾驶室内，犯罪嫌疑人陈某某极其不配合，手拿工具阻止工作人员靠近，大声辱骂、威胁民警，同时利用车上的工具袭击民警，并将其中一名民警打伤，在劝说未果的情况下，塔河县公安局增援警力到达后，依法对犯罪嫌疑人陈某某使用喷雾剂将其制服。经法医鉴定，被打伤的民警所受伤为轻微伤。黑龙江省塔河县人民法院认为，被告人陈某某谩骂警察并以暴力方法抗拒警察执行公务造成警察轻微伤的结果，构成妨害公务罪。被告人虽是酒后作用，但严重损害了我国的司法权威和社会秩序。被告人陈某某到案后，认罪态度较好，有悔罪表现，应酌情处罚。

六、 以袭警人员采用的手段为标准的分类

以袭警人员采用的手段为标准将袭警划分为暴力型袭警与非暴力型袭警。

（一）暴力型袭警

暴力型袭警，是指对警务人员实施包括损毁警务人员的财物，捆绑、拘禁、殴打、伤害乃至杀害等一系列程度不同的侵犯人身或物品的强制行为，包括对警务人员或者其亲属表示将以侵犯人身、毁损财产、破坏名誉等方式相胁迫，对警务人员实行精神强制，意图使其在心理上产生恐惧感，从而达到阻碍其依法执行职务、履行职责的目的的威胁行为。而暴力型袭警根据是否使用工具又可细分为徒手型袭警与武装型袭警。徒手型袭警是指行为人采用拳头、肘部、腿脚等身体部位，不借助身体以外的其他工具对警务人员进行袭击的行为。徒手型袭警常见的手段包括拳击、牙咬、肘击、手勒、蹬踹、撕扯、抓挠等。武装型袭警是指采用身体以外的工具对警务人员进行袭击的行为。此种类型的袭警工具范围广泛，从某种意义上说，凡是可以用作暴力袭击的物品都可以被当作袭击警察的工具。与徒手型袭警相比，武装型袭警主观恶性大，反社会性强，造成危害大。有学者对2015年1月至2016年6月媒体报道中的714起袭警事件（包含公、检、法、司）进行统计，并对其中关注度较高的73起事件进行编码分析，发现袭警手段的暴力化倾向突出。9.6%的袭击者持枪攻击，50.7%的袭击者持械恐吓或袭击，38.4%的袭击者推搡打骂或拳打脚踢，另有1.3%的袭击者驾车冲撞、拖行警务人员，如上海交警被违章司机驾车拖行致死等，还有部分政法干警受到爆炸装置的威胁和侵害，情节恶劣令人惊愕。①

① 2015—2016袭警现象报告：每18小时发生一起袭警事件.［2016-07-14］. https：//mp. weixin. qq. com/s/O78sMARhWMo4IQx8RI-ZQQ.

【典型案例】

2015 年 3 月某日 10 时许，犯罪嫌疑人屠某某驾驶车辆行驶至安徽省六安市某路口时，为逃避交警例行检查，屠某某驾车逃窜至城区方向。执勤民警追至东三路口附近时，犯罪嫌疑人屠某某以随身携带枪支、弹药、爆炸物威胁民警，企图逃脱。逃窜至 312 国道与东三路交叉口时，犯罪嫌疑人屠某某驾驶面包车撞击警车并向警车连续开枪射击，致使 1 名路人受伤。一审法院六安市中级人民法院审理认为，被告人屠某某持枪射击执勤民警，构成妨害公务罪。

（二）非暴力型袭警

非暴力型袭警，是指采用侮辱、拉扯等不至于导致警务人员身体遭到伤害的方式侵害警务人员、妨碍警务秩序的袭警行为。这种行为侵害了警务人员的人身权利，妨碍了公务的执行。而且，在实践中，行为人用非暴力的方式侵袭警务人员，对警务人员已经造成了严重困扰。如果不将之纳入袭警行为中来，不足以遏制袭警现象。从国外，如美国关于袭警行为的相关规定来看，只要对警察进行拉扯，就构成袭警犯罪。因此，笔者认为，上述以非暴力的方式攻击警务人员的行为也构成袭警行为。

【典型案例】

2014 年 4 月 12 日中午，犯罪嫌疑人姜某某、耿某某、张某某与刘某某、李某等人在通化县快大茂镇乌拉草沟内某饭店用餐，其间，犯罪嫌疑人姜某某、耿某某、张某某均不同程度饮用白酒及啤酒，16 时许用餐结束。犯罪嫌疑人姜某某酒后驾驶吉 E6L1 × × 号白色大众宝来轿车载着李某离开，当行至快大茂镇同德路移动公司门前左转弯时，与正在直行的由被害人于某某驾驶的无号牌三轮摩托车相撞，造成摩托车损坏，被害人于某某被压在摩托车下。事故发生后，犯罪嫌疑人姜某某并未立即停车，而是将车驶离事故现场，停放于道旁不远处，并由李某通知刘某某，称姜某某在同德路交通肇事。后由同样饮酒驾车的犯罪嫌疑人耿某某驾驶辽 AK05 × × 号奥迪轿车载着刘某某和犯罪嫌疑人张某某，由通化市方向折返驶回快大茂镇同德路肇事现场，并将辽 AK05××号奥迪车停放在肇事现场附近移动公司门前人行道处。后犯罪嫌疑人耿某某、张某某等人步行至肇事现场。此时通化县公安局巡逻大队民警韩某、张某甲与辅警丁某、刘某甲等人已赶到现场，并依法执行职务，处理交通事故，救助被害人于某某。在此过程中，犯罪嫌疑人耿某某对被压在摩托车下的被害人于某某进行辱骂，称“你死没死呢，要是死了现在就给你送到火葬场去”，并对欲进行救助被害人的公安出警人员韩某进行阻碍、辱骂；对张某甲进行推搡、撕扯，阻挠公安出警人员执行职务。在韩某等人对犯罪嫌疑人耿某某进行强行制止并欲将其带上警车的过程中，犯罪嫌疑人张某某将韩某绊倒，并用膝盖顶住韩某肩膀，用手掐住韩某脖子，犯罪嫌疑人耿某某也返身按住韩某，后被出警人员丁某、张某甲等人拉开。在公安出警人员欲将犯罪嫌疑人耿某某、张某某带上警车的过程中，犯罪嫌疑人耿某某、张某某再次对出警人员张某甲、丁某进行辱骂和撕扯。在此过程中，犯罪嫌疑人姜某某见公安出警人员刘某甲一直在用执法记录仪进行录音录像，为阻止其录音录像，遂对刘某甲进行辱骂、撕扯，并将执法记录仪抢走并毁坏。后3名犯罪嫌疑人被带至公安机关。吉林省通化县人民法院认为被告人姜某某、耿某某、张某某在公安干警依法执行职务，处理交通事故并救助伤者的过程中，以辱骂、撕扯、推搡的方式，以公安出警人员的人身安全为侵害目标，阻碍公安出警人员依法执行职务，其行为均已构成妨害公务罪。

第二节
从袭击对象的角度划分袭警类型

从袭击对象的角度考察袭警的种类是观察袭警行为的又一角度。袭击对象的某些特征与袭警行为存在着密切联系。这些特征主要包括袭击对象的形态、警务人员的履职状态、警务人员执法过错状态、袭警对象是否特定、警务人员执法性质等。从这些特征入手对袭警行为进行种类划分具有一定的意义。关于不同警种常见的遇袭情形本书将在第三章予以详细介绍，本节主要以前四种特征为标准对袭警行为种类进行划分。

一、 以袭击对象形态为标准的分类

根据袭击对象的形态将袭警行为分为袭击警务人员型、袭击警用设施设备型、袭击办公场所型。而袭击警务人员型根据袭击对象的编制情况又可细分为对在编警务人员的袭击与对警务辅助人员的袭击。需要说明的是，本书认为袭警行为侵害的客体是复合客体：警务秩序和警务人员的人身权利。即只有在同时侵害警务秩序与警务人员的人身权利的情形下才是本书讨论的袭警行为，对于其他情形本书亦进行讨论，以与袭警行为区别开来。

（一）袭击警务人员型

袭击警务人员型，是指对正在执行警务人员的人身权利造成侵害的行为。此种类型是实践中最为常见的类型，即直接对警务人员进行袭击的行为，是最典型的袭警行为。此种类型的袭警行为具有如下特点：第一，袭击对象是正在执行职务的警务人员。关于正在执行职务的界定，本书在第一章已经进行了详细介绍，此处不再讨论。因此，对于警务人员在非公务时间以及因各种原因不再具有警务人员身份的人员进行袭击的行为均不属本书讨论的袭警行为。第二，袭警行为侵犯警务人员的人身权利的同时还侵犯了警务秩序。首先，袭警行为侵犯了警务人员的人身权利。此处人身权利做广义理解，即不仅包括警务人员的生命权、健康权，还应当包括人格尊严。其次，表面上看袭警行为侵犯了警务人员的人身权利，实际上则是侵犯了警务人员背后的警务秩序。因此，单纯侵犯警务人员的人身权利而与警务秩序无关，不属于本书讨论的袭警行为。对于单纯侵犯警务人员的人身权利的情形应当按照故意伤害、故意杀人、非法拘禁、抢劫、侮辱、诽谤、诬告陷害等普通罪名的有关规定予以处理。袭击警务人员型根据袭击对象的编制情况又可细分为对在编警务人员的袭击与警务辅助人员的袭击。袭击正在执行职务的在编警务人员属于袭警行为无疑，本书认为辅警亦可成为袭警行为的侵害对象，关于这一点在第一章已有详细阐述，本节不再讨论。

（二）袭击警用设施设备型

警用设施设备是指为保证警务工作顺利完成而建立的警察机构、警察组织、警用建筑以及警用用品，包括各种治安岗亭、治安检查站、公安机关训练场所等设施；包括警用交通工具、警用通信工具、警械武器等警务用品。袭击警用设施设备型，是指袭击警务人员时对警用设施设备造成损坏的情形。该种类型的袭警具有如下特点：第一，袭击警用设施设备具有伴随性。袭击警用设施设备是在袭警行为过程中进行的。也就是说，单纯的以警用设备为主要目标而予以损毁的行为不构成袭警行为，如果只是损毁警用设备并妨碍警务秩序，但是对警务人员的人身权利未造成损害不属于本书讨论的袭警情形。换言之，只有在袭击警务人员人身权利以及警务秩序的同时袭击警用设施设备才能认定为袭警行为。对于此种情形或是按照一般的妨害公务行为、故意毁坏财物等来追究袭警人员的治安责任，情形严重者按照妨害公务罪、故意毁坏财物罪等来追究袭警人员的刑事责任。第二，袭击警用设施设备必须是出于故意。本书认为，过失袭警不构成袭警行为。因此，故意或者过失对警用设施设备进行袭击即使造成了警务人员的伤亡，如果无法认定袭警的故意，则不能认定是袭警行为。第三，有警务人员受到伤害。

（三）袭击办公场所型

袭击办公场所型，是指对警察办公场所进行袭击、侵害警务秩序以及警务人员人身权利的行为。办公场所作为警务人员的主要聚集地，也作为国家机关和警察权威的象征具有特殊的表征意义，一旦受到袭击，后果严重、影响恶劣。该行为同袭击警用设施设备一样具有伴随性，即袭击办公场所型是在同时侵害警务人员人身权利与警务秩序的过程中进行的。单纯的冲击警察机构或者办公场所，但未对警务人员的人身权利以及警务秩序造成损害不能认定为袭警行为。此种情形情节轻微者按照《治安管理处罚法》认定为扰乱机关、团体、企业、事业单位秩序的行为，情节严重者按照《刑法》有关规定认定为聚众冲击国家机关行为。

【典型案例】

2014 年 1 月 4 日 15 时许，藤县公安局平福派出所民警秦某全和辅警陈某新在藤县平福乡平福街某摩配中心门口处置一起故意伤害案件时，依法传唤了涉嫌非法持有枪支的嫌疑人陈某飞和一名叫“梅夏”的男子（两人均另案处理）。在传唤时，因陈某飞头部受伤，民警遂先用桂 D07××警车将陈某飞送到藤县平福乡卫生院进行治疗，并把桂 D07××警车停放在平福乡卫生院门前，民警秦某全带陈某飞进入平福乡卫生院治疗，辅警陈某新则留在警车上看管“梅夏”。犯罪嫌疑人陈某灯和陈某健、陈某颖、陈某林、黄某（五人均另案处理）知道陈某飞在平福街被人打后即持砍刀、柴刀到平福街想帮陈某飞打架，后知道陈某飞已被民警传唤并送到平福乡卫生院后，犯罪嫌疑人陈某灯和陈某健、陈某颖、陈某林、黄某来到平福乡卫生院，伙同陈某强、陈某艺、陈某德（三人均另案处理）威胁民警秦某全将陈某飞和“梅夏”的手铐打开，在民警秦某全警告后，被告人陈某灯及其同伙将平福乡卫生院抢救室的门踢破，将民警秦某全和辅警陈某新殴打致轻微伤，并持砍刀、铁棍将桂 D07××警车的玻璃打烂，后来民警秦某全被迫将陈某飞和“梅夏”的手铐打开，致使陈某飞和“梅夏”逃走。经藤县价格认证中心作出价格鉴定，桂 D07××警车被毁损的零配件价值人民币 2220 元。广西壮族自治区藤县人民法院认为，被告人陈某灯伙同他人以暴力、威胁的方法故意阻碍公安机关工作人员依法执行职务，并造成两名工作人员受伤的严重后果，其行为已构成妨害公务罪。

二、以遇袭警务人员履职状态为标准的分类

按照遇袭警务人员履行职务状态的不同又可划分为原生袭警与次生袭警[①]。

① 原生袭警与次生袭警的概念由董科均在其论文中提出，本章在参考了该观点的基础上赋予该概念以新的内涵。具体参见董科均．袭警犯罪研究．烟台大学硕士学位论文，2008.

（一）原生袭警

袭警行为人袭击了正在执行职务行为的警务人员，但警务人员执行的职务行为并非针对袭警行为人，而是针对其他人，此种袭警行为称为原生袭警。原生袭警具有如下特点：第一，袭警人员在袭警行为之前并不存在扰乱治安秩序或者违反法律的行为，或者虽然存在扰乱治安秩序或者违反法律的行为但与被袭击的警务人员无直接关系。第二，袭警行为发生在警务人员处理（准备处理）其他行为的过程中。即此种类型的袭警并不发生在警务人员处理与袭警人员有直接关系的行为中。第三，袭警行为具有突发性，警务人员无戒备心理。比较典型的案例如警务人员在执行车辆巡逻任务过程中，在车上休息时被人袭击。

（二）次生袭警

次生袭警，是指袭警人员针对正在履行行政（刑事）职权过程中的警务人员实施的袭击行为，而警务人员履行职权的行为也正好针对该袭警人员。次生袭警具有如下特点：第一，袭警人员在袭警行为之前已经存在一个扰乱治安秩序或者其他违反法律的行为。第二，袭警行为发生在警务人员处理该行为的过程中。也就是说，袭警人员与警务人员存在某种程度的互动。第三，这种互动表现在行政执法领域具有明显的暴力演变与升级的过程，表现在刑事执法领域具有突发性。第四，警务人员在处理之前往往具有一定的戒备与准备心理，如在行政执法过程中或者执行逮捕任务时与袭警人员发生冲突进而遇袭的情形。

三、 以警务人员是否存在过错为标准的分类

袭警行为更多地表现为袭警人员与警务人员的互动关系。在袭警行为形成的动态过程中，警务人员的过错责任是一个值得考察的对象。袭警行为的发生是否完全归因于袭警人员？警务人员是否由于自身存在的执法过错诱发了袭警行为？对这个问题的准确回答不仅是客观评价袭警行为的内在要求，

也是为袭警行为的处罚以及事后赔偿（补偿）提供依据。以警务人员是否存在执法过错为标准将袭警行为划分为有责任过错型袭警与无责任过错型袭警。执法过错型袭警又可细分为负有一定过错责任型与负有完全过错责任型。

（一）有责任过错型袭警

有责任过错型袭警，是指警务人员被袭击时存在一定的过错，警务人员的过错足以诱发、引起袭警行为的情形。根据责任的大小可以分为以下几种情形：

1. 警务人员的过错小于袭警人员的情形。此种情形下袭警行为的发生主要归责于袭警人员，同时警务人员也存在一定的过错，只是这种过错同袭警人员相比较轻，袭警行为的发生主要取决于袭警人员的个体特征、当时的情形或者其他外部条件。换言之，袭警行为的发生具有一定的偶然性，当然这种偶然性主要取决于袭警人员或者袭警人员意志以外的其他因素，总之排除了警务人员过错决定袭警行为发生的情形。此种情形下警务人员的执法过错不决定袭警行为的发生，但成为袭警行为的催化剂与助推器。如果没有警务人员的执法过错，袭警行为发生的可能性就会极大地降低甚至就不会发生。

2. 警务人员的过错等于袭警人员的情形。此种情形的袭警行为是由袭警人员与警务人员的共同过错所造成。缺少袭警人员的行为或者警务人员的行为都不会导致袭警行为的发生。也就是说，对于袭警行为的发生，警务人员的过错行为与袭警人员的过错行为起到了同等的作用。

3. 警务人员的过错大于袭警人员的情形。此种情形下警务人员的执法过错对于袭警的发生起主要作用，袭警人员的过错起次要作用。警务人员的执法过错主要表现为警务人员在袭警行为发生的过程中主动制造冲突，刺激袭警人员，加剧冲突演变最终导致袭警行为的发生。警务人员执法行为出现严重违法，侵犯袭警人员的合法利益，严重刺激袭警人员，使得袭警人员产生袭警的犯罪决意，从而引发袭警行为。

（二）无责任过错型袭警

无责任过错型袭警，是指袭警行为完全取决于袭警人员的过错，与警务人员的执法行为无任何关联。这种情形下袭警行为完全取决于袭警人员的个人因素或者袭警行为人意志以外的其他条件。警务人员在执行职务的过程中并不存在执法过错或者说警务人员的执法行为并没有对袭警行为的发生起到任何的帮助作用。这是一种最理想的警务执法状态：警务人员的执法行为既符合实体法律规定又符合程序法规定，既合乎法律又合乎情理，无任何瑕疵可言，袭警行为的发生完全取决于袭警人员的故意。因此，即便是警务人员对袭警人员造成一定程度的损害也不具有违法性，是法律认可的执行职务的行为。

四、 以袭警对象是否特定为标准的分类

根据袭警对象是否特定可以将袭警类型划分为对象特定型袭警与对象泛化型袭警。对象特定型袭警是指针对特定的警务人员进行袭击的行为。比较典型的案例，如曾被处理过的违法犯罪嫌疑人因对处理行为不满，而对特定警务人员进行袭击的行为。此种情形下袭警人员目标特定，在作案之前往往经过精心准备，犯意较强，社会危害性大。对象泛化型袭警是指针对不特定的警务人员进行袭击的行为。譬如因对社会不满或者有其他特定目的而对警务人员、警察机构进行恐怖袭击的行为。这种类型的袭警行为由于针对不特定的多数人，具有明显反社会性。

五、 以警务人员执法性质为标准的分类

根据警务人员执法性质的不同可以将公安工作大致划分为治安管理工作与刑事侦查工作。治安管理工作是指户籍管理工作、公共秩序管理工作、特种行业管理工作、民用危险物品管理工作、交通安全管理工作、消防工作、边防工作、外国人管理和中国公民出入境管理工作等的总称。刑事侦查工作是指现场勘查、追击堵截、搜查、查封、扣押以及执行刑事强制措施等工作。在治安

管理工作以及刑事侦查工作中都有可能发生袭警行为。有数据显示，治安警察遇袭在总袭警事件中占比为69.9%，明显高于刑事警察的占比2.1%①。

第三节

从袭警行为的法律性质划分袭警类型

以袭警行为的轻重程度为标准，袭警行为可以划分为承担行政责任的袭警行为（即袭警治安案件）和承担刑事责任的袭警行为（即袭警犯罪）两类。

一、 袭警治安案件

袭警治安案件，是指袭击警务人员，依照我国《刑法》规定，尚不构成犯罪的袭警行为。需要说明的是，在我国目前的规定中，没有将袭警行为作为一个独立的违反治安管理行为加以规定，因此只能按照一般的妨害公务行为和侵害公民人身权利来追究袭警人员的治安责任。当前，我国对袭警行为的处罚力度不够，这既有关于袭警行为的法律不完善的原因，也有对袭警行为存在不同认定标准的因素。面对这种尴尬的局面，本书认为应该坚持如下观点：第一，准确定性袭警行为。准确定性袭警行为首先要求对袭警行为的构成要件有清晰科学的理解与把握，关于袭警行为的构成要件本书在第一章进行了详细的阐述，此处不再论述。准确定性袭警行为还要求如果一个违反治安管理的事实既可以被认定为A行为又可以被认定为袭警行为则应当优先认定为袭警行为。只有在认定为袭警行为适用有关规定导致处罚低于A行为时才认定为A行为，适用A行为的处罚规定。作出这种衡量主要是因

① 2015—2016袭警现象报告：每18小时发生一起袭警事件．［2016-07-14］．https：//mp.weixin.qq.com/s/O78sMARhWMo4IQx8RI-ZQQ.

为当前我国袭警行为的处罚太轻，同时该做法也是违法行为与处罚结果相统一的要求。第二，对于违反治安管理的事实如果同时可以认定为A行为与袭警行为，即使两行为的处罚规定一致，也要优先认定为袭警行为。从结果上看，这种做法并没有加重行为人的处罚，似乎对袭警行为的规制并无裨益。本书认为，如果能够认定为袭警行为则应当优先认定为袭警行为，这是由袭警行为所侵犯的符合客体的特殊性所决定的。进一步说，这也是准确对行为进行定性的要求。事实上，优先认定为袭警行为可以对违法行为人以及社会上一般人起到教育与震慑作用，也可以使违法行为人深刻认识到自己行为的违法性所在，这对发挥法律的特殊预防作用与一般预防作用都有一定好处。

（一）阻碍执行职务

我国《治安管理处罚法》第50条第1款规定："有下列行为之一的，处警告或者二百元以下罚款；情节严重的，处五日以上十日以下拘留，可以并处五百元以下罚款：（一）拒不执行人民政府在紧急状态情况下依法发布的决定、命令的；（二）阻碍国家机关工作人员依法执行职务的；（三）阻碍执行紧急任务的消防车、救护车、工程抢险车、警车等车辆通行的；（四）强行冲闯公安机关设置的警戒带、警戒区的。"该法第50条第2款还规定："阻碍人民警察依法执行职务的，从重处罚。"在该条规定的四种妨害公务的行为中，都有可能伴随着袭警行为，如果后果尚不够追究刑事责任的，可以分别按照"拒不执行紧急状态下的决定、命令"（第50条第1款第1项）、"阻碍执行职务"（第50条第1款第2项）、"阻碍特种车辆通行"（第50条第1款第3项）、"冲闯警戒带、警戒区"（第50条第1款第4项），给予治安处罚。上述四种行为的最高处罚为十日拘留，并处五百元罚款。如果结伙、聚众袭警，或者多次袭警，或者一次殴打、伤害多名警务人员的，认定为"殴打他人"（第43条第1款），按照《治安管理处罚法》第43条第2款的规定，处十日以上十五日以下拘留，并处五百元以上一千元以下罚款。由于目前我国治安管理处罚法并没有规定"袭警行为"的处罚方法，因此关于袭警行为的处罚主要适用我国《治安管理处罚法》第50条的有关规定。需要强调的是，如果其他违反治安管理的行为符合袭警行为的构成要件且属于“阻碍执行职务”（第50条第1款第2项）的情形，则完全可以适用我国《治安管理处罚法》第50条的有关规定。

(二) 扰乱单位秩序

我国《治安管理处罚法》第23条规定：“有下列行为之一的，处警告或者二百元以下罚款；情节较重的，处五日以上十日以下拘留，可以并处五百元以下罚款：（一）扰乱机关、团体、企业、事业单位秩序，致使工作、生产、营业、医疗、教学、科研不能正常进行，尚未造成严重损失的。……聚众实施前款行为的，对首要分子处十日以上十五日以下拘留，可以并处一千元以下罚款。”一般情形的“扰乱单位秩序”（第23条第1款第1项）行为如果扰乱警察办公场所、袭击警务人员、影响警务秩序则属于袭警行为。按照我国《治安管理处罚法》第23条第1款规定与我国《治安管理处罚法》第50条第1款规定给予的处罚相同，本书更倾向于适用认定为“阻碍执行职务”（第50条第1款第2项）行为，然后适用我国《治安管理处罚法》第50条第1款的处罚规定。这样做首先是准确认定违法行为的要求，其次对于惩戒教育违法行为人也有一定的作用。对于情节较重的情形亦做同样处理。但需要说明的是，对于聚众扰乱单位秩序（第23条第2款）行为，即便符合“阻碍执行职务”（第50条第1款第2项）的构成要件，也不得适用第50条第1款、第2款的规定给予五日以上十日以下拘留，可以并处五百元以下罚款并从重处罚的规定，而应该认定为聚众扰乱单位秩序（第23条第2款）行为从而适用对首要分子处十日以上十五日以下拘留，可以并处一千元以下罚款的规定。

(三) 威胁、侮辱

我国《治安管理处罚法》第42条规定：“有下列行为之一的，处五日以下拘留或者五百元以下罚款；情节较重的，处五日以上十日以下拘留，可以并处五百元以下罚款：（一）写恐吓信或者以其他方法威胁他人人身安全的；（二）公然侮辱他人或者捏造事实诽谤他人的；（三）捏造事实诬告陷害他人，企图使他人受到刑事追究或者受到治安管理处罚的……”对于一般情形的威胁人身安全（第42条第1项）、侮辱（第42条第2项）、诽谤（第42条第2项）、诬告陷害（第42条第3项）行为，即使同时符合一般情形的“阻碍执行职务”行为也应该适用第42条规定给予五日以下拘留或者五百元以下罚款的处罚，不适用第50条第1款规定给予警告或者二百元以下罚款。对于情节较重的威胁人身安全（第42条第1项）、侮辱（第42条第2项）、诽谤（第42条第2项）、诬告陷害（第42条第3项）行为如果同时侵犯了依法履职的警务人员的人身权利与警务秩序，则可以认定为“阻碍执行职务”（第50条第1款第2项），属于情节严重的情形从而适用我国《治安管理处罚法》第50条第1款与第2款之规定予以处罚。

(四) 在公共场所故意裸露身体

对于在公共场所故意裸露身体的行为，我国《治安管理处罚法》第44条可以适用。该条规定：“猥亵他人的，或者在公共场所故意裸露身体，情节恶劣的，处五日以上十日以下拘留；猥亵智力残疾人、精神病人、不满十四周岁的人或者有其他严重情节的，处十日以上十五日以下拘留。”对于在公共场所故意裸露身体情节恶劣的，如果行为对象是异性特别是男性行为人对女性警务人员故意暴露隐私部位的行为完全可以认定为袭警行为（关于袭警行为的行为方式参见本书第一章），从而可以认定为“阻碍执行职务”（第50条第1款第2项）之行为，适用最高处罚为十日拘留，并处五百元罚款的处罚规定。对于在公共场所故意裸露身体的行为，如果同时符合袭警行为的构成要件，本书认为不宜适用我国《治安管理处罚法》第44条情节严重情形之规定。这是因为警务人员与该条文规定之智力残疾人、精神病人、不满十四周岁的人等人员并不具有等价性。因此，对于猥亵警务人员的不宜认定为我国《治安管理处罚法》第44条情节严重之情形，亦不得适用十日以上十五日以下拘留的处罚规定。

二、 袭警犯罪

袭警犯罪，是指故意对正在执行职务的警务人员实施侵袭，依照我国刑法规定，应当追究刑事法律责任的违法行为。总的来看，我国刑法关于袭警行为的有关规定并不成体系，而是散见于刑法各章节之中：与袭警行为有关的规定主要包括第 114 条，第 115 条，第 232 条，第 234 条，第 275 条，第 277 条第 1、4、5 款，第 278 条，第 290 条第 2、3 款，第 291 条，第 315 条，第 316 条，第 317 条，第 318 条等。以下按照所属犯罪类型分别讨论。

（一）危害公共安全

采用放火、爆炸、投放危险物质等方式对警务人员、警用设施设备、警察办公场所进行袭击，侵害警务人员人身权利与警务秩序，危及公共安全的，属于妨害公务罪与放火罪、爆炸罪、投放危险物质罪等的想象竞合，择一重罪处罚，按照《刑法》第 114 条、第 115 条之规定分别以放火罪、爆炸罪、投放危险物质罪等定罪处罚。故意或者过失破坏警察交通工具造成严重后果的，按照《刑法》第 119 条之规定分别认定为破坏交通工具罪或者过失损坏交通工具罪。对于抢劫或抢夺正在执行职务的警察枪支、弹药、爆炸物的，依照《刑法》第 127 条第 2 款的规定以抢劫或抢夺正在执行职务的警察枪支、弹药、爆炸物的加重犯论处。

（二）故意杀害、故意伤害

在袭警过程中故意杀害或者故意伤害警务人员的分别按照《刑法》第 232 条、第 234 条的规定分别以故意杀人罪或者故意伤害罪定罪处罚。由于妨害公务罪的法定刑明显低于故意杀人罪或者故意伤害罪，这样做是罪责刑相适应的要求。

（三）故意毁损财物

故意毁坏警用设施设备并袭击警务人员，数额较大或者有其他严重情节的，按照《刑法》第 275 条之规定以故意毁坏财物罪定罪处罚。单纯的毁坏警用设施设备的行为不构成袭警行为，这一点是本书反复强调的观点。如果在警务人员依法履行职务的过程中，行为人主动接近警务人员，故意毁坏警务人员携带的警用设备并导致警务人员人身权利受损，警务秩序受到侵害，则应当属于本文讨论的袭警行为。而且此种情形应当属于妨害公务罪与故意毁坏财物罪的想象竞合犯，应当择一重罪处罚。

（四）妨害社会管理秩序

1. 妨害公务罪。我国《刑法》第 277 条第 1 款规定：“以暴力、威胁方法阻碍国家机关工作人员依法执行职务的，处三年以下有期徒刑、拘役、管制或者罚金。”对正在执行职务的人民警察，使用暴力、威胁方法阻碍其执行职务的构成犯罪，并且这种犯罪属于行为犯，即为了阻碍人民警察执行职务，只要实施了暴力行为而不论是否产生阻碍执行公务的后果，均构成犯罪。

2. 煽动暴力抗拒法律实施罪。我国《刑法》第 278 条规定：“煽动群众暴力抗拒国家法律、行政法规实施的，处三年以下有期徒刑、拘役、管制或者剥夺政治权利；造成严重后果的，处三年以上七年以下有期徒刑。”如果煽动群众暴力抗拒警察执法活动侵犯警务人员的人身安全与警务秩序，属于本书讨论的袭警行为，应当适用该条文予以刑事处罚。聚众冲击国家机关，致使国家机关工作无法进行，造成严重损失的，对首要分子以及其他积极参加者；多次扰乱国家机关工作秩序，经行政处罚后仍不改正，造成严重后果的，分别依据《刑法》第 290 条第 2 款、第 3 款之规定以聚众冲击国家机关罪、扰乱国家机关工作秩序罪定罪处罚。聚众扰乱车站、码头、民用航空站、商场、公园、影剧院、展览会、运动场或者其他公共场所秩序，聚众堵塞交通或者破坏交通秩序，抗拒、阻碍国家治安管理工作人员依法执行职务，情节严重的，对首要分子依据《刑法》第 291 条之规定按照聚众扰乱公共场所秩序、交通秩序罪定罪处罚。对该条文应做如下理解：第一，对于抗拒、阻碍国家治安管理工作人员依法执行职务，不能理解成对前两种聚众行为构成犯罪的进一步要求，而应理解成独立的第三种类型。具体是指在公共场所秩序、交通秩序出现混乱时，抗拒、阻碍国家治安管理工作人员依法维护秩序，对暴力、胁迫等手段不作要求。第二，从条文内容本身来看，应当以情节严重为要件，这不仅是对第三种行为类型的要求，对前两种行为也应做如是要求。第三，实施该行为同时触犯妨害公务罪的，按照想象竞合原则择一重罪处罚。

3. 破坏监管秩序罪。处于依法关押状态的罪犯殴打监管人员、破坏监管秩序，情节严重的，依照《刑法》第315条以破坏监管秩序罪定罪处罚。依法被关押的罪犯、被告人、犯罪嫌疑人袭击监管人员脱逃的；袭击履行押解任务的警务人员，劫夺押解途中的罪犯、被告人、犯罪嫌疑人的按照《刑法》第316条之规定分别以脱逃罪、劫夺被押解人员罪定罪处罚。袭击警务人员组织越狱、暴动越狱或者聚众持械劫狱的，对于首要分子和积极参加者以及其他参加者按照《刑法》第317条之规定分别以组织越狱罪、暴动越狱罪、聚众持械劫狱罪定罪处罚。

【典型案例】

2012年6月19日23时许，深圳市公安局公明派出所民警蔡某、韩某及治安队员张某、薛某、刘某、段某等人来到深圳市光明新区公明街道一铁皮房检查时，发现该处有两部赌博机，遂依法进行查处。犯罪嫌疑人陈某甲、陈某乙、陈某丙、陈某丁陆续到达现场，使用私家车阻拦警车驶离现场，并使用暴力阻碍民警将赌博机搬离，造成民警蔡某和队员张某、薛某、刘某、段某身上多处被抓伤。经鉴定，蔡某、张某、薛某损伤为轻微伤，刘某、段某的损伤未达轻微伤。广东省深圳市宝安区人民法院认为，被告人陈某甲、陈某乙、陈某丙、陈某丁无视国家法律，以暴力方法阻碍国家机关工作人员依法执行职务，其行为已构成妨害公务罪。

第三章 不同警种常见的遇袭情形

袭警直接侵害了人民警察，最终损害了广大人民群众的利益。

——笔者

第一节

交警常见的遇袭情形

交通警察，也称为交警，是指负责维护交通安全和交通秩序，处理交通事故，进行交通安全管理工作的警察机构和人员。交警主要职责是依法查处道路交通违法行为和交通事故，维护城乡道路交通秩序和公路治安秩序，开展机动车辆安全检验等工作。交警作为群众见警率极高的警种之一，由于其工作性质主要是在道路上管理、处理违法犯罪人员，因此遇袭的情况相较其他警种更易被发现。根据交警的工作任务对其遇袭的情形进行分类，大体可以分为：交警在维护交通安全和交通秩序工作中遇袭；交警在处理交通事故工作中遇袭；交警在维护城郊道路秩序和公路治安秩序工作中遇袭；交警在开展机动车辆安全检验工作中遇袭。

一、 交警在维护交通安全和交通秩序工作中遇袭

为了梳理交通，发现交通隐患，降低交通事故发生的频率，交警的身影每日都会出现在车流不息的街道上，维护交通安全和交通秩序。然而部分违规人员不但不遵规守纪，反而成为“马路天使”人身安全的侵害者。虽然交警在维护交通安全和交通秩序的工作中受到侵害的方式和被袭的工具各有不同，但是袭警人员的心理多有相似之处：有因被警察处罚愤怒而袭警；有因被警察处罚内心感到害怕而袭警；有自认为在朋友面前丢了所谓的“面子”而以身试法对交警实施人身攻击；有借着酒劲为显示自己能力而袭警；

更有甚者会因为对警察的处罚行为“不耐烦”、对自己社会地位“超自信”，而对警察的执法身份不屑一顾，对交警大打出手。这些行为都在一定程度上体现了交警在执法过程中具有少部分群众不理解、不重视、不配合的工作阻力，也从侧面反映出了个别交警在执行任务的过程中存在一定的程序问题及方法问题。

【典型案例】

交警早高峰遇袭①

2015 年 11 月 4 日 7 时 40 分左右，正值早高峰，执勤人员到岗后立刻分散在各个路口执勤。7 时 43 分，交警刘某在路口东北角放置交通安全提示牌后，沿斑马线由东向西到路中间执勤时，邓某某从路口西北角沿斑马线由西向东走向刘某。两人错身之际，邓某某突然转身，反握随身携带的西瓜刀，向刘某腰部猛捅一刀，随后继续向东走去。由于毫无防备，正在专注疏导交通秩序的刘某踉跄两步后倒地不起。执勤人员马某军、沈某伟、李某等在发现邓某某行凶后，迅速追赶围堵。邓某某见状挥刀乱捅，马某军被刺中心脏当场倒地，沈某伟受重伤，李某右肘部被刺伤。案件发生后，附近执勤的交警迅速赶到现场，在群众的帮助下将邓某某抓获。通过邓某某的供述得知：11 月 3 日 17 时许，邓某某在交警刘某执勤的路段违规驾驶三轮摩托车被刘某处罚，三轮摩托车被暂扣。邓某某回家后回想起三轮摩托车被暂扣的事，没有反思自己的违规行为，反而对交警刘某的正常执法行为很生气，在愤怒之下喝了三四两白酒睡去。4 日 6 时许，邓某某起床后预谋报复。7 时许，其持刀赶到龙门大道与开元大道交叉口西北角守候，看到刘某上岗后，便实施了报复。

本案中，交警刘某在维护早高峰交通安全和交通秩序的工作过程中专注于指挥交通，注意力全部集中在日常的交通疏导工作。刘某在与邓某某正面

① 洛阳 1 名街头遇袭民警伤重离世．［2015－11－05］．http：//view. inews. qq. com/a/NEW2015110505820106.

擦身时，对邓某某欲实施的报复行为没有立即警觉，加之邓某某充分的报复准备，导致交警刘某被害。其他三名交警发现邓某某行凶后，没有做好充分的防卫控制准备就对邓某某实施抓捕，最终不幸遇袭。通过本案可以看出，交警在日常的执法执勤过程中，工作的注意力主要集中在易造成交通拥堵、交通事故的车辆上，容易忽略带有报复性攻击行为的行人，这给交警的人身安全留下了一个巨大的隐患。

常州市交警挨打反被诬陷①

2017 年 6 月 27 日早上，常州市常武路人民路路口，出租车驾驶员毛某因为未系安全带被执勤交警拦了下来，可就在交警进一步询问时，毛某不耐烦了，直接下车给了交警一拳。不仅如此，反倒称交警先打的他，还用手捂起了嘴。最后交警通过执法记录仪还原真相。

本案例中，交警在依法对违反交通法规的出租车司机进行询问时，出租车司机不仅不配合交警执法，反而因“不耐烦”而对交警大打出手。在恶意袭击交警后，竟然颠倒黑白，诬陷警察对其先实施了武力。众所周知，出租车司机是对车辆驾驶规则最熟悉的职业之一，其在营运的过程中要承担着车辆驾驶安全的相关责任，并且要对车内的乘客负相应的安全责任。交警发现毛某没有系安全带的违法行为可以作出教育和处罚相结合的处理决定。但在对毛某进一步询问时，毛某竟没有悔意，反而袭击交警。由此可见，交警在执法执勤过程中，在规范执法的同时，利用警用设备记录自己的执法行为是十分必要的，不仅可以起到监督交警规范执法的作用，同时也起到了记录和保存执法对象违法行为的作用。

交警下体被袭②

2016 年 11 月 25 日，交警在对辽宁省大连市沙河口区从东联路下桥的车

---

① 常州两男子交通违法　暴力袭警被刑拘．［2017－07－01］．http：//dy. 163. com/v2/article/detail/CO8GM7BV0525A2I0. html.

② 醉酒女子遇检查猛踹交警下体．［2016－12－02］．http：//www. dlxww. com/news/content/2016－12/02/content_ 1878342. htm.

辆进行检查时，一辆轿车引起交警的注意，交警将车子拦停，一开车门发现车里一股酒味，经过检查，发现驾驶员并没有喝酒，不存在酒驾情况，然而仔细检查后，交警发现核定载客5人的轿车内挤进了6个人，就准备根据交通法规对超员行为处以50元的罚款。没想到罚款引起了轿车上一名女乘客的不满，她上前阻止交警执法。从当时交警执法记录仪记录下的影像中可以清晰地听见这名女子一直在大声辱骂交警，并要跟交警动手，由于酒精的作用致该女子失去平衡忽然倒地后，又狠命地用脚连踹交警4脚，每脚都踢中交警的下体，视频中可清晰地看见，女子当时穿着高跟鞋，非常有杀伤力。面对这种情况，交警立即报警，五一广场派出所警察立即赶往现场，到达后，发现这名女子浑身酒气，嘴里还一直不停地骂骂咧咧。随后，女子被带到派出所，但面对警察的询问始终不承认自己踹交警的行为。直到酒醒后，回忆起自己当时的行为，女子才后悔莫及。据了解，这名女子姓李，56岁，当天晚上和朋友一起喝酒，没想到在半夜遇到交警检查，听说交警要罚款，她上前与交警理论，想让交警给自己面子，结果交警秉公执法，要按照法规进行处罚，这让她感觉自己没有面子，于是恼羞成怒，借着酒劲作出不理智的行为。李某因涉嫌妨害公务被刑事拘留。

本案例中，车中核定载客5人，实际载客6人的超载情形在现实生活中十分常见。此种违法行为一经发现都会以教育警告为主，并处以50元罚款。然而，醉酒的女性乘客以“面子”交换罚款处罚被交警严厉批评教育后，该女子不仅没有听从管理，反而变本加厉地向交警施加了人身攻击，而且是故意用尖锐的高跟鞋向交警十分敏感的下体进行有针对性的恶意袭击，性质十分恶劣。这一攻击警察下体的行为并不是唯一的案例。近年来，交警遇袭的情形中有不少案例都是侵害人以交警下体作为袭击目标，对交警作出侵犯人身健康和人身安全的违法、犯罪行为，以抚顺市一名违法的出租车司机在交警纠违时竟谩骂、殴打执勤交警为例：在20分钟内，交警王某坤被违法的出租车司机信某先后暴打三次，王某坤的警帽被打掉，领带被拽折，胸牌被打碎，睾丸也被击伤。在此期间，交警一直没有还手。这一遇袭情形不仅仅对交警的身心健康造成了不同程度的伤害，相比于袭击其他身体部位，更加给公安队伍的执法形象打了折扣。

二、 交警在处理交通事故工作中遇袭

交通事故在现实生活中是最频发、最常见、伤亡率最高的事故之一。交警在处理交通事故的过程中，缩短疏导时间，以使交通秩序尽快恢复畅通；为事故双方提供及时、迅速、高效的责任认定，以使受害人的权益得到法律的维护，使违反法律的人员受到法律的制裁。然而，一部分法律意识淡薄、法律思维缺失的人，为了逃避交警的处置，有的选择弃车逃跑；有的选择替人“顶包”；有的不惜铤而走险对交警进行人身攻击。袭警使用的工具差异性很大：在袭警的过程中利用非违禁品袭击与利用违禁品袭击对交警的伤害程度不一样，情节严重程度也有区别。然而“法网恢恢，疏而不漏”，最终交通事故都会得到合法、合理的处理和解决。袭警人员为逃避法律制裁所作出的行为会加重对他们的处罚。

【典型案例】

车祸后司机逃跑，为包庇肇事司机车内人员暴力袭警

2013 年 5 月 16 日 21 时许，胡某驾驶轿车搭载其朋友施某、都某等人沿 206 国道由南向北行驶至 1140km 附近的方庄路口时，与迎面驶来的大货车发生碰撞。事发后，驾驶人胡某弃车逃离现场。接到报警后，桐城市公安局交警三中队黄某武立即带人前往现场。在询问已逃离现场的事故驾驶人相关情况时，车内乘坐人施某、都某拒不配合，当场辱骂并用手机砸交警黄某武头部，用手抓黄某武脖子，导致黄某武身体多处受伤。见此情形，交警只得向桐城市公安局 110 指挥中心求援。接 110 指令后，桐城市公安局大关派出所民警火速赶赴现场，决定强制将施某、都某传唤至派出所接受调查，但两名违法犯罪嫌疑人百般阻挠，现场十分混乱。为避免发生意外，大关派出所民警在警告无效后，依法对两名违法嫌疑人使用催泪喷射器，才将局面控制住。5 月 17 日上午，桐城警方经过昼夜的调查取证，及时固定了施某、都某的违法犯罪事实及证据，并以涉嫌妨害公务罪将施某、都某刑事拘留。

本案这一情形，在国内一部分交通肇事案件中多有发生，情节极其相似。

肇事驾驶员逃跑后，车内人员思想意识麻痹，不仅没有配合公安机关调查，反而对交警实施暴力袭击，这体现出少部分司机不仅缺少法律意识，更缺少基本的公民素质，不能正确面对自己造成的后果，不去积极救助伤者，承担相应的法律责任，反而要躲避法律的制裁。其朋友也不能运用“担当”的思维去帮助司机面对事实，实事求是，反而为了包庇肇事司机，不惜以身试法，殴打交警，致交警多处受伤，最终不仅没有帮助到肇事司机，反而让自己也成为法律所打击的对象，得不偿失。这类包庇行为就为违法犯罪嫌疑人在脑海中种下一个自己犯错误会有人帮他解决的错误意识，导致再次发生类似的事件他也不会承担后果。交警在要求车内人员配合公安机关办理此案时，一定要明确地指出对方的权利和义务，强调配合警察调查案件的义务。在此基础上用语言沟通的技巧，告诉车内人员施某和都某，胡某肇事需要受到法律的问责，从而将施某、都某二人的消极抵抗情绪转化成为胡某争取从轻、减轻处罚的实际行动，这才是真正意义上的朋友。

长春男子出车祸被判全责，情绪失控袭警被拘

2016 年 7 月 21 日 16 时 30 分许，在长春市西安大路与建设街交会处附近，一辆奔腾车在倒车过程中，没有避让一辆正常行驶的电瓶车，奔腾车和电瓶车的车身上都留下了剐蹭痕迹，双方协商不成便报了警。前来处理事故的交警王某勘查现场后根据程序认定奔腾车负全责，引起奔腾车车主的强烈不满，于是奔腾车车主颜先生先是质疑王警官是假警察，要求其出示执法证（人民警察配发警官证，并无执法证），随后挥拳击打王警官面部，撕扯其警服并破口大骂，阻止执法记录仪摄录还试图抢夺电台，一度情绪失控，作出了袭警行为。

本案中，双方当事人因为协商不成而报警，体现出双方当事人在潜意识中都对交警责任事故的判定的专业性给予认可，否则，很可能会选择通过保险公司的鉴定人员鉴定等方式来确定责任。但是，当交警作出责任确定时，过错方颜某随即“变脸”对警察的身份产生质疑，身份得到确认后，在明

知道交警身份无误，却对交警实施殴打。这类将自身错误发泄到警察身上的暴力袭警情形在现实工作和生活中屡见不鲜。交警的执法工作本身就具有客观、公正、公平的要求，既然主动报警选择警察介入，就应该尊重警察的身份，听取警察的意见，而不是利用低劣粗暴的手段质疑警察的身份，怀疑警察的判断，侵犯警察的权利。

不满处理结果，男子随身带刀砍死交警

2016 年 7 月 29 日 18 时许，驾驶员严某（男，39 岁，永川区人）驾渝 CU5××2 牌号小轿车在永川区玉清东路御珑山小区路段起步并道时，与一直行小轿车发生擦剐，两车轻微受损。双方驾驶员对事故责任争执不下，经交警勘查取证后，通知两车驾驶员撤离现场，到支队进一步处理。当日在支队协商未果。

7 月 31 日 10 时许，交巡警支队事故大队值班民警陶某（男，34 岁，安徽人）通知双方驾驶员到事故处理室对该事故进行处理，根据现场情况，认定严某负事故全部责任，直行小轿车驾驶员无责任。严某不服处理结果，争执中从随身携带的挎包里掏出菜刀，突然袭击砍伤小轿车驾驶员和事故处理民警陶某后逃跑，被支队其他值班民警追击制服。事故处理民警陶某因伤重抢救无效牺牲。

本案与上一案例相比，同样是处理对象对处理结果不服，同样也是袭警行为，但是本案中的袭警行为却夺走了一名年轻警察的生命，断送了这名警察的一切可能，同时也葬送了袭警行为人的未来。在这类携带管制刀具等危险物品的袭警情形中，各类危险物品对民警的伤害不可预测。因此，对随身、随车携带管制刀具或其他危险物品的可疑人员要做好检查、抽查、盘问等具体管理工作，对于保护广大人民群众及人民警察的安全至关重要，提高民警对危险物品的防范也迫在眉睫。

三、 交警在维护城郊道路秩序和公路治安秩序工作中遇袭

城郊结合部往往是城市低收入者、外地务工人员、原居民的集中居住

地。从其居民的人员组成可以看出，城郊结合部的人员素质参差不齐且普遍偏低。城郊道路作为城郊结合部居民的使用道路，是最复杂的交警管理路段之一，主要因素包括：第一，该类道路违法种类多，如行人车辆闯红灯、超载、超速、随意掉头、逆行、非法运营（汽车、摩托车）、无证驾驶、醉驾、酒驾等；第二，该类道路上违法人数多，由于城郊结合地区的人员组成复杂，人员流动性强，其大多为工作不稳定的社会人士，增加了社会不稳定因素，影响道路安全的问题也随之增加；第三，该类道路上违法情形多，如三轮车与出租车抢乘客、老人带领未成年人一同闯红灯、超载车辆改变车辆外观增设挂车等。种种原因的叠加增大了警察执法工作的强度，也加大了执法工作的难度，更提升了交警遇袭的可能性。

【典型案例】

醉酒驾驶员因拒绝酒精测试咬交警①

2016 年 6 月 6 日，昆山市公安局交警大队新镇中队接到报警，称一辆小轿车撞上了墙壁。接警后，交警中队民警迅速赶赴现场，走近时闻到小车司机黄某满身酒气，怀疑其喝了酒。民警拿出酒精检测仪让其吹气，黄某始终不配合吹气阻碍执法，民警劝说无果欲将其带回交警中队进行调查。谁知黄某拒不配合执法工作还张口咬了民警。之后，新镇派出所民警赶赴现场支援，将该男子控制住。经检测，黄某血液酒精浓度达 214mg/100ml，已构成醉酒驾驶。根据相关法律法规，醉酒驾驶机动车将面临拘役并处罚金，吊销机动车驾驶证，五年内不得重新取得机动车驾驶证的处罚。

本案中，在城郊结合地带，交警在发现司机黄某有醉酒驾驶机动车嫌疑后，按照程序对司机进行酒精含量检测，司机不仅不配合交警测试，反而借着酒劲撒泼咬警察。近年来，在交警执法过程中，少部分酒驾、醉驾的人员对交警要求的酒精测试都存在躲避或者拒绝的情形。随着法律对酒驾、醉驾

---

① 男子醉酒开车撞墙　拒不配合执法反咬交警．［2016－06－06］．http：//www.subaonet.com/2016/0606/1738956.shtml.

的处罚越来越严重，城市的酒驾、醉驾情况大幅减少，而城郊结合部的酒驾、醉驾情况依然较多。究其原因就在于，城郊结合部的居民自身素质良莠不齐，其法律观念较城市居民淡薄，但其经济情况和交通工具已经达到了城市的水平，远超了乡村水平。因此，对于城郊结合部来说，城郊道路秩序存在的问题主要有酒驾、超载、超速、无证驾驶、非法运营、机动车乱停乱放、车辆逆行、随意掉头、行人闯红灯等。面对城郊地区存在如此之多的交通不文明现象和素质良莠不齐的管理对象，执法过程中被骂、被咬、被打的情形成为威胁交警人身安全的隐患。

交警劝阻行人不要闯红灯反遭袭击①

2015 年 10 月 14 日 17 时 30 分左右，武宁县公安局交警大队城郊中队执勤人员在县城三友路口维护交通秩序时，发现一行人（陈某）闯红灯过斑马线，便打手势并口头示意进行劝导，陈某仍执意强行通过。几分钟后，陈某再次闯红灯返穿斑马线，执勤人员发现后再次劝导。陈某不听劝导且辱骂执勤人员，并突然袭击执勤人员，致执勤人员眼、脸受伤，警帽掉落。其他执勤人员见状便上前一起将陈某控制带离。随后，该案移交新宁派出所处理。10 月 15 日，依据以上事实，按照《治安管理处罚法》规定，武宁县公安局对殴打执勤人员的违法行为人陈某处以行政拘留处罚。

本案中，行人闯红灯的地点在城郊，且闯红灯的时间为下班高峰期。为了保证行人在下班高峰期的交通安全，交警对违反交通规则的陈某分别运用了手势指挥、口头示意、劝导三种方式进行耐心劝阻，陈某不但视而不见强行通过，当交警第二次劝导他不要闯红灯时，他竟突然袭击执勤人员。这不仅体现了陈某对自身的生命健康不负责，而且也体现了他缺少法律意识，无视执法人员。同时也从侧面体现出，部分城郊结合地区人民群众严重忽视闯红灯这一违法行为。在现实生活中，不仅闯红灯的违法行为被部分人民群众习以为常，开车随意掉头亦是如此。由此可见，不仅需要警察执法的规范

---

① 武宁交警回应“交警打人”视频：劝阻行人不要闯红灯反遭袭击．［2015－10－15］．http：//jj. jxnews. com. cn/system/2015/10/15/014364429. shtml.

化，更主要的是要建立群众对警察执法行为的敬畏。如若不然，公安民警在规范执法、用心服务群众后被误解、被辱骂、被袭击，会降低民警的工作热情，从而导致恶性循环。

德州一精神病人高速路挥舞镰刀，疯狂砍砸过路车辆①

2015 年 6 月 4 日早上，德州夏津段高速公路上发生了惊险一幕，一名男子手持镰刀站在高速路上，见车就砍。民警赶到现场后发现，男子情绪异常，手持着一把镰刀游荡在高速公路上。周围的群众说，他在高速路上无缘无故用镰刀砍砸过往的车辆，目前已经有十多辆过往车辆被砸坏了车窗玻璃。民警上前试图对他进行劝阻，但男子不知为何异常的狂暴，竟然挥舞着镰刀对民警利刃相向。

为了避免造成不必要的损伤，民警将该男子控制在特定区域内，立刻分开人手疏导交通，维持正常的交通秩序，并联系了当地特巡警大队。特巡警大队民警驱车前往，试图对其进行制止，不料男子冲上前来，提着镰刀对着警车就是一顿猛砸。

不得已，特巡警大队民警手持防暴盾牌在高速交警的配合下慢慢接近男子，一边假装与他交谈，分散他的注意力，一边趁其不备，将镰刀夺下，迅速将其制服并带离高速路。与此同时，男子的家人也闻讯赶到现场。原来，这名男子是当地村民，一直患有精神疾病，6 月 4 日凌晨从家里跑了出来，上了高速路。

本案中的执法对象是没有民事行为能力和刑事责任能力的精神病人。该精神病人手持镰刀见车就砍，见到警车也没有停止其砸车的行为，反而异常狂暴。民警见此情形利用防暴盾牌保护自身安全，夺下镰刀。从本案中可以体会到，无论是人民警察还是广大人民群众，看到精神病人在行凶施暴时，会比看到普通的行凶施暴者更加恐慌，原因在于人们都知道精神病人的袭击没有特定目标，自己很可能就是下一个受害对象，所以对精神病人实施防卫

---

① 德州一精神病人高速路挥舞镰刀疯狂砍砸过路车辆．［2015 - 06 - 17］．http：//news. ifeng. com/a/20150617/43992248_ 0. shtml.

控制时民警会更加小心。同时，民警对待精神恍惚的吸毒人员和酒醉人员也应小心。本案中，虽然民警和警车都有遇袭的情形，但是通过利用有效的防暴工具，保障了民警的人身安全。因此，以此案例为借鉴，交警以及其他警种都要做好充分的准备去控制和处理暴力袭警人员。

四、交警在开展机动车辆安全检验工作中遇袭

机动车辆安全检验是交警在日常工作中的重点内容。开展机动车辆安全检验工作存在一定的难度，原因在于：第一，多数车辆属于公民的私有财产，里面的物品较为私密，群众不愿公开示人；第二，少数车主对交警的检查较为忌讳，认为自己没有违法犯罪，无须被检查；第三，极少数人挂假牌照、遮挡牌照，在车中藏匿管制刀具、吸毒工具、赌博工具等非法违禁品，害怕被公安机关发现；第四，车辆作为违法犯罪嫌疑人逃跑的重要交通工具，违法犯罪嫌疑人因害怕自己的行踪暴露，所以害怕公安机关人民警察对其进行深入盘问和检查。因此，在不同人的心理状态下，其对交警开展机动车辆安全检查的反应有所不同。极端的被检查者就会作出袭警的行为。

【典型案例】

报废车上高速，交警扣车被袭①

2016 年 7 月 19 日，江西高速交警四支队三大队的执勤民警在大广高速收费站对一辆轻型厢式货车进行例行检查时，发现该车强制报废期为 2016 年 2 月 22 日，属于报废车辆。民警发现该情况后，准备对该机动车予以扣留，并将驾驶员朱某带回大队做进一步处理。朱某情绪激动，对民警进行辱骂、抓扯，阻碍正常执法，造成民警颈部、手臂等多处划伤。在多次警告无效后，民警依法将其制服。

---

① 江西：一男子开报废车上高速被查后竟袭警．［2016－07－20］．http：//jx. ifeng. com/a/20160720/4780521_ 0. shtml.

本案中，报废车辆禁止上路这一道路交通常识，作为司机的朱某是一定知晓的，但其还是将报废车开在高速公路上。朱某的行为不仅是对自己不负责任，更是对其他在高速公路上飞驰的交通参与者不负责任。然而其对交警进行辱骂、抓扯导致交警颈部、手臂等多处划伤，可以看出朱某不具备一个文明司机的素质，同时，高速交警对待遇袭的应急处理能力也需要进一步加强。高速公路上所有车辆的速度都很快，因此，在高速公路上发生的任意一场交通事故都可能造成无法挽回的损失。

上海民警盘查可疑车辆遭袭，暴力抗法者被刑拘①

上海浦东公安分局交警支队一民警巡逻至齐河路某超市门口时，发现一辆黑色轻便摩托车十分可疑。经电话联系指挥中心查询后疑点更多。不久，一对20来岁的青年男女从超市出来准备驾驶该辆摩托车离开，民警立即上前拦下二人，并要求查验有关证件。二人无法出示驾驶证、行驶证，且驾车的男青年所说的车主情况与民警掌握的车主信息不符。当民警准备再次对该车信息进行查询时，男青年突然发动摩托车，欲强行逃离现场。见状，民警立即拉住男青年左臂，而该男子不仅不停车反而加速驶离，民警随车被拖离了数米远后车辆失控倒地。接着，恼羞成怒的男青年突然起身猛击民警面部。过路群众见状后纷纷协助民警将男青年控制住。后在增援警力的帮助下，二人被抓获。

本案中，交警巡逻时发现摩托车可疑，并且在致电指挥中心时，发现该车疑点更多。这体现了交警在日常的工作过程中能够积累一定的发现可疑人员和物品的方式和方法。在交警执勤过程中，无论驾车人员是否在车辆旁边，交警都可以对车的外观、车牌、可见的车内物品等作出初步的判断。摩托车和其他机动车辆相比，在管理的过程中存在更多漏洞，如盗抢车辆、赃车、无证驾驶、超载、超员、超速等违法违规行为。案例中的警察在对车辆进行检查的过程中，发现二人身份可疑后，应首先将车钥匙没

---

① 上海民警盘查可疑车辆遭袭　暴力抗法者被刑拘．［2008－07－11］．http：//news.sohu.com/20080711/n258093794.shtml.

收，其后再对可疑男女进行盘问。此案中交警把驶离的驾驶员拉倒后，没能立即对驾驶员进行控制，留给了驾驶员袭击交警的可乘之机。一方面能够看出该男子确实存在躲避公安机关打击的心态所以才作出逃离现场的举动；另一方面能够看出该男子无视公安民警的执法权威，随意对民警作出攻击行为。另外，交警利用语言和警用器械震慑、控制暴力袭击人的能力还有待提高。只有从气势上压倒违法犯罪嫌疑人，从技巧上控制违法犯罪嫌疑人，才能够利用警察的威信震慑住不法分子，促使其配合公安机关进行车辆安全检查和处理。

三轮车轧死交警后逃逸

某交警在日常车辆检查中发现，一辆农用三轮车正在违章行驶。三轮车司机看到交警向其示意停车接受处罚时，遂驾车逃窜。交警搭乘一辆黑色桑塔纳轿车进行追赶，在三轮车逃窜到大东区北大营东街49号附近时，桑塔纳别住了三轮车，交警下车向三轮车司机索要驾驶证，三轮车司机见状欲继续逃跑，交警上前抓住三轮车驾驶位车门让其停车，其反而加大油门拖拽着交警开出了近100米，后交警被甩至门下，然后三轮车又一个加速，左后轮碾轧交警的头部致其死亡。案发过程目击者众多，造成了极大的社会影响。

本案中，违章三轮车司机对交警实施了性质恶劣、手段残忍的拖拽、碾轧行为，直接导致交警死亡。在交警遇袭案件中，民警牺牲的案件已不在少数。民警当街被违章司机袭击致死是对警察执法权威的最大挑战。违章三轮车为了逃避法律制裁，不惜作出如此残暴的行为，足以看出农用三轮车车主缺乏基本的理性。从案例描述中我们可以看出，违章司机通过加速对民警进行拖拽，其本身对民警就有故意伤害的主观意识。本案中是农用三轮车司机对民警进行拖拽和碾轧，在以往民警遇袭的情形中，部分情况下，违法犯罪嫌疑人就是利用自己所开车辆撞击交警，对交警进行人身攻击和人身伤害。车辆撞击交警一般较为突然、快速和激烈，让交警没有事先防御，导致伤害结果十分严重。因此，在车辆检查过程中，交警应该对突然加速的车辆保持高度警惕，提前对袭击行为作出正确的应对反应。与上一案例进行对比，同样是对警察有拖拽行为，但前述案例中，警察能够正确判断自己对司机的拉拽行为可以控制司机的逃离行为，而本案中的交警没有对自己坚持拉拽车门的行为所造成的后果作出正确的判断，最终不幸被轧死亡。因此，民警应该根据法律常识、生活常识、自身工作经验对执法行为可能造成的各种后果有个预先的判断，坚决避免将自身置于极其危险、被动、不可控的情形之中。

醉酒男子报复袭击交警，事后发现认错人

2016 年 9 月 7 日 15 时 45 分，交警谢某杰正在路中间向领导汇报工作，突然被一男子掌掴左脸。由于是在道路中间，又有不少群众围观，慢车道很快被堵死。谢某杰将道路疏通后，询问该男子为何打他。该男子满身酒气，嘟嘟囔囔地说："谁让你上午查扣我的车，我今天就是袭警了，你打 110 呀！"见状，谢某杰只好报警。肇事者李某在派出所清醒后，交代他是嵩县人，年初在牡丹广场被交警查扣过车辆，当时的值勤交警从侧面看与谢某杰有几分相似，又因为失恋喝多了酒，所以一时冲动就打了交警。清醒后，他感觉"很对不住被打的交警"，表示愿意接受处罚。

从本案例可以了解到，并不是所有的袭警行为都源于袭击人与被袭击交警存在正面的矛盾。本案中，李某和谢警官从未谋面，只因为李某在同样的地点被车辆安全检查的其他交警扣过车，所以心中一直有怨气，加之失恋醉酒让自己丧失了理智，从而对警察产生了报复心理。从此案例足以看出，车辆安全检查虽然对违法违规的车辆和车主进行了相应的处理，但是在处理的过程中多数民警缺少对违法违规车主的教育环节，使被处罚人没有真正地认识到处罚结果是源于自身所做的违法违规行为，而非警察故意为之。交警以罚代管，以罚代教，缺少对违法违规人员的教育，最终会造成执法结果不被群众理解，执法民警不被群众认可，执法工作不被群众重视等不良结果，这也违背了执法的初衷。因此，教育和处罚相结合要时刻运用到公安机关人民警察的各项执法活动中，防止被处罚人不仅没有认识到自己的错误，还在心中种下了报复警察的种子。

交警是最常见的袭警对象，对每一次被袭的具体情况进行分析，虽各有不同，但是类别相通。虽导致交警被袭的因素较多，但作为交通管理的主要

警种，交警应该为了保护群众和自身的安全，提高自己执法服务能力和群众工作能力，让执法对象了解和理解自己被处罚的原因，避免群众对交警的执法工作存在误解，留下隐患。

第二节

巡警常见的遇袭情形

巡逻警察，也称为巡警，是为适应动态环境下维护社会治安秩序和公共安全的需要，依法在公安机关中组建的专司巡逻勤务的人民警察。巡逻警察的基本任务是维护治安秩序，确保公共安全，提供社会服务，维护公路交通安全畅通和治安秩序。巡警的工作虽然常规，但是其处理的事件往往都是突发事件，在对突发事件的处理过程中，执法对象的情绪多是不稳定的，行为也多是不理智的。因此，在案件、事件处理过程中也存在不同情形的遇袭情况。

一、 巡警在预防和制止违反治安管理的行为中遇袭

巡警预防和制止的违反治安管理的行为，多是在巡逻过程中发现的正在发生的违反治安管理行为。为了达到预防和制止违反治安管理行为的目的，巡警多是直面行为人，正面对其进行教育、劝导、阻止及处理。行为人在第一时间就可能出现抵触、反感、逃避、袭击、报复等心理，作出袭警行为。

【典型案例】

民警劝说群众禁止路边赌博，多次劝阻无效反被砸

11 月 15 日晚 8 时许，东柳巡逻民警正在开展夜间巡逻，至东柳菜市场

时发现路边有人在打牌，桌面上还放着近百元的零钞。民警上前劝说，让他们不要在这儿玩了，影响不好。因为身上有出警任务，耽误不得，民警劝说完后就离开了。谁料等他处警回来，牌局仍然没散。民警再次上前劝说，却被打牌者顶了回来："大赌不去抓，只会管我们小赌!"这一起哄，围观的人就多了，于是民警将其中两人带回派出所教育。其中一人的妻子听到丈夫被带走的消息，马上赶到派出所"闹事"。该女子在派出所内边骂边拿起桌上的铝合金三角牌砸向一名民警，另一名值班民警也挨了两拳。"大堂内有完整的监控视频，确认女子'袭警'，但她未造成民警受伤。"一位贾姓警官说，根据《治安管理处罚法》规定，该女子存在阻碍民警执行职务行为，给予行政拘留10天的处罚。

本案中，民警在夜间巡逻时发现有人在路边赌博，民警在第一时间并没有直接对赌博人员进行处理，而是给予其警告。但在警告无效后，民警本着以人为本的原则再一次对赌博人员进行劝说。打牌人员不但没有意识到自己的错误，反而对民警的管教表示不屑。在此过程中，体现了被管理人员对民警的管教从无声的抵触演变为反感，直至民警将其中反应激烈的两人带走后，其妻子的心理发展成为报复，最终导致袭警行为的发生。在此过程中，如果民警在初次劝说的时候能够利用民警与群众沟通的技巧，很可能就会得到群众的支持和理解。同时，如果群众能够积极地配合巡警及时停止赌博行为，也不会导致行政拘留处罚的后果。在民警执法执勤工作中，很多的情形是民警在法律规定范围内，根据现场具体情形而进行自由裁量的。居民聚在市场门口"小赌"，虽然无伤大雅，但是在"小赌"的过程中常常伴有偷盗、窃抢及打架斗殴等违法犯罪行为发生。尤其是在夜间，居民也会受环境的影响而放松警惕。因此，民警劝阻居民继续赌博是出于保护群众的角度。但是由于民警做群众工作的能力不强，导致他的"好意"被群众误解成了"大赌不去抓，只会管我们小赌!"由此可见，警民关系应该从相互理解出发。

巡警发现疑似吸毒人员，并成功躲过吸毒人员针管袭击①

2017年9月5日上午，新都公安分局特巡警大队便衣小组民警在巡逻时发现了一名疑似吸毒人员，众多疑点让民警察觉到了一丝不寻常。在通过信息收集和蹲守，掌握确凿事实的情况下，一中队、三中队便衣小组民警立即采取措施。

在小区物管的协助下，特巡警大队民警立即进入该房屋内，并迅速将屋内人员控制。进入该出租屋后，民警发现屋内人员神情恍惚，当场抓获涉毒人员4名，起获冰毒23.7克，现场发现吸毒工具若干。发现警察进屋后，吸毒者用针管扎向民警小陈。小陈机智躲闪，顺势快速将吸毒者控制。经过询问后，4人对吸食毒品的事实供认不讳，尿检均呈阳性，被移交给军屯派出所做进一步调查处理。

本案中，巡逻警察能够在巡逻过程中发现疑似吸毒人员，收集相应证据证明其有吸毒事实，并且成功将吸毒人员“一窝端”，由此可以看出巡警具有很强的发现、打击犯罪的能力。吸毒人员在吸毒后的表现多为思维缓慢、神情恍惚、出现幻觉、喜怒无常等消极危险状态。对吸毒人员实施抓捕时，应该着重注意其精神状态是否在可控范围之内，若其行为表现比较激烈，应该及时采取防范措施，防止民警发生不必要的牺牲。本案中民警机敏地躲过了吸毒人员的针管袭击，成功地将吸毒人员抓捕，是一个成功的案例。试想，如果民警被针管扎到，后果会有哪些？笔者将后果简单概括为以下四种可能：第一，吸毒人员随手拿到了一个刚刚使用后的针管，其中还有半份毒品，民警被动吸毒；第二，吸毒人员随手拿到了一个刚使用后的针管，里面没有毒品，但是吸毒者携带了艾滋病病毒，将病毒通过血液传播给了民警；第三，吸毒人员使用的新针管，民警被扎到后不会被感染，但被针管划到了动脉，出血不止；第四，吸毒人员使用新针管，民警没有被传染，但是被针管划伤了手臂。无论是上述哪种情形，对巡逻民警都是一种伤害。因此，在

---

① 新都公安特巡警大队联合出击　成功打掉吸毒窝点．［2017－10－06］．https：//www.toutiao.com/a6473720855640670734/.

巡逻过程中，遇到了有攻击可能的违法犯罪人员，民警一定要注意自身的安全，借用一名经验丰富的老民警的一句话来说：“连自己都保护不好的警察，是保护不了老百姓的。”

二、巡警在处理非法集会、游行、示威活动中遇袭

《集会游行示威法》规定了集会、游行、示威的申请和许可情形，其中明确说明了何种情况下是不可以进行集会、游行、示威的，且集会、游行、示威有一定的法律要求，如其第19条规定：“依法举行的集会、游行、示威，任何人不得以暴力、胁迫或者其他非法手段进行扰乱、冲击和破坏。”这体现了法律对依法举行的集会、游行、示威是给予肯定和保障的。但是，举行集会、游行、示威有下列情形之一的，人民警察应当予以制止：（一）未依照《集会游行示威法》规定申请或者申请未获许可的；（二）未按照主管机关许可的目的、方式、标语、口号、起止时间、地点、路线进行的；（三）在进行中出现危害公共安全或者严重破坏社会秩序情况的。因此，法律规定了人民警察在何种情况下应该对非法集会、游行、示威的人进行制止。

【典型案例】

业主围堵政府非法集会，巡警及时赶到现场制止被业主所伤[①]

2016年6月，晋江市部分群众通过不同的方式和渠道表达了对西城镇嘉禾花园二期项目的意见，有少数群众参与了非法集会筹备活动，更有不法分子乘机实施与合法诉求表达无关的违法犯罪活动，违反了法律规定，社会影响极坏，引起了县委、县政府的高度重视。嘉和花园业主围堵县政府，由于事发突然，巡警接到指挥中心指示立即介入控制违法嫌疑人。三名违法嫌

① 三明竟有人筹备非法集会　乘机实施违法犯罪活动　公安部门介入侦办.［2017－01－21］. http：//fj. sina. com. cn/news/city/sanming/information/s/2017－01－21/150820049. html.

疑人因一时冲动，用砖头将维持秩序的巡警打伤，因其构成扰乱单位秩序行为，遂被治安拘留。事后嫌疑人也对自己的行为表示忏悔。

本案中，巡警临时接到任务对围堵政府的人员进行疏散，但是由于涉及人员众多，导致部分群众存在侥幸心理，认为法不责众，不能正确认识自己的行为会带来什么后果。更有极少数大胆的群众对前来处理事件的巡警进行了人身攻击，最终受到了法律的制裁。从此案中我们可以看出，在非法集会这类警情中，很多人的思想会因为人员多而对自己放松要求，并且会作出一些平时根本不会有的出格行为。换言之，就是法不责众的思想根深蒂固，导致其在被公安机关处理的过程中仍然抱有民警会对自己网开一面的幻想。

非法传销组织到京进行游行、示威等活动，被公安机关控制

2017 年 8 月，某传销组织大批人员到北京聚集进行游行、示威活动，对北京市的公共交通秩序造成了很大的压力，同时也在社会上造成了十分恶劣的影响。北京市各警种开展 24 小时巡逻，对静坐的人员进行秩序管理。但是在管理的过程中，有居心叵测之人借传销组织的名义，混进传销组织当中，抱着不法目的，鼓动示威群众，挑拨警民关系。有群众被鼓动后，自认为受到委屈，而向巡逻、守卫的民警撒气，对民警进行辱骂、诋毁甚至人身攻击，民警依法对其进行处理。

本案提到非法传销组织在京游行、示威，但并没有得到公安机关及相关部门的同意和认可。为了维护所谓“权益”，大批传销人员打着“言论自由”和“国家允许游行、示威”的旗号，不计后果地将多人组织到我国的政治中心去，给首都的社会治安秩序造成了一定程度的负面影响，同时也对各地的维稳工作施加了压力，造成了不同程度的恐慌，并且一部分居心叵测的人员借此机会实施恶意鼓动群众、报复社会、冲击政府部门的行为。此情形中，作为巡警，应该时刻关注游行、示威人员的动向，找到意见领袖，单独与其沟通，做好心理建设工作，防止激发群众的情绪，造成秩序紊乱的后果。同时，配备能够保护自身安全的武器和警械，随时准备制服不法分子，防止国家和人民的财产受到损失。

三、 巡警在盘查有违法犯罪嫌疑的人员时遇袭

《城市人民警察巡逻规定》第5条规定：我国人民警察在巡逻执勤中依法行使的权利包括盘查有违法犯罪嫌疑的人员，检查涉嫌车辆、物品。根据巡逻执勤工作的经验总结，巡警对可疑的人员和车辆都有初步的判断，通过对其盘问，能够证实自己的怀疑是否合理。由于无法直观辨别可疑人员是否携带武器和危险物品，因此民警对可疑人员及车辆的盘问和检查工作具有极高的危险性。

【典型案例】

上海一男子受警方盘查时袭击5人，经查曾涉谋杀①

2010年12月9日18时40分许，杨浦分局民警带领社保队员街面巡逻至许昌路、惠民路口时，发现一名男子形迹可疑，即上前盘查。盘查中，该男子神情慌张、言辞闪烁，不能提供身份证件。在民警将其带往派出所作进一步调查途中，该男子乘天黑突然拔刀逃窜，民警奋勇上前将其制服。在制服过程中，民警及社保队员受伤，经送医院治疗均无大碍。经初步审讯，该男子2004年6月在山东省海阳市杀害一名孕妇后潜逃在外。

盘查工作是盘问工作和检查工作的叠加。通过盘问了解可疑对象的具体自然情况、神情及状态；通过检查确认可疑人员是否携带危险物品或违禁品。本案中，民警和可疑男子在对话过程中，发现其具有神情慌张、言辞闪烁等可疑人员的“通病”，在询问其是否带身份证件时，他也无法正常提供。为了核实该男子身份，按照规定，人民警察有权将可疑人员带回派出所进行进一步调查。该男子使用随身携带的管制刀具帮助自己逃脱警察的控制，但最终仍被民警制服。在此案例中，民警在盘查过后没有及时对可疑人

---

① 上海一男子受警方盘查时袭击5人　经查曾涉谋杀. ［2010－12－10］. http：//news. sohu. com/20101210/n278208985. shtml.

员进行人身检查，因此没有发现该男子身上携带了管制刀具，所以才会在抓捕过程中受伤，这是巡警掉以轻心之处。由此可见，民警在盘查过程中不仅要具有盘问的技巧，更要为了群众和民警的自身安全，注意对可疑人员进行人身检查。

云南德宏一民警下班途中遇盗贼，盘查时遭刺身亡

2013 年 5 月 11 日凌晨，赵某在光明县一居民小区内盗窃一辆摩托车后逃窜至芒市准备销赃，途经光明路下段时被民警发现。民警判断赵某有盗窃摩托车嫌疑，当即亮明身份、出示证件进行盘查。赵某做贼心虚，企图逃窜，双方展开殊死搏斗。赵某持刀疯狂刺中民警后仓皇逃离案发现场，民警遭刺身亡。

本案中，民警在下班途中发现了可疑人员，于是立即亮出身份对赵某进行盘查。可以看出，该民警心系广大人民群众的生命财产安危，英勇果敢，值得广大民警向他英勇无畏的精神学习。但同时，我们应该从本案中总结一些经验和教训：第一，民警独身一人亮明身份对可疑人员进行盘查，应该事先判断，自己是否能制服犯罪嫌疑人；第二，在不暴露身份的情况下，民警可以暗中观察并记录可疑人员的外貌及车辆信息，待环境安全时，及时向同事请求支援；第三，民警可以暗中跟随偷车嫌疑人，并掌握其藏赃、销赃的地点和对象，为日后一举拿下“偷、藏、销”车路径做好铺垫。人民警察的生命和人民群众的生命是一样可贵的，因此，要爱惜自己的身份、自己的工作和自己的生命，只有这样才能更好地将有限的生命投入到无限的为人民服务当中去。

四、 巡警在制止精神病人、 醉酒人的肇事行为时遇袭

《治安管理处罚法》第 13 条规定：精神病人在不能辨认或者不能控制自己行为的时候违反治安管理的，不予处罚，但是应当责令其监护人严加看管和治疗。间歇性的精神病人在精神正常的时候违反治安管理的，应当给予处罚。第 15 条规定：醉酒的人违反治安管理的，应当给予处罚。醉酒的人在醉酒状态中，对本人有危险或者对他人的人身、财产或者公共安全有威胁

的，应当对其采取保护性措施约束至酒醒。巡警在巡逻过程中容易遇到精神病人、醉酒人的违法犯罪行为，也容易成为被袭对象。

【典型案例】

男子KTV喝高与人起争执报警，打伤警察获刑10个月①

2016年12月26日0时50分许，陶某和几个朋友到日新路一家KTV消费，饮酒后陶某与KTV管理方发生了纠纷，争执中，陶某的朋友报了警。民警赶到现场处置，陶某不听劝阻，处警民警将陶某带回派出所处理。在民警驾驶警车行驶途中，陶某酒后情绪激动，抗拒民警执法，竟抢夺民警手中的方向盘，并击打民警面部，迫使警车不得不中途停靠。随后，陶某被制服并被带至派出所做进一步调查。

本案中，陶某醉酒后与KTV管理人员发生争执的行为是民警在日常执勤工作中经常处理的警情。酒后人员由于酒精对大脑的麻痹，导致其对自己行为的控制能力降低，但是这并不能成为其耍酒疯、耍无赖、袭击警察的借口。这种常见的警情一般都伴随着暴力行为。陶某的暴力行为实施的对象选择了执行公务的人民警察，并且还伴随抢民警方向盘的危险行为。作为一个民事行为能力和刑事责任能力健全的人，陶某必须为他的行为负责。

值得深思的是，作为警察夜间执勤接警频率较高的处理醉酒人员的警情，民警应该制定一套针对醉酒人员的应急方法。笔者个人建议为：一是提高防范意识，与醉酒人员保持一定的安全距离。人和人之间都会有一定的安全距离，当民警发现自己和醉酒者的距离难以躲避其袭击时，民警应该有意识地调整安全距离，一旦对方发生袭警行为，民警就会有时间躲避袭击并对施暴者进行防卫和控制。二是利用警察语言的严肃性和规范性，对醉酒人员进行劝导。醉酒人员的感官意识是清醒的，一般情况下都能听到和看到他人的言行。民警运用警用语言对醉酒者施行语言控制，在一定程度上能够起到

---

① 男子KTV喝高与人起争执报警　打伤警察获刑10个月．［2016－10－22］．http：//news. 163. com/16/1022/15/C407IOFV00014AEE. html.

震慑的目的。当然，醉酒者也包括暂时缺失意识的情况，值得强调的是，连人都认不清的醉酒者，他的攻击能力是极弱的，如在路边看到烂醉如泥的人，他们在此状态下不具备正常直立行走的能力，因此其社会危害性较小，可以降低对其的安全防范，但是民警有责任和义务保护醉酒者的人身安全，防止其被车撞、被冻伤冻死、被偷被抢等，这是公安机关执法人性化的体现。三是增强民警对警用器具的使用技巧，在有必要的情况下，利用警绳、防暴叉等警用物品对醉酒人员进行保护性、约束性的控制。

女子裸露上体，女民警为保护其尊严帮其穿衣被打耳光①

2017 年 5 月 26 日下午 4 时许，光明社区锦绣东方园附近，一名短发、穿黑色上衣的年轻女子坐在地上，时而自言自语，时而情绪激动地嚷着什么。突然，女子将上衣拉起，胸、背裸露。很多市民围观，但无人敢上前制止。接到报警后三名巡警很快赶到，其中一名女警慢慢上前，蹲在患病女子身边，轻声与其说话。待女子情绪稍微缓和，女警轻轻伸手准备将其撩起的上衣拉下。“啪”的一声，女子竟然打了女警重重一耳光。女子继续挥拳，另外两名警察迅速上前将其控制，女警忍痛再次伸手将女子上衣拉下遮住身体。这名女警在事后和群众说：“她虽然患病，但也有尊严。患精神疾病的女子 30 岁，劲儿还真大，打得人两眼直冒金星。不过，当时心里只有一个念头，帮她遮住身体！”事后，带队出警的副所长买来饼干和饮品给女子食用，待她情绪稳定后联系相关人员妥善安置。

本案中，患病女子在社区裸露上体，其行为引来围观，对社会秩序造成了一定的负面影响。值得强调的是，接到报警后，民警在了解到执法对象为女性时，将处警的人员也调整为女警，这是必须遵守的执法规范之一。虽然女警轻声轻语地对待该女子，但并没有让该女子冷静。很多男民警都承受不了的“一耳光”落在了坚强的女警脸上，而女警没有放弃对患病女子的关心，依然为了维护其尊严，防止围观群众驻足观看，而坚持帮

---

① 女子当街裸露上身　民警帮她穿衣服反被打耳光．［2017－05－31］．http：//hb. qq. com/a/20170531/024793. htm.

其穿好上衣，平复其心情，并且在民警的共同努力下将该女子妥善处理。

不只是民警，很多群众也会在没有防备的情况下被一些患有精神疾病的人员攻击，对此类行为的防范和治理在实际生活中显得很无力。但是民警还是要耐心地对其进行情绪上的疏导、行为上的控制，督促其家人好好看管，有必要的情况下将其送至医院接受治疗，虽不能做到尽善尽美，却也做到了尽心尽力。

第三节
治安警察常见的遇袭情形

治安警察，是指公安机关内设机构——治安管理部门内工作的人民警察，其主要任务是预防、发现和制止违法犯罪，维护公共场所的治安秩序，管理特种行业，管理危险物品，处理一般违法案件等。

一、 治安民警在处警过程中遇袭

本着全心全意为人民服务的宗旨，公安机关要求治安民警接警后，在规定时间内必须到达案（事）件现场。除了应带的“八大件”外，民警多会根据警情的性质，快速而粗略地决定本次处警应配备什么装备，然后立即出警、及时处警。一旦出警前的准备不充分，处警中的决定不果断、不正确，就会影响民警的处警结果。加之，每个警情的性质、案（事）件的参与人数、当事人的性格特点等情况都千差万别，因此，治安民警在处警过程中也要做好遇袭的应急准备。

【典型案例】

派出所所长被人砍掉半只耳朵①

8月1日上午9时30分左右，广元市剑阁县元山镇的周某用木棍砸坏信用社两台ATM机。当派出所民警出警找到周某时，对方冲进一家五金店拿起两把菜刀追砍警察。冲在最前面的派出所所长被周某砍掉右耳下半部分，伤及颈动脉。派出所民警连开三枪，打中周某左腿部，并将其控制。

本案中，周某砸ATM机的行为涉嫌故意毁坏财物罪，但其并没有泄愤，还用抢来的菜刀追砍警察，使得他走向了一条违法犯罪的不归路。派出所所长身先士卒，冲在最前面，但没有迅速作出有效的用枪决定，直到被砍后，其搭档才向周某非要害部位开枪。从此情形中我们应该总结经验：第一，在处警时要快速作出正确的应对战术；第二，民警要做好战友的搭档，只有在明确应对战术的情况下作出快速反应，才能找准时机，只有民警配合默契才能在制服违反犯罪嫌疑人的基础上，更好地保护战友和自身的生命安全。

持刀阻挠施工并袭警，一男子被刑拘②

8月30日上午8时许，宁明县公安局110指挥中心接到城中镇第三小学教师报警称，该校在施工过程中遭寨密村村民陈某持刀阻挠。城中派出所民警迅速赶到现场。然而，陈某却无视公安民警的警告，手持长刀袭击了民警和现场施工人员，致一名民警受伤后逃离了现场。所幸，该民警只受了轻微伤。案发后，宁明县公安局立即抽调警力全城搜捕犯罪嫌疑人陈某，并发布悬赏公告，发动群众提供有效线索。迫于公安机关强大的震慑力和舆论压力，8月31日上午9时许，陈某独自一人到城中派出所投案自首。但在派出

---

① 四川一男子暴力袭警　砸ATM机持刀砍伤派出所所长.［2015－08－03］. http：//news. qq. com/a/20150803/005065. htm.

② 宁明：持刀阻挠施工并袭警　一男子被刑拘.［2017－09－01］. http：//www. gxnews. com. cn/staticpages/20170901/newgx59a909f9－16492939. shtml.

所里，陈某拒不承认自己的违法犯罪行为，坚称自己没错，还要求派出所出面解决其与城中镇第三小学存在的土地纠纷和第三小学拆除其石瓦房的问题。经核查，城中镇第三小学的土地属于国家划拨，并取得了土地使用证，与陈某并不存在任何土地纠纷。陈某因涉嫌妨害公务罪，被宁明县警方刑事拘留。

本案中，民警被陈某的长刀袭击，原因在于陈某认为学校的占地行为侵犯了其个人利益，遂利用暴力阻止施工。拆房占地事宜本不属于公安机关职责范围内应该管辖的事情，但在陈某持刀阻挠施工的情况下，很可能会威胁到广大人民群众的人身安全和财产安全，因此，公安机关必须依法对陈某进行管理。在此案件中，通过治安民警在日常工作中的积累，原则上应该对陈某的家庭情况和个人情况有一定的了解。长刀作为管制刀具，本身就以危险物品定性，陈某利用管制刀具对民警以及施工人员实施侵害行为，进一步说明陈某在日常生活中很可能也存在脾气暴躁、易怒的情况。在此情形中，处警民警单方面对陈某进行控制也显得有点单薄。可以通过其在日常生活中敬畏的民警、认可的民警或者其他德高望重或关系要好的亲友来对其进行劝说，缓和陈某的情绪，邀请权威部门将其占地的具体情况向陈某解释清楚。只有将误会化解，陈某才能认可警察的行为，尊重政府的决定，配合施工顺利进行。

二、 治安民警在场所检查过程中遇袭

对特种行业和娱乐场所的检查是治安民警的重要工作内容。原因在于，这类场所容易滋生卖淫嫖娼、吸毒贩毒等违法犯罪行为，同时也是不法分子进行违法犯罪行为最频繁的场所。因此，治安民警要对这类场所进行定期检查，及时预防和打击违法犯罪行为人。但在民警检查场所的过程中，由于场所内的人口流动性强，人员具有不特定性和随机性等特点，因此很容易受到不法分子的侵害，民警在检查这类场所时，要在心理、装备、技术三个方面做好充分准备，以防突发事件。

【典型案例】

民警查房得知招嫖暗语，被查男子袭警欲逃，最终被拘留①

2015 年 3 月 25 日凌晨，铜陵市公安局郊区派出所民警走进一家营业中的宾馆，对宾馆内住人的客房进行例行检查。当在对住着一对男女的某客房检查时，细心的民警发现此二人年龄相差悬殊。更为令人起疑的是，在面对民警的目光时，二人虽故作镇定，却依然掩盖不了神色中的慌张。民警不动声色地问了几句，这二人表现出了更为惶恐的状态。民警当即将二人分开，分别进行询问。问后将双方回答进行对比，发现此二人回答完全不一致。男子突然抓起身后的啤酒瓶向民警头部砸去欲逃离宾馆，民警闪身，瓶子砸在了民警的肩膀上，民警顺势将酒瓶夺下，控制住该男子，喝令其配合调查。在民警的进一步询问下，二人坦白了卖淫嫖娼的事实。据交代，女子通过 QQ 群发信息，信息内容却是有关招聘兼职的问题，还有“新茶上市”等隐晦词语。一般人看到此类信息都会怀疑是骗局而拒不理睬，而该男子却从这些与嫖娼风马牛不相及的措辞里面看出了不寻常，他积极地和女子网聊了起来。二人都知道了彼此内心真实的想法，一拍即合。最后二人通过网上商议确定了价格、地址、时间，谁知还是难逃民警的火眼金睛。

本案中，民警通过询问、观察二人的反应，初步判断这对男女的关系不是情侣或熟人关系。在发现其具有“特殊”关系之后，为了逃避法律处罚，男子选择用酒瓶袭击警察，趁机逃跑，终未得逞。从此过程中我们可以看出，该男子不仅熟络嫖娼的套路，还了解其暗语，说明其是“常客”的可能性较大。面对警察的询问，男子虽然面露恐慌之色，但仍然没有从心底里反省自己的错误，反而把酒瓶子作为攻击工具，袭击民警。为了能够逃避惩罚，嫖娼者不惜牺牲他人生命健康，向民警伸出罪恶之手。由此可见，嫖娼的案件本身没有人身攻击性，但是在抓捕的过程中，被抓捕现行的人可能会

---

①“新茶上市”竟是招嫖暗语 民警查房破获“天机”. [2015-03-27]. http://news.ifeng.com/a/20150327/43432152_0.shtml.

因为丢面子、躲惩罚、怕家人知道等现实原因对民警进行人身攻击。因此，民警要加倍的小心。

警方对废品收购市场突击检查，一聋哑老板不配合反而对民警大打出手①

2016年7月，北京警方会同工商、城管等部门开展第3次打击盗销市政设施专项行动。警方对辖区废品收购市场开展专项突击检查行动。在突击检查过程中，在对一名聋哑老板所开的废品收购站进行检查时，民警对聋哑老板无照经营的行为进行处罚，该老板激烈反对，由于民警在与其沟通的过程中存在一定的障碍，无法明白对方的意思，导致聋哑老板情绪越发激动。在发现沟通无果后，该老板拾起身边的铁签子向民警刺去。在突然袭击的情况下，民警小刘没有来得及躲闪，自己的肩膀部位受伤，其他三名民警见状，立即制服该聋哑人。

本案中，多个部门联合开展的打击盗销市政设施专项行动，旨在预防、打击和处理盗销市政设施的行为。废品收购站作为旧货业的一种，公安机关需要对之加强管理。民警在检查过程中遇到的检查对象为聋哑人员，其没有办理相关证件就开始收售废品，已经构成了违法行为。然而，聋哑人员在社会管理过程中受到国家、法律和社会的关照，其本身就具有一定的特殊性。在专项检查活动中，该老板开设的废品收购站也存在一定的违法问题，理应受到处罚，聋哑老板责无旁贷。但是民警在与其交流的过程中存在障碍，没能更好地向老板进行解释，导致老板过分激动，实施了袭警行为。通过此案例我们可以总结出：在与场所责任人，尤其是特殊人员交流的过程中，要掌握一定的方式和方法。首先，要比对待普通人更耐心；其次，在处罚的同时要做好教育工作；最后，处罚完毕后给其做好“指路”工作，引导他们正确改正，从而减少警民之间的矛盾，促进警民和谐。

---

① 北京海淀警方开展突击检查　19个废品摊点被取缔．［2013－08－15］．http：//www.chinanews.com/fz/2013/08－15/5167095.shtml.

三、 治安民警在治安调解过程中遇袭

《公安机关办理行政案件程序规定》第153条规定："对于因民间纠纷引起的殴打他人、故意伤害、侮辱、诽谤、诬告陷害、故意损毁财物、干扰他人正常生活、侵犯隐私、非法侵入住宅等违反治安管理行为，情节较轻，且具有下列情形之一的，可以调解处理：（一）亲友、邻里、同事、在校学生之间因琐事发生纠纷引起的；（二）行为人的侵害行为系由被侵害人事前的过错引起的；（三）其他适用调解处理更易化解矛盾的……"由此可见，治安调解是治安民警在处理纠纷工作过程中经常使用的处理方式和方法。由于民警在治安调解过程中充当了一个严肃而有原则的"和事佬"的角色，部分群众不能接受警察的调解行为或调解结果，导致"和事佬"也成为矛盾的对象。通过大量的工作经验积累我们总结到，治安调解工作不能完全只依靠走程序来完成，更需要民警具有很强的群众工作能力，不讲究方式和方法，就会将双方当事人之间的矛盾激化甚至演变成激烈的警民冲突。

【典型案例】

一对父子犯浑，拳打脚踢调解民警①

2017年8月14日晚8时许，在石家庄市鹿泉区李村镇某企业打工的浙江籍父子与人发生纠纷，引发肢体冲突，在场劝解的群众拨打了报警电话。民警在现场了解到，潘某和霍某因琐事产生口角，引发肢体冲突。看到双方情绪激动，在现场难以调解，民警准备将双方当事人带回派出所做进一步调解。嫌疑人潘某不但不听从民警的劝告，反而继续大吵大闹。这时嫌疑人的父亲潘某兵闻声赶来，不分青红皂白一把抱住了民警，嫌疑人潘某趁机对民警拳打脚踢，导致民警头部、颈部、胳膊、膝盖多处受伤。闻讯赶来的李村

① 河北：一对父子犯浑　拳打脚踢调解民警．［2017－09－21］．http：//hb.jjj.qq.com/a/20170921/004115.htm.

刑警中队民警迅速将潘氏父子制服后，强制带回刑警中队进行调查。

本案中，潘某和霍某发生了口角，民警欲带回所里平息双方怨气，进行调解。结果潘家父子二人不但不接受民警调解，还对民警大打出手。然而，反思民警在现场的做法也不难发现，民警到场时，潘某和霍某都在情绪最激动的浪尖之上，民警没有将二人分开，反而一味地想把双方当事人带走调解，就是对案件案情缺少正确把握。若是民警到达现场后，先把二人隔离，分别了解情况，再进行单独教育和引导，利用警察的语言技巧和说服能力，将二人的情况进行公平剖析，给二人一个冷静的时间，很可能就会在现场调解成功，从而及时化解双方矛盾，减少隐患。因此，民警在现场处理可以调解的案件时，应该急群众之所急，想群众之所想，要及时解决不要拖延，才能得到群众的支持与配合，才能减少因方法不当产生的被袭事件。

夫妻酒后扰民不服调解，追砍民警被刑拘①

2017 年 8 月 28 日 22 时 41 分，家住胜南社区某小区的居民报警称，楼上邻居制造噪声影响了他和家人休息。接警后，滨海公安局滨南分局同兴派出所民警出警。赶到现场后，民警向报警人了解了具体情况，随后就来到楼上住户家进行调查询问。此时，开门的男住户张某身上散发着浓重的酒气。民警向张某说明来意：“有邻居反映晚上您家里的声音过大，影响到了邻居的正常休息，请注意一下。”得知有人报警，张某不仅不接受劝告，反而大声呵斥，并扬言要去找报警人。其妻于某也上前理论，且情绪激动，并以民警私闯民宅为由大声谩骂不止。当张某发现一名联防队员身上带有执法记录仪正在对整个处警过程进行录像时，便上前抢夺。联防队员双手护住执法记录仪，并口头警告张某。张某无视警告继续抢夺，拳击、撕扯联防队员，致使其鼻子流血，脖子被抓伤。民警见状要求将张某带回派出所依法接受调查，张某随即进行反抗，推搡民警，最后竟持家中菜刀追砍民警，造成民警手部受伤。最终，民警在派出所增援民警的协助

① 夫妻酒后扰民不服调解　追砍民警被刑拘．［2017－09－12］．http：//www.dzwww.com/shandong/sdnews/201709/t20170912_ 16414323.htm.

下将张某、于某带离现场。

扰民的警情是民警在夜间处警较多的警情之一。本案中，民警直接告诉张某邻居举报其扰民，民警的表达方法过于简单和直白，在一定程度上激化了张某与邻居的矛盾。通过换位思考我们不难理解，家是让人民群众感到最舒适、最安全的环境，在夜间被警察“光临”本身就是一个让人不自在的情况。民警在夜间处警去解决扰民问题，又是一个敏感的“权利维护”的问题。报案邻居想维护自己的“休息权”，扰民者想维护自己的“自由权”，双方都有自己的权利，但又不能越界干预太多，因此，作为“和事佬”的民警一定要更加注意方式和方法。笔者个人建议在调解此类案件时要注意以下方式方法：第一，避免单刀直入，要注意态度委婉；第二，避免口气生硬，尽量有商有量；第三，禁忌只满足单方要求，注意缓解双方矛盾，以免纠纷当事人将矛盾迁移到民警身上。

房东擅闯女租客房间，警察调解反遭霸道房东殴打①

桐乡市区的一个拆迁安置小区，房客小朱姑娘和房东徐某吵起来了。邻居报警后，民警到达现场。经现场询问得知，小朱是河南人，30 岁，单身，2017 年 6 月 28 日开始，小朱租下徐某家的这间套房，说好租三个月，每月租金 400 元。但是 9 月 3 日下午小朱突然要退房，还要徐某退还之前交的一个月房租，理由是房东没有经过她的同意，多次擅自进入她的房间。民警在调解教育的过程中对徐某说：“你要进这个房间肯定要事先经过租客的同意，比如说你要进去干什么。毕竟那个租客是个女孩子，不可能说一个女孩子的房间，房东想进就进，那也是不行的。”房东却说，这个房子是他的，他想进就随便进。民警一再跟他解释，他也不听，且在现场情绪非常激动。警察打算把双方带到派出所调解，希望到派出所后解决双方的租房纠纷。但是房东徐某拒不配合，情绪特别激动，开始用拳头殴打民警的胸部，用脚踢民警的腿。徐某被强制带上警车后，民警对其说服教育时，徐某突然拿手铐套住

---

① 房东擅闯女租客房间　警察调解反遭霸道房东殴打．［2017－09－12］．http：//henan. qq. com/a/20170912/037945. htm.

了民警的脖子，对警察进行袭击。后来徐某狡辩说他是在坐不稳的前提下，碰到巡警的头了。但经过鉴定，这名警察构成轻微伤。最后徐某因为涉嫌妨害公务罪，被警方采取刑事强制措施。

本案涉及出租房屋的问题，本属于民事纠纷，双方当事人可以就纠纷向人民法院提出起诉。但是，本着为群众服务的原则，民警还是尽力地在为双方当事人进行调解，希望双方都能够得到一个满意的调解结果。从对案件的描述中我们不难看出，徐某确实为过错方，且朱某退房款的申请二人也是可以协商的，房东的执拗是案件升级的关键。由于房主不听公安机关的建议，民警想把双方请到派出所进行调解，在去派出所的过程中，徐某对民警实施暴力行为，民警又对徐某实施了强制行为，如此反复，民警最终受到了轻微伤，而徐某也因涉嫌妨害公务罪，被采取了刑事强制措施。但我们反观全过程，民警是否必须对徐某和朱某的租赁纠纷进行调解？答案是否定的，因为租赁纠纷原本就属于自愿调解的纠纷，其不在治安调解的范围内。民警如果调解成功，那么就解决了朱某和徐某之间的问题，但是如果调解不成功，公安机关人民警察应该告知其具体解决问题的部门——人民法院，而不是必须将二人强制带回派出所进行调解。因此，民警在治安调解的过程中，应该注意治安调解的范围和治安调解的原则。只有掌握了工作的基本内容和基本原则，才能有法可依、规范执法。

四、 治安民警在违法案件现场办理过程中遇袭

对治安民警来说，违法案件现场情况最为复杂，人员最为冗杂，是危险性较大的现场之一。在案件现场会发生诸多不可预测的情形，如违法人员是否携带了危险物品，违法环境内是否有精神病人会突然发病破坏现场、破坏证据，违法情形本身是否就具有侵害性、暴力性等，这些都是民警遇袭的因素。

【典型案例】

脸部被刺，他昏倒前制服杀人犯罪嫌疑人①

9月12日8时18分，山东省昌邑市公安局饮马派出所民警李某友接到指令，辖区饮马镇山阴村发生故意杀人案件，嫌疑人王某作案后潜逃，李某友立即带人赶到现场。搜查时，李某友与王某碰了个正着。李某友指挥3名辅警持防暴钢叉、警棍等警械，分两路进行包抄，将王某围在胡同中，并命令他放下手里的编织袋。

王某毫无悔意，负隅顽抗。李某友与同事紧密配合，用防暴钢叉控制王某，并趁机用辣椒水向其面部猛喷。嫌疑人受到刺激向后一缩，李某友抓住时机向前靠拢，继续向其喷射辣椒水，伺机将其制服。谁知嫌疑人突然挥起手中的编织袋向李某友挥了过去，正中李某友的左脸，鲜血一下涌了出来，瞬间染红了警服。事后才得知，王某在编织袋中装了一把镰刀。王某刺伤李某友后，摆脱了防暴钢叉的控制，挥着凶器向其他人砍去，并试图向村中冲去。“坚决不能让他冲到村里去！”李某友顾不上疼痛，冲上去与王某搏斗，最终与同事将王某制服。李某友死死压住王某，给他戴上了手铐。而此时，李某友也因失血过多昏了过去，被送到医院抢救。经过3个多小时的紧急抢救，李某友脱离了危险。初步诊断：李某友脸部贯穿伤口达8厘米，造成腮腺和咀嚼肌断裂，直接影响面部活动和咀嚼功能，经过4层缝合才使伤口闭合，需进一步观察治疗。据主治医生介绍，伤口距离颈动脉仅有5厘米的距离，如果刀口稍微向下一点，后果不堪设想。

本案例中，治安民警接到指令将杀人犯罪嫌疑人王某抓捕归案。经过部署，民警在事前对抓捕行动做了充分的准备，无论是抓捕人数的配比，还是武器警械的配备，都有所增加。在抓捕过程中，民警同志们英勇善战，这种奉献精神促使所有民警能够团结协作，成功将王某抓捕归案。不幸的是民警

---

① 脸部被刺，他昏倒前制服杀人犯罪嫌疑人．［2017－10－09］．http：//www. cpd. com. cn/n10216060/n10216144/c39310930/content. html.

李某友受到犯罪嫌疑人王某挥舞镰刀的攻击。为何民警在准备充分的情况下还是受到了犯罪嫌疑人的袭击？从民警在处警前的准备工作来看，所有成员对犯罪嫌疑人的抓捕工作都十分重视。但是，在所有民警都发现王某手里有编织袋时，并没有任何一个人对编织袋里面的物品做过多分析，而是不假思索地开始对王某实施控制。换言之，在“知己知彼”的战略布局中，民警只做到了“知己”，而忽略了“知彼”这一重要方面。由此可见，“知己知彼”中，“知彼”不能仅仅体现在对身高、体重、年龄、特征这些外表情况的了解，而是要对犯罪嫌疑人或抓捕对象进行全面的审视，真正地做到“知己知彼”直达“百战不殆”。

三名男子抗拒执法又袭警，法院一审分别判处不同有期徒刑

2016年2月8日晚，安徽省淮南市公安局山南新区分局淮河路派出所接110指令称，在大通区孔店乡费郢村某浴池内有人聚众赌博。民警接到指令后迅速出警，在该浴池棋牌室内现场抓获8名以“推牌九”方式涉嫌赌博的人员，就在民警对涉案赌资进行清点时，邹某鹏在棋牌室门口不听民警劝阻，鼓动屋内参赌人员汤某军等人抗拒抓捕。在邹某鹏的言语鼓动下，汤某军用玻璃杯将自己头部砸伤后大声叫喊“警察打人”，并与现场执法民警发生激烈冲突。同时，参赌人员邹某军等人开始围攻、殴打、辱骂现场民警，邹某军伙同他人手持地砖砸向民警，致使2名民警受伤。随后，增援民警赶到，迅速控制现场，并将邹某鹏当场抓获。2月10日凌晨，邹某军被抓获归案。2月19日，汤某军迫于压力主动到公安机关投案自首。7月19日上午，安徽省淮南市大通区人民法院刑事巡回法庭对邹某鹏、汤某军、邹某军妨害公务一案庭审结束之前，被告人当庭向民警道歉。随后，审判长当庭宣判，3名被告人因犯妨害公务罪分别被判处有期徒刑1年、9个月和6个月。

本案中，治安民警接到110指令后，立即对聚众赌博人员实施抓捕。然而，为了逃避民警抓捕，邹某鹏等人鼓动大家拒捕且实施袭警行为。让人意外的是为了喊出“警察打人”四个字，汤某军竟用玻璃杯把自己砸伤，此等做法让人费解。“警察打人”这四个字确实多出现在袭警案件中，仿佛被警察打就是袭击警察的合法理由一般。现阶段，部分群众难以用正常的思维

去思考他们的言行，袭警人员虽然都有一定的暴力情节，但是对自己都能下狠手的人少之又少。最后虽然所有的赌博人员、袭警人员都受到了相应的法律制裁，但是我们应当从此案中总结一些经验和教训：第一，在处警之前，要掌握对方确切人数；第二，在执行抓捕任务时，要准备足够的警械武器，如防暴叉、防暴手枪、催泪瓦斯、防暴盾牌等，在控制违法犯罪嫌疑人的同时，也能保护自己；第三，要提出对带头鼓动反抗和袭警人员加大处罚或量刑的建议。

男子想进拘留所“静静”竟袭警，法院判其入监狱①

无业男子段某嗜好喝酒，因酒后经常打架与妻子离婚。离婚后的段某因感生活压力巨大，想出了“去拘留所待几天，放松放松”的想法。2015 年 10 月的一天晚上，喝了酒的段某来到其前妻所开的门店。说了几句话后，二人发生口角，段某前妻遂开车离开。见前妻离去，酒后的段某想到自己的生活处境，怒从中来，一拳将店内挂在墙上的一面镜子打碎。随后，他拨打 110 报警，心想这样就可以被拘留，去拘留所“静静”。正在派出所值班的两名民警和一名辅警接到 110 指令后赶到现场。令处警民警没有想到的是，见到警察后，段某就说：“我想进拘留所待几天，放松放松。”然后径直走向警车，并坐在车后座上拒不下车。在民警劝其下车要求其配合调查的过程中，段某将民警赵某的左胳膊咬伤，头部打伤；将辅警张某的头部打伤；致民警王某左手无名指受伤流血。受过特殊训练、身体健壮的段某打伤警察后还扬言，他现在就是要袭警，就是要把事情弄大，他就是要到派出所去。最后，打累了的段某被依法传唤到了派出所。法院经审理认为，段某酒后无事生非，随意殴打他人，破坏社会秩序，致二人轻微伤，情节恶劣，认定段某的行为构成寻衅滋事罪，并以寻衅滋事罪判处被告人段某有期徒刑一年六个月，赔偿对附带民事诉讼原告人赵某造成的损失。

本案虽属于在违法案件现场办理时民警遇袭，但是其性质更加恶劣。段

① 男子想进拘留所“静静”竟袭警　法院：进监狱．［2016－06－13］．http：//www.guancha.cn/society/2016_ 06_ 13_ 363852. shtml.

某天真地以为打警察就可去拘留所“静静”，但他万万没有想到，自己的行为已经达到了寻衅滋事罪的刑罚标准。由此我们可以看出，不是所有的袭警目的都是逃避公安机关打击，还包括像段某这种找碴儿想去拘留所“静静”的特殊“诉求”。但无论是何种特殊诉求，民警都要依据法律，严格教育和惩戒违法犯罪嫌疑人，改变其错误的三观，帮助其树立正确的三观，正确引导其能够积极向上地走在人生的道路上。

第四节

刑警常见的遇袭情形

刑事警察主要是负责刑事案件的侦查取证，发现违法犯罪嫌疑人，破获刑事案件的警种力量。刑警办理的案件均为犯罪案件。在面对各类违法犯罪嫌疑人时，刑警既是公平正义的执法者，也是嫉恶如仇的追捕者。虽说刑警的装备配备、技术配备是所有警种当中较为先进的，但在办理刑事案件过程中，刑警却很少在被袭的情况下得到保护。因此，刑警也需要注意了解常见的遇袭情形，发现它的同时，对其存在的漏洞进行建设。

一、 刑警在收集证据过程中遇袭

犯罪嫌疑人为了成功逃避法律的惩罚，会在刑警收集证据的过程中作出消灭证据、捏造证据、躲避抓捕、联系家人庇护等行为。但是法网恢恢、疏而不漏，刑警一般都会克服这些困难，成功地收集到能够证实犯罪事实的证据。然而，在证据收集的过程中，刑警尽量要通过经验和科学方法预见被袭的危险。

【典型案例】

山东泰安“1·4”袭警事件

2010年12月29日，德州市德城区发生一起杀人案件。2011年1月4日11时20分许，泰安市公安局泰山区分局刑警大队和岱宗坊派出所民警在协助德州市公安局德城区分局侦查人员到案件重大嫌疑人之弟家中调查了解情况，在民警亮明身份，准备入户时，突然遭到室内2名犯罪嫌疑人员隔着栅栏式防盗门开枪射击，犯罪嫌疑人在将3名民警、1名辅警打伤后，抢劫一辆过往汽车逃跑。经当地警方不懈追捕，最后将犯罪嫌疑人车辆围堵在泰安市泰山区文化路中段，警方果断用警车撞击犯罪嫌疑人驾驶的车辆，迫使其无法行驶。当场抓获其中1名犯罪嫌疑人，另一犯罪嫌疑人开枪自杀。由于犯罪嫌疑人持枪射击，造成5名民警、2名辅警、2名群众受伤，其中2名民警、1名辅警不幸殉职。

本案中，刑警本欲从犯罪嫌疑人的弟弟家收集犯罪嫌疑人的相关信息，但却在门都没入的情况下，被犯罪嫌疑人隔着栅栏开枪射击，最终导致民警多死多伤。通过对本案的分析，我们可以总结出：第一，在走访前，要通过各种方式做好群众工作，清楚掌握犯罪嫌疑人的行动轨迹；第二，民警必须在摸清楚犯罪嫌疑人的武器配备情况，做好充足准备的情况下，再进行走访；第三，走访过程中要保护好普通群众的人身安全，不能让群众跟着警察一起冒险。

本来是去劝架，却把便衣民警打了，男子被判寻衅滋事罪获刑

2016年9月26日晚，李某路过硚口区一家大酒店门口时，看到有数人正在围殴一名男子。李某上前劝告。谁知打人者非但没有停手，反而连李某一并殴打。李某气不过，也加入了斗殴群体。此时，身着便衣路经此地的刘某、余某两名警官，看到有人打架便上前制止。余某打开手机拍摄现场情况，留存证据。李某不听劝阻，以为此二人是来帮对方的忙，一把抢过余某的手机摔向地面，并将二人打伤。直至其他民警赶至现场，才将参与斗殴的

人员一并带离调查。后经鉴定，民警余某的手机损毁价格为1321元；余某、刘某所受损伤为轻微伤。法院审理后认为，李某随意殴打他人，致人轻微伤，构成寻衅滋事罪，遂作出判决。“李某本想帮别人脱险，却没想用力过猛，突破了法律的底线，将自己送上了犯罪的道路。”办案检察官提醒，帮助别人值得提倡，但施助者应当注意分寸，不能以违法甚至是犯罪的手段来提供帮助，否则只会害人又害己。

本案中，便衣警察虽只是路过案发现场，但是提取证据的意识已经深入民警的思维中。然而，李某却在不知道便衣警察身份的情况下，对其录制留存证据的行为大打出手。本案中民警收集证据的情形与其他案件有些许不同。其他案件中，民警多是专门为某一案件进行专项的证据收集，在此案件中，便衣警察临时路过，立即通过手机拍摄视频证据。由于李某没有弄清楚事实就加入到斗殴群体，导致最后民警收集证据的工具被摔，警察被打。不得不再次强调，公安机关在鼓励广大人民群众在力所能及地帮助他人的同时，也要辨明情况，不传谣、不造谣、不冲动、要理智，以免帮倒忙。

二、 刑警在实施抓捕过程中遇袭

刑警抓捕的过程是最具有危险性的情形之一，因为抓捕对象的不同，持有的工具不同，案件的性质不同，抓捕的难度也会随之不同。刑警在实施抓捕工作过程中，更多的是与犯罪嫌疑人肢体上的接触和控制，所以其存在很高的遇袭危险性。

【典型案例】

偷车贼持械拒捕刑警展开肉搏战①

7月9日上午，家住大港前光里小区的某公司经理张先生准备上班时，

① 偷车贼持械拒捕刑警展开肉搏战．［2014－08－11］．http：//news.163.com/14/0811/09/A3C06F7B00014Q4P.html.

发现自己前一天停在楼下的白色本田雅阁轿车不见了，他立即报警。刑侦三大队民警迅速介入案件侦查，并及时将案情通报给专门负责打击侵财犯罪的市刑侦局三支队。当听说被盗车辆装有GPS时，民警立即联系相关部门调取被盗本田雅阁轿车的运动轨迹。很快，民警发现该车装的两套GPS中有一套在当日1时30分已被窃贼破坏没有了信号，另一套GPS信号也是时断时续。10时左右，被盗车辆GPS信号恢复稳定。民警发现，被盗车辆出现在河北省献县县城。办案刑警带着车主直奔河北省献县县城。抵达目的地后，民警带着车主在县城大街小巷展开排查，当日14时左右，在当地一家饭店后面发现被盗车辆，但车上没有人。为防止嫌疑人驾车逃窜，民警切断了该车点火开关。随后，民警在被盗车辆附近设好埋伏，等待嫌疑人现身。当日18时左右，一辆黑色起亚轿车靠近了被盗车辆，车上副驾驶一侧走下的男子径直拉开雅阁车车门进入车内。见此情况，办案民警迅速将白色雅阁车上的男子包围并亮明身份。然而，车内男子挥舞着一把盗窃用的改锥抗拒抓捕，企图发动汽车逃离现场。民警见状，先后两次朝天鸣枪示警，让嫌疑人下车接受盘查。这时，现场已聚拢了不少围观的食客，犯罪嫌疑人同伙驾驶黑色起亚轿车趁乱逃离现场。见到驾车逃跑无望，偷车贼拉开车门，疯狂捅刺民警，并趁机逃向路边一条长满荆棘的深沟。为避免误伤围观群众，民警没有选择射击，而是和窃贼展开搏斗，最后将男子擒获并押回天津。第二天，留在当地负责完善证据的两名民警再次发现了从抓捕现场逃离的那辆黑色起亚轿车。由于警力不足，办案民警立即将这一情况通报给当地警方。接报后，当地公安机关迅速调集街面巡逻的6辆警车，在县城对这辆黑色起亚轿车展开围追堵截。很快，6辆警车便控制住几处主要路口，将黑色起亚轿车封锁在一片狭小区域。见到荷枪实弹的民警已经将大小路口封锁，车上男子放弃逃窜，举手投降。男子被迅速移交给大港警方。

本案中，犯罪嫌疑人的拒捕和反抗行为是强烈的，并且对警察的侵害也是疯狂的。偷车贼疯狂地捅刺民警后逃跑，说明偷车贼事先早有准备，所以才随身携带管制刀具。由此可以看出，刑警在抓捕犯罪嫌疑人的过程中，不仅公安机关做好了准备工作，同时犯罪嫌疑人也做好了相应的准备工作，目的是摆脱公安机关的控制。因此，民警在实施抓捕的过程中要做到“眼快、手快、反应快”。眼快，是快速观察犯罪嫌疑人身上、手上是否有武器；手快，是利用自己防卫控制的能力迅速将犯罪人制服；反应快，是指发现犯罪嫌疑人有袭警的动作时要快速躲避，及时保护自己和周围群众的安危。

一名在逃杀人犯罪嫌疑人探监时枪击民警①

2009年10月21日凌晨4时许，柳州市飞鹅二路某宾馆内发生一起持枪抢劫案。事后，柳南公安分局红光责任区刑侦大队民警抓获3名犯罪嫌疑人，另一名重要犯罪嫌疑人谭某在逃。2010年1月24日14时许，红光责任区刑侦大队获得一条重要线索：嫌疑人谭某出现在柳城县四塘农场。柳南公安分局主管刑侦工作的副局长随即带领7名民警前往抓捕。15时30分许，民警发现柳城监狱二监区探视室外停有一辆挂合山车牌的五菱小客车。由于犯罪嫌疑人谭某系合山人，民警估计谭某可能在探视室内，遂决定派民警韦某、王某和方某前往查看。三人进入探视室时，发现室内有两男一女。突然，其中一男子右手伸入胸口衣内，民警立即意识到犯罪嫌疑人可能要掏枪，走在前面的韦某和王某立即猛扑上去。接着传来一声枪响，民警方某被子弹击中左胸前下方。方某随即冲上前去，奋力抓住该男子持枪的手，将枪夺下。布控民警听到枪响后火速冲入。在被民警扑倒并夺枪之后，犯罪嫌疑人又试图将手伸进裤袋，企图掏出手雷。民警奋不顾身，终于将犯罪嫌疑人彻底制服。该男子被制服后，民警在柳城监狱民警协助下，将与该男子一同前来探监的其余5名犯罪嫌疑人予以控制。经查，该男子就是民警要抓捕的系列持枪抢劫杀人案犯罪嫌疑人谭某。办案民警从其身上夺下的是一支仿制“六四”式手枪，手枪里仍有3发子弹，同时缴获手雷1枚、手枪子弹4发。

本案中，犯罪嫌疑人不仅有枪，还有手雷。这些都是被严格管控的危险物品。原则上来说，它们都不应该出现在犯罪嫌疑人的手上。然而，在很多情况下，犯罪嫌疑人的“货源”比公安机关掌握的要多。这就为公安机关实施抓捕制造了很大的一个难题。如若不是民警及时发现男子欲掏枪袭击，

---

① 广西柳州一名在逃杀人嫌犯探监时枪击民警．［2010－01－27］．http：//news. qq. com/a/20100127/000105. htm？pc.

并将其扑倒控制，那么案件对民警造成的伤亡不可想象。综上所述，对枪支、弹药、手雷等危险物品的管控一定要加强。民警一定要坚持练习“眼快、手快、反应快”的能力训练，及时发现、及时控制、及时躲闪，这样既能够防范遇袭，同时也能够加强控制犯罪嫌疑人的能力。

三、 刑警在设卡堵截过程中遇袭

刑警为了防止犯罪嫌疑人驾驶车辆逃跑，经常会运用设卡堵截的方式，设卡堵截工作一旦成功，违法犯罪嫌疑人就会被公安机关逮捕，受到法律的制裁。堵截的关卡一旦被违法犯罪嫌疑人当作目标进行冲击，刑警的人身安全将会受到极大的威胁。

【典型案例】

一名民警设卡拦截犯罪嫌疑人被撞牺牲

佳木斯市公安局证实，2014 年 8 月 6 日下午 14 时 5 分，一名犯罪嫌疑人驾驶三菱吉普车冲卡，导致前进分局刑警队民警赵某被撞，不幸牺牲。据佳木斯市公安局通报称：在我市前进区和桦川县实施抢劫犯罪的犯罪嫌疑人在东出城口驾三菱吉普车冲卡，前进分局刑警队设卡奋力堵截，民警赵某被撞，不幸牺牲。犯罪嫌疑人驾驶车辆起火，在逃跑过程中被参战民警抓获。

兰州一便衣民警设卡堵截盗车团伙被撞牺牲

2016 年 11 月 30 日，兰州市公安局便衣侦查支队民警李某在七里河区韩家河参与设卡堵截系列盗车团伙时，遭犯罪嫌疑人驾车疯狂冲撞，致李某重伤，经抢救无效于当日凌晨 4 时 6 分壮烈牺牲，年仅 48 岁。

上述两个案例皆是在设卡堵截的过程中，犯罪嫌疑人驾车疯狂冲撞关卡，导致刑警牺牲。不难看出，犯罪嫌疑人在看到刑警设卡堵截时，一般都会精神紧张，随即产生“破罐破摔”的放弃自我的心态，利用自己所驾驶的车辆，加速撞过关卡，然后根据撞后的本人及车辆的情况来决定是否继续逃跑，重新规划逃跑计划。在设卡堵截的过程中，如若能够强化卡口拦截物的拦截能力，比如说多放散钉子在路口，多放些凹凸不平的障碍物等，同时，弱化民警自身在卡口的拦截作用，那么，很多刑警被冲撞致死的案件很可能就不会发生了。

四、 刑警在结案后遇袭的情形

刑警的遇袭情况并不是随着案件办理终结而终结。原因在于，刑警接触的违法犯罪嫌疑人当中，少部分人存在报复的心理，有的更是扬言刑满释放后要对刑警实施报复行为。因此，刑警在结案后也要随时小心防止有人伺机报复。

【典型案例】

刑警被老扒手报复杀害①

2015 年 6 月 2 日晚 8 时 31 分，犯罪嫌疑人罗某某在克山县西大街某商场门前，袭击了正在私家车内的刑警刘某，刘某被刺 14 刀，当场牺牲。现场附近一名商户描述，当晚 8 点多，他发现自家店铺东南方向约 100 米处道路上围着很多人，其中还有几名警察。另据目击者称，现场路面停着一辆黑色轿车，但之前并没有听到异常响动。据了解，死者当时在车内正驾驶位置，有人发现该车辆停靠在路边有异常情况，才拨打了报警电话。当晚，现场已拉起警戒线，公安部门赶赴现场勘查。当地警方称，案发后，公安机关迅速组成联合专案组，全力开展侦破工作。经工作组确认，克山县某社区 50 岁无业居民罗某某有重大犯罪嫌疑。6 月 3 日下午 6 时 40 分，警方在罗某某家中将其抓获，并查获相关犯罪证据。经审理查明，罗某某因扒窃曾多次被时任克山县刑侦大队侦查员的刘某依法处理，一直心怀不满，遂实施了

---

① 刑警被老扒手报复杀害．［2015 -06 -05］. http：//www. legaldaily. com. cn/index_article/content/2015 -06/05/content_ 6112770. htm？ node =5955.

报复杀害刘某的行为。

本案就是典型的犯罪嫌疑人被处理过后，打击报复办案警察的案例。犯罪嫌疑人刺了刘某14刀，刘某当场牺牲，可见其要报复警察的决心。很多违法犯罪嫌疑人不在乎自己的生命，更不在乎别人的生命，甚至有极少部分的犯罪嫌疑人以结束别人的生命为自己带来快感。公安机关应该有计划、有针对性地对这些有报复心理的违法犯罪分子进行正面疏导，指出其错误的想法，梳理出是非对错，教育其如何融入社会，重新积极向上地生活。通过公安群众工作的不断深入，民警也可以邀请治保组织、居委会成员、环卫工人、店铺老板、学校老师、单位同事等能够接触到违法犯罪人员的群众，成为警务工作人员的左膀右臂。通过社会、家庭、单位、学校的共同努力，教育、感化、挽救违法犯罪人员。

杨某报复袭警案①

2008年7月1日9时40分许，一名北京来沪无业人员突然持刀闯入闸北区一公安机关综合办公楼内，连续捅伤多名公安民警和一名保安，随即被民警当场抓获。案发后，相关领导立即赶到现场指挥伤员救治和处置工作。经初步侦查，犯罪嫌疑人杨某，男，28岁，北京市人。当日上午，杨某在办公大楼便门外纵火后，捅伤一名保安，然后闯入楼内办公场所，袭击正在办公的民警，共致9名民警受伤，其中5名民警送医院抢救无效牺牲。据杨某交代，其对2007年10月因涉嫌偷盗自行车被闸北分局依法审查一事不满，为报复公安民警，实施犯罪行为。

杨某案在国内起到的负面影响从2008年延续至今，不仅是因为他杀害了5名警察，让群众更好奇的是为什么杨某进去没有受到一点阻拦。原因就在于，杨某的目的就是进入公安局，见人就砍，没有特定的目标。

当犯罪嫌疑人没有特定的目标时，所有人就都成了目标。这也是上述两个案例同为报复性袭警的区别之处：第一个案例是犯罪嫌疑人根据自己的主

① 上海袭警犯罪嫌疑人照片曝光．［2008－07－01］．http：//news. qq. com/a/20080701/003050. htm.

观意愿，对特定的民警实施的报复行为；第二个案例是犯罪嫌疑人对不特定的民警实施的、报复警察群体的行为，两个案例应有所区分，后者的社会危害性更大。但究其原因，我们可以总结以下几点作为参考：第一，杨某心怀报复警察的心理，说明在之前杨某偷盗自行车案件的办理过程中，民警没有重视对杨某的法制教育工作，导致杨某不仅不知悔改，还产生了报复心理；第二，杨某能够顺利进入公安机关大楼内，说明公安机关大楼的安保效果有待增强；第三，杨某能够在短时间内袭击多名警察，说明警察在日常工作过程中缺少对突发事件的反应和控制能力，更加缺乏自我保护的能力。由此可以看出，任何报复性案件都可以追溯到出警、处警之初。民警只有在执法规范的同时，强化语言沟通能力、自身防卫控制能力、说服教育能力、感化挽救能力，加强执法过程中对违法犯罪人员法制教育的比重，才能有消除违法犯罪人员报复心理的可能。

公安机关人民警察在执法过程中，各警种既有分工也有协作，不能真正地把每个警种遇袭的情形独立分割研究，每个警种遇袭的情形对所有警种来说都具有可能性。

第四章

袭警行为的防范

宁可千日不松无事，不可一日不防酿祸。

——笔者

袭警行为的防范是一个综合性很强的工作。本书第一章详细分析了产生袭警行为的社会原因、法治原因、执法原因、警察自身原因、社会心理原因。其中，人民警察处在各种矛盾的中心和公民守法意识缺失是当前发生袭警问题的重要原因。预防袭警行为的发生，就应当从产生袭警行为的上述各项原因着手。第一，应当改革和完善各项经济制度、社会制度等，实现社会公正与公平，减少社会矛盾；第二，完善法律制度特别是关于警察执法保障的法律制度；第三，做好公安公关工作，密切警民关系，增进公众对公安工作的了解和理解；第四，警察机构应当为人民警察做好诸项执法保障工作；第五，人民警察自身需要具有防范的意识和能力。其中，第一项预防措施非常宏观，涉及面大、问题多，非朝夕之功，所以本章不再阐述。下面主要围绕后面四项预防措施展开论述。

第一节 完善法律制度

法律制度的完善对于预防各类问题的发生都具有无可替代的作用，预防袭警行为的发生也不例外。与预防袭警问题发生直接相关的法律制度主要包括如下四类：一是关于警察职权职责的法律制度；二是关于警察执法保障的制度；三是关于社会协从警察执法的义务的法律制度；四是关于惩处袭警行为的法律制度。

一、 完善警察职权职责的法律制度

当前警察职权职责方面存在的突出问题是，警察职责的不断膨胀与法律依据不足之间的矛盾。此外，由于法律规定的不足，警察在履行一些职责时缺乏法定措施。

（一）警察职责的不断膨胀与法律依据不足之间的矛盾

《人民警察法》第 6 条规定了公安机关人民警察应依法履行的职责包括 14 项，分别是：（1）预防、制止和侦查违法犯罪活动；（2）维护社会治安秩序，制止危害社会治安秩序的行为；（3）维护交通安全和交通秩序，处理交通事故；（4）组织、实施消防工作，实行消防监督；（5）管理枪支弹药、管制刀具和易燃易爆、剧毒、放射性等危险物品；（6）对法律、法规规定的特种行业进行管理；（7）警卫国家规定的特定人员，守卫重要的场所和设施；（8）管理集会、游行、示威活动；（9）管理户政、国籍、入境出境事务和外国人在中国境内居留、旅行的有关事务；（10）维护国（边）境地区的治安秩序；（11）对被判处管制、拘役、剥夺政治权利的罪犯和监外执行的罪犯执行刑罚，对被宣告缓刑、假释的罪犯实行监督、考察；（12）监督管理计算机信息系统的安全保护工作；（13）指导和监督国家机关、社会团体、企业事业组织和重点建设工程的治安保卫工作，指导治安保卫委员会等群众性组织的治安防范工作；（14）法律、法规规定的其他职责。

上述规定看似明确了人民警察的职责，但是《人民警察法》第 32 条规定："人民警察必须执行上级的决定和命令。人民警察认为决定和命令有错误的，可以按照规定提出意见，但不得中止或者改变决定和命令的执行；提出的意见不被采纳时，必须服从决定和命令；执行决定和命令的后果由作出决定和命令的上级负责。"此条规定没有明确"上级"指的是哪个机关或部门，依据我国公安管理体制，地方党委和政府都是当地公安机关的"上级"。基于此原因，地方党委和政府经常决定和命令公安机关履行一些职责。

这些职责中，部分属于非警务活动。笔者针对非警务活动展开过一次调研，在公安机关看来，非警务活动主要包括如下四类：（1）公安机关受当地政府指派所实施的行为，主要包括：征地、拆迁，计划生育政策落实，对信访、上访的管控，处置群体性事件时的部分事务，农村基层派出所对“两委”换届选举秩序的维护；（2）公安机关对于群众求助的非警务活动的出警；（3）公安机关协助相关行政机关行使的“行政执法”；（4）因法律规定不足，但又无其他部门管理，目前只能由公安机关管理一些事务，如公共场所安检，养犬管理，对精神病人的救治，民俗接待行业管理，放射源、仿真枪、烟花爆竹的经营销售的管理，“黑车”、经济纠纷的处理，打击假冒伪劣产品工作等。特别是在处理计划生育、房屋拆迁、征地等“老大难”问题时，一些地方领导往往想到“要枪杆子撑腰壮胆”，指令民警超越职权参与非警务活动。

对于非警务活动，一些地方与公安部在认识上存在一些差异。公安部多次发布通知，严禁公安民警参与征地拆迁等非警务活动。例如，2011 年 3 月，公安部下发《2011 年公安机关党风廉政建设和反腐败工作意见》，该意见指出，各级公安机关要把维护党的政治纪律放在首位，要认真贯彻国务院严格征地拆迁管理工作的有关要求，严禁公安民警参与征地拆迁等非警务活动，对随意动用警力参与强制拆迁造成严重后果的，严肃追究相关人员的责任；2017 年 4 月，公安部党委再次下发《2017 年公安机关党风廉政建设和反腐败工作要点》，再次明令禁止公安民警参与征地拆迁等非警务活动，对随意动用警力参与强制拆迁造成严重后果的，严肃追究相关人员的责任。然而，一些地方领导在征地拆迁等事项遇到群众阻抗时，依然习惯于使用警察力量，保证强制拆迁的完成。笔者在调研时发现，个别地方党政部门在公安部的命令要求下，不再公然使用警力参与强制拆迁，但是会采用变相的、隐蔽的方式使用警力参与强制拆迁，如将强制拆迁现场设置两道或三道警戒线，安排警察在外围警戒，维护现场秩序。这实质上是要求公安机关以维护现场秩序为名，行参与强制拆迁之实，引起群众强烈反感。

在法治要求下，警察行使职权、履行职责应当依法进行。上述非警务活动，或者没有法律规定，或者因为法律规定不具体，被个别地方的党政领导利用，以法律的名义行违法的事实。因此，要想杜绝警察从事一些非警务活动，防止警察职责的不断膨胀与法律依据不足之间的矛盾，应当完善关于警察职权职责的法律制度，对警察的职责范围作出明确的规定。由于警察职权与职责的复杂性特点，可以采用概括规定警察的职权和职责，警察的职权和职责依法可以调整，但是应当规定调整的法律程序。针对目前群众反映比较强烈的非警务活动，应当通过法律将之作为警察的禁止行为加以规定。

（二）缺乏法定措施的警察职责

人民警察进行上述四类非警务活动，大都没有法律依据，或者法律依据不充分。由于没有法律规定或者法律规定不充分，人民警察在履行这些职责时，没有相应的法律措施。这既增加了警察执行职务行为的难度，又在一定程度上失去了执法的正当性。当前，警民关系存在一定程度的紧张，与警察从事了过多的非警务活动大有关系。缺乏正当性的执行职务行为遭到群众的抵触是可以预料到的，激烈的抵触就可能演变为袭警行为。

缺乏法定措施的警察职责还表现为法律规定的不科学、不周严，一方面要求警察履行相应的职责，另一方面却没有赋予警察必要的措施来履行职责。例如《信访条例》第 47 条规定：“违反本条例第十八条、第二十条规定的，有关国家机关工作人员应当对信访人进行劝阻、批评或者教育。经劝阻、批评和教育无效的，由公安机关予以警告、训诫或者制止；违反集会游行示威的法律、行政法规，或者构成违反治安管理行为的，由公安机关依法采取必要的现场处置措施、给予治安管理处罚；构成犯罪的，依法追究刑事责任。”而第 18 条规定如下：“信访人采用走访形式提出信访事项的，应当到有关机关设立或者指定的接待场所提出。多人采用走访形式提出共同的信访事项的，应当推选代表，代表人数不得超过 5 人。”第 20 条规定如下：“信访人在信访过程中应当遵守法律、法规，不得损害国家、社会、集体的利益和其他公民的合法权利，自觉维护社会公共秩序和信访秩序，不得有下列行为：（一）在国家机关办公场所周围、公共场所非法聚集，围堵、冲击国家机关，拦截公务车辆，或者堵塞、阻断交通的；（二）携带危险物品、管制器具的；（三）侮辱、殴打、威胁国家机关工作人员，或者非法限制他人人身自由的；（四）在信访接待场所滞留、滋事，或者将生活不能自理的人弃留在信访接待场所的；（五）煽动、串联、胁迫、以财物诱使、幕后操纵他人信访或者以信访为名借机敛财的；（六）扰乱公共秩序、妨害国家和公共安全的其他行为。”在公安实务中，越级上访和进京上访都是不允许的，多次越级上访和多次进京上访一般都要给予处罚。如果不给予相应处罚，就不能减少上述违反规定的上访。但是，根据上述《信访条例》的规定和《治安管理处罚法》的规定，越级上访和进京上访，如果有《信访条例》第18条规定的情形，但没有《信访条例》第20条规定的情形，公安机关欲处罚这些违反规定的上访人，就没有了相应的法律依据。

缺乏法律措施的警察职责，还表现为法律规定的不全面。例如《治安管理处罚法》第21条规定："违反治安管理行为人有下列情形之一，依照本法应当给予行政拘留处罚的，不执行行政拘留处罚：（一）已满十四周岁不满十六周岁的；（二）已满十六周岁不满十八周岁，初次违反治安管理的；（三）七十周岁以上的；（四）怀孕或者哺乳自己不满一周岁婴儿的。"对于其中的第（一）、（二）、（四）项应该没有争议，但是对于第（三）项，争议颇多。就目前我国人口的健康状况和平均寿命来看，大多年满七十周岁的老人，如果实施违法犯罪行为，其违法犯罪的能力和对社会危害性的程度不亚于年轻人。从公安实际来看，如果对年满七十周岁的人"一刀切"，一律不执行行政拘留，不足以起到惩戒作用，不足以预防其再次违法；相反，还会导致其更加肆无忌惮地违法，造成更大的社会危害。而对于有严重疾病和传染病的人，在疾病期间不应该执行行政拘留，但是在《治安管理处罚法》中并没有规定。基于上述情况，一些常年工作在一线的民警提出，应当对第（四）项规定修改成"七十周岁以上，且身体健康状况不适宜执行行政拘留的"。

二、 完善警察执法保障的法律制度

警察执法保障涉及法律保障、警力保障、经费保障、装备保障、科技保障等。受经济条件所限，民警的装备配备以及工资福利待遇保障不足，虽有新改善，但离新时期的要求还相去甚远。当前，多数地方财政还很难按照警务工作的需要，全面保障公安机关的装备配备，而且，公安工作任务繁重，尤其是第一线基层派出所警力不足，民警超负荷工作。执法保障是否到位，很大程度上影响了警察执法状况，一定程度上促成了袭警行为的发生。上述诸多警察执法保障中，警力保障、装备和科技保障对预防袭警行为来说尤为重要。下面分述之。

（一）警力保障

所谓警力，是指警察机构以警察（数量）为核心，通过综合运用各种资源、装备等形成的警察战斗力。[①] 在公安理论中认为，警察数量、警察科技和警力保障是影响警力质量的三大要素，其中警察数量上的缺陷已成为当今基层警力不足的主要原因。此处，警力保障也是从警察数量的角度进行考虑和阐述。

当前形势下，我国社会正在进行全面转型，社会矛盾凸显，治安形势严峻，公安机关暴露出比较严重的警力不足问题，尤其是基层警力更加匮乏。不同城市和地区的警力匮乏程度不同。北京、上海、广州等一线城市，每万人口的警察数不足30人，低于世界上发达国家与地区万分之三十五左右的平均水平，更低于诸如纽约、伦敦等发达国家的一线城市万分之六十左右的平均水平。以经济相对比较好的江苏省为例，警力也相当匮乏。江苏是建设平安中国示范区，是全国治安最好的省份之一，人均GDP也达到了世界中等发达国家水平，然而比之这些中等发达国家万分之四十的警力配置，江苏仅为万分之十一左右，苏北某些地区甚至只有万分之三到万分之四，还有若干三人派出所；省内南北存在严重的不平衡。而且在总量不足的问题背后，还存在公安机关管理结构不合理的现象。有数据显示，江苏省公安机关内部，机关部门与基层所队的警力配置比例约为5∶5。[②] 《关于全面深化公安改革若干重大问题的框架意见》及相关改革方案的公布，对警察队伍建设和

---

① 解源源，史全增．基层公安机关警力不足的类型化分析及改革路径．中国人民公安大学学报（社会科学版），2014（4）．

② 候贺亮，刘杰琳．实战导向下的基层警力不足问题分析及对策研究．法制与社会，2015（8）：193．

警务处理提出了更高的要求，而且用警成本增加。我们可以预见，我国警力匮乏的问题将更加严重。

没有警察数量的保证，尤其是基层一线警察数量的保证，很难有效执法、服务群众。但是受到各种因素的限制，不可能在短期内大幅度地扩充警力，所以，要向科技要警力、向管理要警力，将有限数量的警力投放到基层，投放到实战部门，即警力下沉。警力下沉可以强化街面警力配置，可以及时、准确地应对复杂的社会治安环境和群众的求助，这对树立警察权威和良好形象以及打击犯罪都是十分有利的。同时，警力下沉，将警力摆到街面上，能够提高出警速度，压缩犯罪空间，震慑违法犯罪人员。

警力下沉阻力较大。公安部早在 2006 年下发了《公安部关于加强基层所队正规化建设的意见》，明确提出了“精简机关、充实基层、强化实战”的要求。但是，基层民警长期处在公安工作第一线，时间长、任务重、压力大、风险高，而且交通、住房、文化生活等条件相对较差，工作量与待遇相比形成巨大的反差，艰辛地付出与回报形成鲜明对比。而且，在和平年代，警察是风险最大的职业，是牺牲最多的职业群体之一。资料表明，全国每年民警因公殉职的有 400 多人。因此，实际情况是，如果不是强行推行警力下沉要求，一线民警会千方百计或外调或上调，努力跳出一线基层。而对于工作在上级公安机关的民警也不愿意被下沉到基层，被充实到基层。警力下沉作为对现有警力的重新配置，无论是整合机构、调整警力，还是转变职能、下放权力，都会对上级公安机关中被下沉的民警的利益格局产生较大的负面影响。因此，警力下沉多次被提出，多次被强调，但仍然处于“下沉—上浮—再下沉—再上浮”循环往复的“怪圈”之中。

警力保障，特别是保障基层公安机关的警力，对于提升警察权威，提高出警速度，震慑和控制违法犯罪人员都会产生积极作用。这无疑能够减少袭警行为的发生。在当前情况下，我国需要对公安工作进行全面改革，对警察的管理体制、人事制度、工资待遇、医疗、住房、子女教育及警察编制等要进行全面改革。在警察编制方面，应当根据工作任务的需要重新确定编制，不能向一般行政机关那样限制员额，不应采取行政机关的职务序列编制；警察队伍应根据警察任务特点制定职务序列编制，根据工作任务需要确定警力员额，满足值班备勤需要，满足警员休假、轮训需要。

（二）装备和科技保障

《人民警察使用警械和武器条例》有关袭警行为的规定与《治安管理处罚法》第50条的规定相类似。我国《人民警察使用警械和武器条例》第7条规定，经警告无效，为制止强行冲越警察为履行职责设置的警戒线，以暴力方法抗拒或者阻碍警察依法履行职责，袭击警察等行为，警察可以使用警棍、催泪弹、高压水枪、特种防暴枪等驱逐性、制服性警械。第9条规定，警察在判明有以暴力方法抗拒或者阻碍警察依法履行职责或者暴力袭击警察，危及警察生命安全的紧急情形时，经警告无效的，可以使用武器。对于人民警察来说，适当地装备警械武器，是保证安全执行职务的必要条件。

当前，暴力袭警案件频发，民警执法权益受侵害的案件时有发生，已经引起社会各界的普遍关注。民警在执勤时没有得到足够的装备保障是其重要原因之一，因为民警个人警械装备的配备与使用不足，使得相当一部分本可以避免的民警遇袭案件最终还是发生了，这应当引起政府和公安机关各级领导的足够重视。

《人民警察法》规定了，国家保障人民警察的经费。人民警察的经费，按照事权划分的原则，分别列入中央和地方的财政预算。人民警察工作所必需的通信、训练设施和交通、消防以及派出所、监管场所等基础设施建设，各级人民政府应当列入基本建设规划和城乡建设总体规划。国家加强人民警察装备的现代化建设，努力推广、应用先进的科技成果。

2006年公安部制定了《公安单警装备配备标准》，规定配备项目主要包括警服、警棍、手铐、催泪喷射器、强光手电、警用制式刀具、警用水壶、急救包、多功能腰带、防割手套等必配项目及枪支、对讲机、警务通、防刺服和警用装备包等选配项目共15种。按不同的工作需求，配备项目分为“必配”和“选配”两种类型，“必配”是指公安单警完成基本工作任务所必须配备的装备，“选配”是指根据实际工作需要有选择配备的装备。“必配”项目配发的单警装备包括8种，俗称“八大件”，分别是：手铐、警棍、催泪喷射器、多功能腰带、急救包、装备包、防割手套、强光手电。

目前，全国各地公安机关按照标准为公安民警配备了单警装备，提高了民警的单警作战能力，在民警实战中有效地制止了违法犯罪行为，打击违法犯罪分子的同时更好地保护了民警个人自身安全。

但是，在单警装备上依然存在如下一些问题：（1）单警装备不符合标准。在基层派出所民警特别是乡镇农村派出所民警在单警装备上是一个薄弱的环节。由于装备经费紧张，民警在思想上认识不够等各种因素，导致个别基层派出所民警的“必配”装备不全，特别是偏远的乡镇农村派出所。还有基层派出所民警装备虽然按照要求配备，但由于各种原因导致单警装备很少配备到民警个人身上，甚至出现装备集中管理，进库上锁的现象。有学者认为，出现这些现象的主要原因有以下几方面：一是基层片面性地理解安全。在当今现实社会中，民警执法（尤其是使用警械和武器时）是个相当敏感的话题，由于少数民警未严格按照《人民警察使用警械和武器使用条例》的规定，出现乱用、滥用警械、武器而造成极为不良的社会影响，这就引起相关领导的高度重视以致在实际工作中片面性地考虑安全问题，为了不出事情，往往把问题简单化，将装备统一入库，由专人保管。二是民警个人不愿意使用单警装备，有很多民警在思想上有一定的担心和顾虑，如使用单警装备不善出现问题导致检察机关的介入造成不必要的麻烦，保管不妥出现单警装备的丢失，因使用技能不娴熟或是因装备故障而误伤他人及个人原因等而不愿使用。①（2）警械装备的科技含量低。目前，民警所配备的警械装备主要就是必配的八大件，八大件之外的诸如自卫喷射器等比较实用的装备也只配发到一小部分民警手中，像网枪等科技含量较高的警械装备则配备得更少。（3）警械装备的研发力度不够，不能够完全适应执法工作的需要，特别是对担负日常治安、交通执勤民警所需常规装备的研发配备考虑少。一些部门和领导片面地认为担负治安、交通执勤民警处理的大多是简单的治安纠纷、交通违章，没有危险性，因此忽略了对相应警械装备的研发。

---

① 李恤忠．浅析单警装备现状及使用对策．江西警察学院学报，2012（6）：122－123.

三、 完善社会协从法律制度

（一）社会协从法律制度的含义

社会协从，是指公安机关依法执行职务时，涉及的公民、法人或社会组织应当给予协助和配合。同时，公安机关对于公民、法人或社会组织的协助和配合行为应当给予相应的保障。公民、法人或社会组织如果拒绝协助和配合，应当承担相应的法律后果。社会协从法律制度就是关于上述三个方面的法律规则的总称。我们可以从如下四个方面来理解社会协从制度的含义。

1. 公民、法人或社会组织对公安机关依法执行职务行为负有协从的义务。公安机关依法执行职务行为，是为了维护治安秩序、保障公共安全。基于利益共同体，我们每个人在维护治安秩序、保障公共安全方面都应当肩负一定的责任。虽然维护治安秩序、保障公共安全是公安机关的职责，但是如果没有公民、法人和社会组织的协助与配合，公安机关就无法顺利开展工作，无法保证公共安全和治安秩序，从而损害了整个社会的利益。基于此，在刑事司法领域，无论是英美法系国家还是大陆法系国家，都确立了证人作证义务，而且证人还有出席法庭，以口头言词的形式就自己所了解的案件事实向法庭如实陈述，并接受控辩双方以辩驳、质询的方式进行质证的义务。我国现行《刑事诉讼法》第60条也规定了“凡是知道案件情况的人，都有作证的义务”。我国《治安管理处罚法》虽然没有关于证人作证义务的规定，但是《公安机关办理行政案件程序规定》第30条确定了证人作证义务。①

2. 公安机关依法执行职务，才能获取公民、法人和其他组织的协从。公民、法人和其他组织的协从构成了他们的法律义务。而该法律义务的确

① 公安机关办理治安案件不同于侦办刑事犯罪，不能直接适用《刑事诉讼法》的规定。而《治安管理处罚法》没有关于证人作证义务的规定，尽管《公安机关办理行政案件程序规定》中作了相应规定，但从法律效力层级上看，该规定还是远远不够的。应当以法律的形式确定，在公安机关办理治安案件时证人作证的诸多规则。

定，是以公安机关依法执行职务为前提的。如果公安机关没有依法执行职务，就不存在社会协从义务。依法执行职务包含了诸多要求：执行职务行为的主体要合法并具有相应的职权，执行职务行为的目的要合法，执行职务行为的程序要合法等。

3. 公民、法人和其他组织履行协从义务应当获得相应的保障。保障主要包括三个方面：其一是人身安全保障。公安机关应当保证公民、法人和其他组织的安全，不能因为协助和配合公安机关执行职务行为而受到打击报复。其二是损失补偿保障。公民、法人和其他组织因为协助和配合公安机关执行职务行为而遭受的损失，国家应当给予全部补偿。其三是完成协从行为的条件保障。当公民、法人和其他组织为了完成协助和配合义务需要一些条件时，公安机关应当给予提供，如交通工具或交通费等。

4. 公民、法人和其他组织如果不协从，应当承担相应的法律后果。遗憾的是目前我国法律没有规定公民、法人和其他组织如果不协从应当承担什么样的法律后果。例如，人民警察在调查治安案件时，经常会碰到证人和社会组织的下列不协从行为：(1) 拒绝接待办案民警，不与办案民警交谈；(2) 虽然接待办案民警，但是不告知或不全部告知自己知悉的案件情况；(3) 虽然接待办案民警，但是告知办案民警的情况与案件情况不相关或不相符，甚至是虚假的情况。对于告知办案民警虚假案情，误导公安机关办案的，依法可以追究行为人妨碍执行公务行为的法律责任。但是，对于其他行为，目前除了给予行为人批评教育外，还不能追究行为人的法律责任。

(二) 社会协从制度的法律规定

1.《治安管理处罚法》的规定。目前，我国《治安管理处罚法》对社会协从规则几乎没有规定。该法第 50 条规定的诸种“阻碍执行职务”行为的构成及其法律责任，可以理解为该法对社会协从规则的规定。根据该条的规定，证人和社会组织如果对公安机关作虚假陈述，干扰公安机关调查治安案件，公安机关可以根据情节给予协从义务人警告或者二百元以下罚款处罚；情节严重的，处五日以上十日以下拘留，可以并处五百元以下罚款。但是对于证人和社会组织的消极不协助、不配合行为，或者不全面、不积极的协助与配合行为，法律没有规定相应的法律责任。

2.《公安机关办理行政案件程序规定》的规定。《公安机关办理行政案件程序规定》第30条第1款规定了：“凡知道案件情况的人，都有作证的义务。”这可以说是知道治安案件情况的人负有协从义务的确切的法律规定。该条第2款规定的“生理上、精神上有缺陷或者年幼，不能辨别是非、不能正确表达的人，不能作为证人”，旨在保证证人证言的真实性，我们也可以将其理解为免除缺乏相应行为能力人的协从义务。对于协从义务人不履行协从义务的法律责任，在《公安机关办理行政案件程序规定》中对协从义务人的主动、积极的伪造证据和进行虚假陈述行为作了相应规定。如《公安机关办理行政案件程序规定》第25条第1款规定：“公安机关向有关单位和个人收集、调取证据时，应当告知其必须如实提供证据，并告知其伪造、隐匿、毁灭证据，提供虚假证词应当承担的法律责任。”但是，对于协从义务人的拒绝作证或不配合的消极行为，《公安机关办理行政案件程序规定》没有规定行为人的法律责任，而只是规定：“需要向有关单位和个人调取证据的，经公安机关办案部门负责人批准，开具调取证据通知书。被调取人应当在通知书上盖章或者签名，被调取人拒绝的，公安机关应当注明。必要时，公安机关应当采用录音、录像等方式固定证据内容及取证过程。”当然，根据《立法法》《行政强制法》《行政处罚法》等法律的规定，公安部制定的《公安机关办理行政案件程序规定》难以设定协从义务人的法律责任。

3.《刑事诉讼法》的规定。《刑事诉讼法》对于知道案件情况的人负有作证义务、对协助行为的保障、作伪证的责任等都作了相应的规定。

（1）关于协从义务的规定。《刑事诉讼法》第60条规定：“凡是知道案件情况的人，都有作证的义务。”但是，“生理上、精神上有缺陷或者年幼，不能辨别是非、不能正确表达的人，不能作证人”，可以免除他们的作证义务。

（2）关于协助行为保障的规定。《刑事诉讼法》第61条规定：“人民法院、人民检察院和公安机关应当保障证人及其近亲属的安全。对证人及其近亲属进行威胁、侮辱、殴打或者打击报复，构成犯罪的，依法追究刑事责任；尚不够刑事处罚的，依法给予治安管理处罚。”第62条规定：“对于危害国家安全犯罪、恐怖活动犯罪、黑社会性质的组织犯罪、毒品犯罪等案件，证人、鉴定人、被害人因在诉讼中作证，本人或者其近亲属的人身安全面临危险的，人民法院、人民检察院和公安机关应当采取以下一项或者多项保护措施：（一）不公开真实姓名、住址和工作单位等个人信息；（二）采取不暴露外貌、真实声音等出庭作证措施；（三）禁止特定的人员接触证人、鉴定人、被害人及其近亲属；（四）对人身和住宅采取专门性保护措施；（五）其他必要的保护措施。证人、鉴定人、被害人认为因在诉讼中作证，本人或者其近亲属的人身安全面临危险的，可以向人民法院、人民检察院、公安机关请求予以保护。人民法院、人民检察院、公安机关依法采取保护措施，有关单位和个人应当配合。”第 63 条规定：“证人因履行作证义务而支出的交通、住宿、就餐等费用，应当给予补助。证人作证的补助列入司法机关业务经费，由同级政府财政予以保障。有工作单位的证人作证，所在单位不得克扣或者变相克扣其工资、奖金及其他福利待遇。”

（3）关于作伪证的责任。《刑事诉讼法》第 59 条规定：“证人证言必须在法庭上经过公诉人、被害人和被告人、辩护人双方质证并且查实以后，才能作为定案的根据。法庭查明证人有意作伪证或者隐匿罪证的时候，应当依法处理。”

（三）社会协从义务的免除

社会协从义务的免除，根据是否来自法律的规定，可以分为法定免除和裁定免除两类。

1. 社会协从义务的法定免除。《公安机关办理行政案件程序规定》第 30 条第 2 款规定的“生理上、精神上有缺陷或者年幼，不能辨别是非、不能正确表达的人，不能作为证人”，即为社会协从义务的法定免除。生理上、精神上有缺陷或者年幼，不能辨别是非、不能正确表达的人，因为不能作为证人，公安机关不能向他们收集证据，也就免除了他们的协作义务。《刑事诉讼法》第 60 条第 2 款也作了类似规定。

2. 社会协从义务的裁定免除。[①]

我国在法律上没有规定社会协从义务的裁定免除，但是基于办案实践，下列人员一般可以免除其协从义务：

（1）违法行为人的配偶、近亲属。夫妻、父子、祖孙等近亲属之间亲情关系稳定，利害关系高度一致，基于维护家庭和睦、稳定社会的重要性以及强制作证的效果不佳等因素，应当免除违法行为人近亲属的协从义务。免除违法行为人近亲属的协从义务，避免亲属之间提供的证言和其他证据因亲情关系的影响，可能存在较大的不真实性，还能够维护正常的家庭关系，促进夫妻之间、近亲属之间的家庭和睦，避免证人证实配偶、近亲属时矛盾、尴尬和为难的心理。

（2）特定职业的从业人员。因为职业原因，某些特定职业的从业人员基于工作获得一些国家秘密、商业秘密和个人秘密，如国家安全机关工作人员、律师、医生、心理医师等。律师、医生和心理医师在其职务活动中知悉的对违法行为人不利的案件情况，往往是基于违法行为人对他的信任而获得的。如果要求律师、医生和心理医师提供根据职业信任关系知悉的案件情况，必然会破坏这种信任关系，进而使整个社会的律师制度、医疗制度、心理咨询制度遭受严重的危害，使律师、医生、心理医师丧失其赖以生存的职业基础。所以，对于特定职业的从业人员，可以免除其协作义务。

四、 完善惩处袭警行为的法律制度

我国立法对袭警行为的规定并不系统，散见于《治安管理处罚法》《刑法》《人民警察法》等行政、刑事法律法规中，这些法律法规中对于袭警行为的定性及处罚并不相同。

---

① 我国法律应当具体规定社会协从义务，以保证及时有效地打击违法犯罪，维护治安秩序和公共安全。同时，应当根据我国的传统和伦理人情，规定近亲属之间免于互相告发违法犯罪的义务，规定特定职业的从业人员基于职业原因而知悉的案件情况，免于告知公安机关的义务。

（一）关于惩处袭警行为的法律规定

我国《治安管理处罚法》没有专门规定袭警行为的案由，我国《刑法》中没有专门规定袭警罪的罪名。所以，惩处袭警行为应当根据袭警行为的具体违法犯罪事实，构成犯罪的，依据《刑法》关于相应犯罪的规定给予处罚；不构成犯罪的，应当依据《治安管理处罚法》关于相应违反治安管理行为的规定给予治安处罚。

1.《治安管理处罚法》的规定。《治安管理处罚法》针对不同类型的袭警行为做了不同的规定，具体如下：

（1）《治安管理处罚法》第 25 条规定，散布谣言，谎报警情，扰乱公共秩序的，处五日以上十日以下拘留，可以并处五百元以下罚款；情节较轻的，处五日以下拘留或者五百元以下罚款。

（2）《治安管理处罚法》第 50 条规定，阻碍国家机关工作人员依法执行职务的，阻碍警车通行的，强行冲闯公安机关设置的警戒带、警戒区的，可以处警告或者二百元以下罚款；情节严重的，处五日以上十日以下拘留，可以并处五百元罚款。阻碍人民警察依法执行职务的，从重处罚。

（3）《治安管理处罚法》第 42 条第（2）项规定，公然侮辱他人或者捏造事实诽谤他人的，处五日以下拘留或者五百元以下罚款；情节较重的，处五日以上十日以下拘留，可以并处五百元以下罚款。

（4）《治安管理处罚法》第 43 条规定，殴打、故意伤害人民警察，尚未达到轻伤害以上程度的，处五日以上十日以下拘留，并处二百元以上五百元以下罚款；情节较轻的，处五日以下拘留或者五百元以下罚款；对结伙殴打、伤害警察的，处十日以上十五日以下拘留，并处五百元以上一千元以下罚款。

2.《刑法》的规定。《刑法》规定的袭警行为可能涉嫌的犯罪主要有以下几种：

（1）《刑法》第 277 条规定，以暴力、威胁方法阻碍国家机关工作人员依法执行职务的，处三年以下有期徒刑、拘役、管制或者罚金。……故意阻碍国家安全机关、公安机关依法执行国家安全工作任务，未使用暴力、威胁方法，造成严重后果的，依照该条第 1 款的规定处罚。暴力袭击正在依法执行职务的人民警察的，依照该条第1款的规定从重处罚。

（2）《刑法》第278条规定，煽动群众暴力抗拒国家法律、行政法规实施的，处三年以下有期徒刑、拘役、管制或者剥夺政治权利；造成严重后果的，处三年以上七年以下有期徒刑。

（3）《刑法》第290条规定，聚众冲击国家机关，致使国家机关工作无法进行，造成严重损失的，对首要分子，处五年以上十年以下有期徒刑；对其他积极参加的，处五年以下有期徒刑、拘役、管制或者剥夺政治权利。聚众冲击公安机关，扰乱正常办公秩序，造成严重后果的可依此条处理。

（4）《刑法》第246条规定，以暴力或者其他方法公然侮辱他人或者捏造事实诽谤他人，情节严重的，处三年以下有期徒刑、拘役、管制或者剥夺政治权利。对于公然侮辱、散布谣言诽谤公安机关人民警察的可以比照适用此条。

（5）《刑法》第234条规定，故意伤害他人身体的，处三年以下有期徒刑、拘役或者管制。犯前款罪，致人重伤的，处三年以上十年以下有期徒刑；致人死亡或者以特别残忍手段致人重伤造成严重残疾的，处十年以上有期徒刑、无期徒刑或者死刑。本法另有规定的，依照规定。对于暴力伤害人民警察的行为可以比照适用此条。

（6）《刑法》第232条规定，故意杀人的，处死刑、无期徒刑或者十年以上有期徒刑；情节较轻的，处三年以上十年以下有期徒刑。针对袭警行为导致人民警察死亡的可依此条以故意杀人罪论处。

（二）关于惩处袭警行为的法律规定的缺陷

现行关于惩处袭警行为的法律规定，对于惩处和遏制袭警行为发挥了重要作用，但是还存在诸多不完善之处。不完善之处主要表现如下：

1. 法律保护的对象过于单一。随着社会转型期社会矛盾凸显，公安工作面临着严峻的考验，社会工作方方面面存在千差万别，公安工作也难免捉襟见肘，警务辅助人员也应运而生。这部分群体是容易被忽视的一部分群体，他们大部分都处在接处警的第一线，更多的是与矛盾纠纷主体直接对话，所面临的危险与警察无异。但根据现行的法律法规，袭警行为的保护对象仅限于正在依法执行公务的人民警察，而对于虽然未现实地执行公务却随时处于待命状态，一旦发生警情便要随时处置的警务辅助人员来说，都没有明确的法律法规予以保障。还有就是人民警察在非工作时间制止不法行为，维护公民合法权益的同时如果遭到了暴力袭击或者其他不法侵害，是否能够按照法律的规定以袭警行为进行定性，这也是一个不容忽视的问题。

2. 处罚量刑较轻，难以达到惩戒效果。按照《治安管理处罚法》的规定，对于没有采取暴力行为妨碍人民警察执法的最长处以行政拘留 15 日的处罚，但是按照我国《人民警察法》第 35 条的规定，实践中对于一般妨害警察执法的行为，最重只能处以 10 日的行政拘留。这就导致一些采取其他手段阻碍公安机关执行职务的行为，如堵路、阻碍警车通行等，无法纳入刑法体系之中，而某些情形之下，这种行为所造成的社会影响及其社会危害性要高于其他行为，处罚太轻不利于对此类行为进行规制。

3. 法律规制缺乏严谨性。以《人民警察法》为例，其第 35 条的规定非常简单，只是笼统地规定将五种拒绝或者阻碍人民警察依法执行职务的行为给予治安管理处罚，情节严重，构成刑事犯罪的，依法追究刑事责任。这种规定过于宽泛，实践中，袭警行为多种多样，《人民警察法》对于立案标准、办理程序、处罚过程等并没有规定，只能寻求于《治安管理处罚法》与《刑法》的规定，所以缺乏必要的可操作性，起不到规制的效果。另外，从《刑法》的规定来看，对于情节特别严重，致人民警察重伤或者死亡的袭警行为只能以故意伤害罪或者故意杀人罪论处，这样的话就未能把保护警察权益与普通公民权利分别开来。警察行使的权利是法律赋予的国家公权力，而袭警行为不单单是对警察个人的冒犯和侵害，更是对法律所赋予的国家公权力的侵害，所以，对于袭警行为不能把对普通公民权利的侵犯的处理方式照搬到对国家公权力的侵害上来，如果混为一谈，不仅缺乏说服力，而且还不利于国家正常管理秩序的运行。从《治安管理处罚法》的规定来看，其第 50 条的规定过于简单、抽象，只规定阻碍人民警察执行公务的行为应受治安处罚，但是，可以很明显地看出“阻碍”一词外延太广，究竟是什么样的行为方式才算是阻碍，这需要在实践过程中根据具体情况而定，往往实践中会漏过某些袭警行为。

（三）完善关于惩处袭警行为的法律规定

1. 在《治安管理处罚法》中规定袭警行为。警察执行活动，遭遇违法犯罪分子袭击的可能性远大于其他行政执法活动，为了保证人民警察的生命安全，应该对人民警察执法活动给予更高的保护。从其他一些国家的立法来看，警察执法时，相对人以及围观群众必须接受警察的指令，不得违抗，更不得在抗拒执法时触碰执法警察的身体。因此，本书认为，现行《治安管理处罚法》规定的若干违反治安管理行为都不足以保护人民警察的人身安全，需要在修改该法时明确规定袭警行为，规定不听从正在执行职务的人民警察的制止，直接或间接接触人民警察身体的，即构成袭警行为。情节严重的依法追究刑事责任。

2. 增设“袭警罪”罪名。关于“袭警罪”的设立，2003 年就有全国人大代表在人大会议上提出要在《刑法》中增设“袭警罪”的议案，此后，一些专家学者也相继提出了在《刑法》中单独增设“袭警罪”的建议，但是并没有真正设立，只是在《刑法修正案（九）》妨害公务罪中增设了“暴力袭击正在执行公务的人民警察”这一情节。

《刑法》中关于袭警行为的规定是不完善的。原因有：（1）现行法律体系保护对象的范围过于狭窄，立法技术不够全面系统，处罚力度不够。我国刑法对袭警的规定“条文规定过粗、可操作性不强，这对严重藐视国家公权、挑战警察权威的袭警行为，难以起到刑罚的惩戒作用”“仅就妨害公务罪而言，这一罪名并没有凸显袭警行为特殊的社会危害性，也没有对警察执行职务的保护予以特别的强调”。（2）恶性袭警事件频发，需要对袭警行为给予更严厉的处罚。如同本书第一章所述，我国袭警行为正处在高位运行状态。2008 年至 2012 年，全国警察因公牺牲 2204 人，平均每年 441 名民警因公牺牲，在因公牺牲的警察中因被暴力袭击而牺牲的多达十分之一，至于遇袭受伤的警察数目更是数以千计了，用“朝朝有牺牲、刻刻在流血”来形容我国警察的现状也并非夸张①。究其原因，当前法律尤其是刑法对惩治袭

---

① 曾羽葳．袭警行为的法律问题研究．西北大学硕士学位论文，2013.

警行为不力，应该是原因之一。刑法惩治袭警行为不力，无法有效震慑与遏制袭警行为，使部分不法分子对袭警行为有恃无恐，甚至有不法分子叫嚣“打的就是警察！”

增设“袭警罪”符合罪刑相适应原则，虽然《刑法修正案（九）》在妨害公务罪中增设了“暴力袭击正在执行职务的人民警察”这一情节，但妨害公务罪这一罪名对袭警行为的处罚还是显现出罪刑不相适应。我国刑法关于妨害公务罪仅规定了一个量刑档次（三年以下有期徒刑），不但与国外袭警罪的量刑幅度相比明显过轻，而且与袭警行为的社会危害性相比量刑也明显过轻。在《刑法》第277条妨害公务罪的司法实践中，一般除了要求有暴力、威胁行为外，还要求必须“造成严重后果”才定罪处罚。此外，当犯罪嫌疑人在实施犯罪行为后为逃避抓捕而暴力抗法，如未造成民警重伤或死亡，一般不对其抗法行为进行单独的定罪处罚。这使得相当数量的暴力抗法行为被作为一般违法、违规行为对待，或作为前罪的一个酌定量刑情节，与前罪进行数罪并罚的很少。这种以结果的要求判断行为罪与非罪的做法使得真正被批准逮捕、移送起诉、追究刑事责任的案件比例偏低。罪刑不相适应使袭警者的犯罪成本大大降低，使警察的执法成本成倍增加，导致警察执法效率低下，最终损害警察所保护的社会秩序和公众利益。例如，2008年9月1日，犯罪嫌疑人陈某酒后在本溪市平山区站前某快餐店门前，无故殴打行人郑某，之后郑某与其同伴拨打110，本溪市公安局平山分局站前派出所民警盖某等人接到报警后，即前往现场制止。到达现场之后，犯罪嫌疑人陈某明知民警盖某等人是依法执行职务，还与执行公务的民警发生撕扯，在撕扯过程中，用拳击打民警盖某眼部，致使被害人盖某左眼眶下壁骨折，经法医鉴定属轻伤。案发后，经公安机关侦查，犯罪嫌疑人陈某被抓捕归案。本溪市平山区人民法院于2009年6月7日作出判决，判处被告人陈某有期徒刑九个月。因之前就先行羁押了近九个月，所以在判决生效之后即被释放。从这一案件中可以看出，对妨害公务罪与一般的治安管理违法案件进行区分是必要的，而增设“袭警罪”则可解决这一问题，使得袭警行为与所应受到的惩戒相匹配，而不是从属于妨害公务罪。

增设“袭警罪”并不会必然导致警察权滥用。警察权作为一种国家权力，是伴随着国家的产生而产生的，也是伴随着社会的发展而发展的，而人权则是人作为个体生存的基本权利。警察权的设立，虽然是统治阶级维护其统治利益的必然要求，但统治阶级要想维护其阶级统治，首要一点就是要保障人权，只有广大人民群众的基本人权得到保障，才有可能形成社会稳定的局面，在这个意义上讲，警察权和人权是统一的，警察权的设立也是为了更好地对人权予以保障。同样，警察也离不开人民群众的支持和配合[①]。任何警务工作，脱离了人民群众的支持，都不可能有实质的成效。当然，警察作为执法者个体的人权，也要充分地保障，包括休息权、健康权等，唯有警察个体的权益得到保障，才有可能更好地服务于人民大众。有学者认为，增设袭警罪会导致警察权的滥用，这种观点有其不合理性。首先，增设袭警罪并没有赋予警察特权，增设袭警罪的目的是保护警察的权益，遏制公然抗法行为，从而使警察执行公务的行为得以顺利进行，以此维护法律权威、维护国家权威。另外，据统计 70% 的人在没有法律约束的情况下，仅仅依靠道德、社会规范就可以成为一个“守法”的公民，从这个意义上讲，法律打击惩处的对象只是少部分人，具体到袭警罪其打击的对象是蔑视国家权威、袭击警察的犯罪分子，而不是社会公众。其次，公权力的确具有膨胀的天性，只有将权力装进制度的笼子才能从根本上防止权力的滥用，具体到袭警罪上，可在实体和程序两方面加以限定，在实体方面要对其犯罪构成作出明确、具体的规定，做到有法可依，在程序方面严格按照《公安机关办理刑事案件程序规定》等程序法的规定进行执法办案，做到有法必依，最大限度地实现程序合法、实体合法，从而限制警察所代表的公权力。有人认为，与公民私权相比，警察的公权是强权，袭警行为的发生实质上是私权与公权的对抗，但我们要清楚地认识到，警察所代表的公权是经过全国人民授权的，代表着最广大人民的利益，关乎国家法律的权威，袭警行为并不是私权与公权的对抗，而是少数不法分子肆意践踏法律尊严，无视国家权威，一旦让这种风气蔓延下去，警察将没有权威，国家将没有尊严，人民的授权行为也不会得到彻底的执行，受害的终将是绝大多数人民。因此，袭警罪的设置不会必然导

---

① 钟少丽．论袭警罪之设立．大连海事大学硕士学位论文，2012.

致警察权的扩张和滥用。

第二节

改善警民关系

和谐的警民关系不仅是公安机关为人民服务的必然表现，也是公安机关有效率地开展工作，赢得广大人民群众认可的有效途径，社会转型期各种矛盾交织，警民关系一度呈现十分紧张的局面，警察工作不好开展、得不到认可，各地袭警现象频发。如何更好地防范袭警行为，让人民群众更加认可警察的工作，更好地提高警察为经济发展保驾护航的作用，便成为一个亟待解决的问题，构建和谐的警民关系也越来越重要。改善警民关系，既需要“警”的努力，也需要“民”的配合，还需要新闻媒体的助推。

一、 公安机关的努力

（一）规范执法

当前，中国正处于改革的深水区，依法治国的重要性不言而喻，在各种社会矛盾凸显的情况下，如果公安民警不能做到切实规范执法，会使原本就存在的社会矛盾、警民矛盾更加激化，进而导致群体性事件和各种纠纷更加难以化解。各级公安机关应推动执法相关的法律法规不断走向健全和完善，做到有法可依、有法必依。还要进一步明确公安机关和人民警察的职责权限、组织管理、纪律要求、法律责任等，严格规范执法行为，杜绝执法随意性。

在推进执法规范化方面，公安机关做了大量工作。2008 年 11 月 12 日公安部《关于大力加强公安机关执法规范化建设的指导意见》（以下简称《指导意见》）的印发，标志着执法规范化建设在全国范围内展开。继《指导意见》之后，公安部又先后发布《公安机关执法规范化建设阶段目标和成效标准》《公安机关深化执法规范化建设工作任务和阶段目标》等重要文件，规范和指导执法规范化建设工作的开展。公安机关的执法规范化建设主要做了如下工作：

1. 执法思想建设。关于执法思想建设，主要通过以下措施来进行：（1）深入开展学习实践科学发展观、深化社会主义法治理念教育等活动，不断解决“为谁掌权、为谁执法、为谁服务”的思想认识问题，努力克服特权思想和地方、部门保护主义思想，坚决杜绝漠视群众疾苦、伤害群众感情、损害群众利益等问题，使各级公安机关领导和广大民警始终把党的事业至上、宪法法律至上、人民利益至上作为公安执法工作的出发点和落脚点。（2）通过坚决查处以权谋私、徇私枉法、不作为、乱作为等执法不严、执法不公的违法违纪行为，切实落实执法责任和执法过错责任追究制度，坚决惩处害群之马，使各级公安机关领导和广大民警把维护社会公平正义作为公安执法工作的首要价值追求。（3）要通过加强人民警察职业道德教育、严格执法管理，使各级领导和广大民警把尊重法律、敬畏法律、捍卫法律、忠于职守作为公安民警职业道德的底线，成为忠于党、忠于祖国、忠于人民、忠于法律，有除暴安良之志，有恪尽职守之德，有规范执法之能，以维护公平正义为己任的模范执法者。

为了提高公安民警的执法理念，公安部发出诸多通知，在全体公安民警中进行社会主义法治理念学习。特别是党的十八届四中全会的召开，对我国社会主义法治建设具有重大而且深远的意义。公安部党委抓住这个契机，于2014年11月发出通知，要求各级公安机关通过多种形式，组织广大公安民警深入学习党的十八届四中全会精神，切实把思想和行动统一到中央关于全面推进依法治国的重大决策部署上来，把智慧和力量凝聚到实现中央确定的各项任务目标上来，进一步增强围绕中心、服务大局的政治责任感和历史使命感，扎实做好维护国家安全和社会稳定各项工作，坚定不移地做全面推进依法治国的践行者、推动者、保障者。通知要求，要树立法治理念、坚定法治信仰，切实打牢严格规范公正文明执法的思想根基。要坚持教育引导、典型引领、制度约束、实践养成相结合，采取多种方式，引导广大民警特别是领导干部把法治精神内植于心、外践于行。要坚持不懈地开展社会主义法治理念教育，着力弘扬社会主义法治精神，教育引导民警牢固树立法治观念，坚守执法良知，讲求职业操守，确保公安执法活动体现社会公平、彰显法律正义。要持之以恒地开展警示教育活动，教育引导广大民警树立法律权限不能突破、法律底线不能逾越的观念，严格按照法定权限行使权力、履行职责。要紧紧抓住领导干部这一关键，建立健全领导干部学法用法制度，建立健全领导干部干预执法司法活动、插手具体案件处理的记录、通报和责任追究制度，使各级公安领导干部始终保持对法律的敬畏之心，带头遵守法律，带头依法办事，自觉维护法律权威。通知强调，要增强法治思维、创新治理方式，着力提升公安机关依法履职能力。要紧紧围绕维护国家安全和社会稳定中遇到的新情况、新问题，强化法治思维，坚持依法治理，善于运用法治思维处理敏感问题、确保国家政治安全，善于借助法治方式化解矛盾、促进社会和谐稳定，善于依靠法律手段打击犯罪、维护公共安全，不断提升公安工作和维护稳定工作的法治化水平。

2. 执法主体建设。执法主体建设是执法规范化建设中的最重要环节。执法主体建设主要体现在四个方面。

一是开展教育培训。公安部《指导意见》要求，要切实加强对各级公安机关领导和广大民警的教育培训，进一步加大执法培训力度，全面落实领导干部法律学习培训等制度，全面实施集中教育训练与岗位自学自练有机结合的经常性练兵机制，不断提高领导干部和广大民警的法律素养和执法能力。自 2008 年始，公安部举办了省、市两级分管法制工作的厅、局长和法制处处长共 440 余人参加的执法规范化建设专题培训班，对 500 多名地市级公安局局长进行集中培训，分 6 批对 3000 余名县级公安局局长进行了轮训，并组织全国范围的电视电话系列讲座。2014 年公安部又成功组织举办了 7 类 118 期培训班。2014 年 4 月，公安部印发了《2014—2017 年公安民警培训规划》（以下简称《规划》），对今后几年的公安民警培训工作作出了部署安排。《规划》明确了 2014—2017 年公安民警培训工作的指导思想、工作目标和基本原则，要求把党的十八大和习近平总书记系列重要讲话精神、马克思主义基本原理和中国特色社会主义理论体系、人民警察核心价值观、公安民警履职必备知识和实战技能等作为培训重点内容，突出抓好公安机关领导班子成员、中青年领导干部、业务骨干、专业技术人才、基层所队长、基层和一线民警等培训，力争通过几年努力，使广大公安民警理想信念更加坚定，党性修养切实增强，工作作风明显改进，能力素质显著提升，切实增强公安机关战斗力。同时，《规划》指出要加强培训能力建设，不断完善培训运行机制、创新培训方式方法、加强教官队伍建设、健全大纲教材体系、规范训练基地管理、强化培训理论研究，积极推进公安民警培训改革创新，加快推动培训工作由知识型灌输向能力型培养转变，努力形成更具活力、更有实效的公安民警培训工作体系，更好地服务于公安工作和队伍建设。

二是举办执法资格考试。2010 年 9 月公安部出台了《公安机关人民警察执法资格等级考试办法》，在全国公安机关推行执法资格等级考试制度，明确规定未取得基本级执法资格的民警不得办案，派出所所长、刑警队队长等县级、地（市）级公安机关执法勤务类机构主要负责人必须取得中级执法资格。执法资格等级考试制度大大提高了全体民警学习法律和业务知识的积极性，掀起了学法、用法的新高潮。截至 2014 年 8 月，全国累计有民警 191.6 万人次取得基本级执法资格，88.8 万人次取得中级执法资格，2.45 万人次取得高级执法资格。

三是特别强调建设公安法制队伍履职能力。2012 年 7 月 31 日，公安部专门印发《公安部关于进一步加强公安法制队伍履职能力建设的意见》（公通字〔2012〕36 号）（以下简称《意见》）。《意见》指出，随着中国特色社会主义法律体系的形成，社会主义法治国家建设进程不断加快，人民群众对正确有效实施法律、保障社会公平正义的期待和要求越来越高，对公安机关执法工作提出了新的更高的要求。进一步加强和深化公安法制队伍履职能力建设，是主动适应依法治国、建设社会主义法治国家的迫切需要，是持续推进公安执法规范化建设、不断提升公安执法公信力的迫切需要，是更好地发挥公安法制部门对法制工作组织规划、协调推动、监督管理、服务保障作用的迫切需要。加强公安法制队伍履职能力建设的指导思想，以邓小平理论和“三个代表”重要思想为指导，深入贯彻落实科学发展观，牢固树立社会主义法治理念，紧紧围绕提高公安机关执法办案质量和公信力，以思想政治建设为统领，以提高公安法制队伍履职能力为核心，以加强执法监督管理为主线，以落实公安法制部门队建制改革为支撑，坚持为中心工作服务、为领导决策服务、为执法工作服务相结合，队伍建设与业务工作同步推进，努力构建全流程监督管理、全方位服务保障的公安法制工作格局。《意见》确定了加强公安法制队伍履职能力建设的目标任务是：当前和今后一个时期，要按照专业化、正规化要求，全面落实地方公安机关法制部门队建制改革，全面提高公安法制队伍的整体素质和履职能力，使各级公安机关法制部门机构设置规范统一、职能定位明确清晰、工作机制健全完善，法制队伍辅助决策能力、执法管理能力和法制服务保障能力显著增强，努力建设一支政治过硬、精通法律、擅长管理、敢于监督的实战型、学习型、专家型公安法制队伍。

四是从优待警与从严治警兼顾。首先，重视对人民警察的抚恤优待。对人民警察的抚恤优待是执法主体建设的题中应有之义。2014 年 4 月 30 日，民政部、最高人民法院、最高人民检察院、教育部、公安部、国家安全部、司法部财政部、交通运输部联合印发了《人民警察抚恤优待办法》。《人民警察抚恤优待办法》规定人民警察抚恤优待经费列入财政预算，专款专用，接受财政部门、审计机关的监督。国家鼓励社会组织和个人对人民警察抚恤优待事业提供捐助。各级人民政府民政部门要充分发挥政府职能部门的作用，认真履行职责，严格执行现行优抚法规、政策，根据人民警察的工作性质，准确、及时办理人民警察的伤亡抚恤事宜。各级人民政府公安机关、国家安全机关、司法行政机关和各级人民法院、人民检察院（以下简称各级政法机关）要做好抚恤优待政策的执行、宣传工作，关心抚恤优待对象的工作和生活，依据国家有关规定，帮助解决困难和问题。各级政法机关的政治工作部门负责办理人民警察抚恤优待的具体工作。各级政法机关的政治工作部门应当严格管理伤亡人民警察的有关材料，按烈士、因公牺牲、病故、伤残分类建立档案，长期保存。《人民警察抚恤优待办法》对烈士、因公牺牲、病故、伤残认定的情形和抚恤标准分别作了明确的规定。其次，从严治警。经国务院批准，监察部、人力资源社会保障部、公安部于 2010 年 4 月 21 日联合公布《公安机关人民警察纪律条令》（以下简称《纪律条令》），自同年

6月1日起施行。这是我国第一部系统规范公安机关及其人民警察纪律以及对违反纪律行为给予处分的部门规章。《纪律条令》与公安部先后颁布实施的《公安机关人民警察训练条令》《公安机关人民警察内务条令》《公安机关人民警察奖励条令》配套衔接，这“四大条令”对促进公安机关及其人民警察严格、公正、文明执法，推进公安队伍正规化建设，必将发挥重要作用。

3. 执法制度建设。自2008年以来，公安执法制度建设获得了长足的发展，主要表现在如下几个方面。

一是对部门规章和规范性文件进行清理，并进行汇总发布。2011年1月18日，公安部发出通知：公安部对现行的70件部门规章和810件规范性文件（截至2010年11月）进行了清理，决定保留规章69件、规范性文件732件，废止规章《群众性文化体育活动治安管理办法》（公安部令第44号）1件、规范性文件78件。根据清理结果，公安部编制了《公安部现行有效规章及规范性文件目录》和《公安部决定废止的规范性文件目录》，并予以公布。2014年7月2日，公安部再次发出通知：公安部对现行的部门规章（截至2014年4月）和规范性文件（截至2013年2月）进行了清理，决定保留部门规章71件、规范性文件412件，废止规范性文件45件。根据清理结果，公安部编制了《公安部现行有效规章及规范性文件目录》和《公安部决定废止的规范性文件目录》，并予以公布。

二是完善交通管理、治安管理等业务领域的具体制度。在交通管理业务领域，公安部于2008年12月3日印发了《高速公路交通应急管理程序规定》，对各级公安机关处置因道路交通事故、危险化学品泄漏、恶劣天气、自然灾害以及其他突然发生影响安全畅通的事件，造成高速公路交通中断和车辆滞留等事件提供了依据和制度保障；为进一步方便残疾人驾驶汽车出行，保障残疾人合法权益，公安部拟对《机动车驾驶证申领和使用规定》（公安部令第91号）进行补充修改，将《机动车驾驶证申领和使用规定修正案（征求意见稿）》予以公告，广泛征求社会各界的意见和建议，2016年1月29日，公安部139号令发布《公安部关于修改〈机动车驾驶证申领和使用规定〉的决定》，并于2016年4月1日施行。在治安管理业务领域，

2009年7月16日，公安部会同民政部、财政部、住房和城乡建设部与卫生部印发了《关于进一步加强城市街头流浪乞讨人员救助管理和流浪未成年人解救保护工作的通知》；2010年9月21日，公安部会同工业和信息化部、国家工商行政管理总局、国家安全监管总局、国家食品药品监管局印发了《关于加强互联网易制毒化学品销售信息管理的公告》；2017年5月11日，公安部根据《危险化学品安全管理条例》（国务院令第591号）第23条规定，编制了《易制爆危险化学品名录》（2017年版）。这些文件对于道路交通管理和治安管理提供了制度保障。

4. 执法行为规范化建设。执法行为规范化建设是一项艰巨的工程，自2008年以来，公安部从多个方面进行了努力，使得公安执法行为日趋规范。

首先，执法办案场所的规范建设。执法办案场所的规范化建设和应用，对公安民警的执法办案思想和行为正在发挥着规范、引领和塑造作用。按照公安部的要求，各地公安机关积极开展执法办案场所规范化建设，着力保障执法安全。一是对执法办案场所进行分区设置。2010年10月，公安部制定了《公安机关执法办案场所设置规范》（公通字〔2010〕56号），要求公安机关及其派出所，以及独立建设且承担执法办案任务的公安机关内设机构，如刑警队、交警队、巡警队等执法办案场所，按照接待群众、内部办公、办案和生活等不同功能实行分区设置和管理。办案区一律设置在一楼，与其他功能区实行物理隔离，并按照执法办案流程设置安全检查、信息采集、讯问、询问、候问等功能室，办案区必须安装可覆盖区域内外且具有数据存储功能的电子监控设备，与网上监督信息系统实现数据对接，法制、督察等部门对执法办案场所的情况可以随时进行网上巡查，实现了对民警执法活动的实时监督。很多地方还专门建设了涉案财物管理中心，规范涉案财物管理。二是安装同步录音录像设备。按照《刑事诉讼法》的规定，对讯问室配备的同步录音录像设备进行改进，使之具有连续、不间断录音录像及存储等功能，将侦查讯问全程置于有效监督之下。三是加强执法办案场所管理使用。2013年10月，公安部下发了《公安机关执法办案场所办案区使用管理规定》，对办案区使用管理作了进一步的细化规定。2014年4月至8月部署开展全国公安机关规范使用办案区“四个一律”专项检查活动，要求各地公安机关坚决做到“四个一律”，即违法犯罪嫌疑人被带至公安机关后，一律直接带入办案区，严禁违反规定带出办案区讯问、询问；进入办案区后，一律先进行人身检查和信息采集；违法犯罪嫌疑人在办案区内，一律要有人负责看管；在办案区内开展执法活动，一律要有视频监控并记录，坚决杜绝执法安全事故发生。

其次，规定执法细则，规范执法行为。2009 年 10 月 28 日，公安部发布了《公安机关执法细则》（公通字〔2009〕52 号）。这部 12 万字的《公安机关执法细则》，通过对公安机关办理刑事案件和行政案件的各个环节、步骤作出全面规定，明确和细化了执法标准，压缩了自由裁量的空间，减少了执法的随意性，对规范民警执法行为发挥了重要作用。

自 2008 年后，公安部还先后出台了《公安机关人民警察盘查规范》（公通字〔2008〕55 号）、《公安机关人民警察现场制止违法犯罪行为操作规程》（公通字〔2010〕9 号）、《公安机关涉案财物管理若干规定》（公通字〔2010〕57 号）等多部规定，为不同执法环节、执法岗位提供了明确的依据和规范。

最后，规范法律文书。2012 年 12 月 8 日，公安部印发了《公安行政法律文书式样》（公通字〔2012〕63 号）。公安部在印发通知中指出，为确保《行政强制法》《禁毒法》《出境入境管理法》等法律的正确有效施行，配合《公安机关办理行政案件程序规定》的修订，公安部对 2006 年版《公安行政法律文书（式样）》（试行）进行了修订。公安行政法律文书是公安行政执法活动的重要载体，统一规范公安行政法律文书，对于规范执法程序、促进执法公正具有十分重要的意义。要通过日常案件审核、执法质量考评等手段，确保所有法律文书内容完整、准确，格式统一、规范；结合推进执法公开、推行“说理执法”等措施，有效增强各类笔录的准确性和行政处理决定书的说理性。2012 年 12 月 19 日，公安部还印发了《公安机关刑事法律文书式样（2012 版）》（公通字〔2012〕62 号）。

5. 执法监督体系建设。执法监督体系建设主要包括办案质量管理体系、案件法律审核把关制度、建立不同意见备案制度、执法过错责任追究制度、警务公开制度等制度建设。

第一，办案质量管理体系建设。公安机关借鉴现代企业管理经验，探索建立系统、规范的执法管理体系，目前已经初步形成以执法质量考评为核心，标准明确、程序严密、监督有效的执法办案质量管理体系。2011 年 3 月，公安部发布了《关于改革完善执法质量考评制度的意见》。该意见指出，改革完善执法质量考评制度既是中央司改项目的明确要求，也是大力加强和改进公安执法工作、全面提高执法质量和执法公信力的实际需要。执法质量考评制度要坚持三个原则：一是全面贯彻落实宽严相济的刑事政策，这是司法体制改革的总体要求。二是坚持法律效果、社会效果和政治效果的有效统一，这是新时期公安执法工作的新要求。三是充分调动广大民警依法履职的积极性。核心是激励各级公安机关和广大民警尽职尽责，树立正确的执法绩效观，切实纠正重数量不重质量的执法问题。意见还指出要取消不科学、不合理的考核指标，将社会矛盾化解、执法安全等纳入考评内容，采取日常考评、网上考评、专项考评等考评形式，不同考评形式互相补充，把执法质量考评结果作为正确评价单位和个人执法绩效的主要指标，纳入表彰奖励、晋职晋级，充分发挥执法质量考评的导向作用。

第二，案件法律审核把关制度建设。一是建立完善法制员制度。2010 年 10 月，公安部出台《关于建立完善公安机关法制员制度的指导意见》，普遍在县级公安机关的执法勤务机构和派出所派驻或者配备专兼职法制员，作为基层执法办案的“质检员”，对所在所队办理的案件进行第一道审核，严把案件入口关。二是完善对刑事案件事中审核把关制度。经认真总结地方先进经验和做法，推动建立刑事案件法制部门“统一审核、统一出口”制度，即由法制部门对刑事案件进行统一审核，并由法制部门统一向检察机关移送起诉。

第三，不同意见备案制度建设。这项制度还没有发布统一的规定，而是散见在《公安机关执法细则》《公安机关办理刑事案件程序规定》中。

第四，执法过错责任追究制度。早在 1996 年，公安部就已发布了《公安机关人民警察执法过错责任追究规定》。在执法规范化建设的背景下，公安部重申严格落实执法过错追究制度。

第五，警务公开制度等制度建设。公安机关积极适应人民群众对了解公安工作和与自身利益相关事项的需求，以公开为原则，不公开为例外，积极推行刑事案件立破案告知、治安案件回访、重大疑难信访案件回访反馈等制度。2012 年 8 月，公安部出台《公安机关执法公开规定》（自 2013 年 1 月 1 日施行），要求依法向社会公众和特定对象公开执法的依据、流程、进展、结果等信息。各地公安机关将执法公开作为执法规范化建设新的增长点，通过建立网上公安局、公开行政处罚决定书等方式，开展执法办案信息查询和网上办事，使权力在阳光下运行，收到良好社会效果。

6. 执法工作信息化建设。为深入推进执法信息化建设，公安部制定了《关于进一步规范和加强公安机关执法信息化建设的指导意见》（公通字〔2010〕36 号），全面推行“执法信息网上录入、执法流程网上管理、执法活动网上监督、执法质量网上考核”的执法办案新模式，强化了对执法办案活动的全程、实时、动态监控。各地公安机关借助于信息系统的支撑，执法规范化建设取得了质的飞跃，大大提高了执法效能。

在上述指导意见的要求下，各地普遍开发应用了全省区市统一的网上执法办案与监督信息系统，基本实现了网上录入执法信息、网上审核审批案件、网上制作法律文书，一些地区还实现了主要证据上传。公安部 2014 年 12 月下发了《公安机关执法办案信息系统使用管理规定》（自 2015 年 1 月 1 日施行），系统规定了公安机关网上执法办案信息系统的功能、使用、管理等要求，为规范公安机关网上办案，继续深化和规范执法信息化建设提供了有力的制度保障。

注重运用信息化手段加强对执法活动的实时监督。各地公安机关逐步为一线执法民警配备执法现场记录仪等装备，对接处警等重要执法环节实行同步录音录像；普遍开发应用了实时监控系统，实现了对窗口服务单位和办案区的同步监控；许多地方立足实际开发并整合了执法现场记录、办案场所使用、讯问录音录像、涉案财物管理、电子执法档案等信息系统，并与接处警信息系统、网上执法办案信息系统等互联互通、数据共享，实现案件流程信息化管理和同步记录。

（二）强化服务意识

和谐警民关系的构建，警民良好沟通，强化服务意识，为老百姓办实事是很重要的。公安机关的宗旨就是为人民服务，但在实际工作过程中，有些人民警察欠缺服务意识，在工作中以管理者自居，思想上缺乏服务意识，把法律赋予的职责当成是一种特权，这些行为和观念极大地损害了公安机关在人民群众心目中的形象。处在第一线直接和群众打交道的公安民警，如交通警察、户籍警察等，他们工作的好坏更是直接关系着和谐警民关系建设的成败。只有强化服务意识，热心真心为人民群众办真事、办实事，才能从根本上建立良性的警民关系，并在社会面产生良好影响，从而让人民群众认可人民警察的工作，减少袭警行为的发生。因此，应尽快实现公安民警身份由传统管理者向服务者的转变，把法律赋予公安机关的各项权力转化成民警“为民服务”的动力，切实将平和、文明、规范执法的理念深入每一位公安干警的心中，并贯穿到民警执法的全过程，从而使公安机关真正由“管制型”转变为“服务型”。

【典型案例】

案例 1：为更好地促进公安工作，进一步构建和谐警民关系，提高群众安全感和满意度，2017 年 7 月 13 日下午，重庆市酉阳县公安局城南派出所邀请城东社区辖区群众代表等 40 多人，召开了辖区 2017 年警民恳谈会，进一步营造了“警爱民、民拥警、警民一家亲”的良好氛围。活动中，社区民警首先向社区居委会主任、群众代表汇报了派出所前一阶段在辖区安全防范、提高群众安全感和满意度方面开展的工作。通过警民恳谈会，酉阳县群众的安全感和对公安机关的满意度上升到一个新的高度。

案例 2：在建设服务型公安机关的过程中，有些公安机关发挥主观能动性，想出各种妙招以更好地方便群众、服务群众。派出所户籍窗口工作是公安机关联系群众、密切警民关系的桥梁和纽带。四川达州市通州区北外派出所辖区地处城乡结合部，每天来派出所户籍窗口咨询办理户籍业务、办理暂住证的群众络绎不绝。针对这一情况，北外派出所制作了一套小卡片，卡片正面印有排号次序，反面印有防火、防盗、防诈骗等法制宣传小提示。此项便民措施不仅方便了办事群众，还提高了群众知法、守法意识和防范能力，获得了辖区群众的一致好评。同时，通川区的各个乡镇派出所利用辖区的场镇广播打造“广播警务”，宣传内容包括每月警情通报、法制宣传、普法教育、政策法规等。民警以警情通报、普法宣传、温馨提醒为内容进行广播宣传，并针对每月发案特点和季节性的注意事项进行宣传，以每期突出一个重点的方式进行。“广播警务”的内容平实不失严谨、鲜活不乏深度，借助广播这一平台，让群众更多地了解公安工作，增加了民警与群众交流的广度和深度，切实强化了群众开展群防群治和自我安全防范的意识。

（三）自觉接受监督

公安机关在执法过程中很重要的一环其实是自觉接受内外部的监督，和谐警民关系的构建与自觉接受监督息息相关，健全内部监督个案办理情况和执法程序，将执法质量考评和执法监督联系在一起，由法制部门牵头，政工、纪检、督察等部门参加，深入一线基层单位，检查台账、查阅卷宗、进行综合考评，帮助执法部门及时发现问题，把问题解决在萌芽阶段，解决在基层层面。纪检、监察、督察、审计等部门应各司其职，认真贯彻公安部《公安机关内部执法监督工作规定》，从严管理，令行禁止，使民警规范执法行为由被动变为主动，坚决纠正“有法不依、执法不严”，甚至徇私枉法的现象，树立良好警察形象，密切警民关系。自觉接受监督可以反过来促进公安机关改善执法过程，注重执法质量。增强程序意识，从而实现执法的科学化、精细化，得到人民群众的拥护与赞扬，从而构建良好的和谐警民关系。

二、 人民群众的合作

在和谐警民关系构建过程中，公民的法律意识、遵法守法、自觉履行配合正常执法活动的义务也是非常重要的一环，在公安机关规范执法的前提下，如果公民的法律意识淡薄，不愿配合，或者为了个人私利故意不配合执法，必将会对和谐警民关系的构建产生不良的影响。所以在全面推进依法治国的背景下，在保障公民权利的同时，还应该增强公民的法律意识，自觉养成遵纪守法，自觉配合公安机关正常执法活动的习惯。

不得不说随着权利意识的觉醒，公民对公安机关执法过程中的合法性、规范性提出了更高的要求，但“民警执法是否规范”与“民众是否应当配合民警执法”是两个不同层面的问题，不可混为一谈。不得不说人民群众日益高涨的维权意识与薄弱的法治观念、法律常识之间的矛盾是产生袭警行为的一大原因。结合近些年发生的袭警案例来看，这里面关于公民配合执法的问题主要有两个：第一，公民不知道应该如何配合，比如在遇到警察检查询问时该怎样配合？当自己发生违法犯罪时又该怎样配合？在此过程中自己的言行举止方面有何要求等。第二，公民不知道不配合警察执法可能导致的后果以及由此承担的法律责任，特别是暴力抗拒执法可能产生的严重后果和法律责任。这两个方面在我们国家的普法教育中是一块空白。我们的普法教育只强调“守法”义务，却缺乏对“配合执法”义务的阐述。在法治社会，行政行为一经作出，公民和组织便不得否认其效力。如果任何人都随意质疑行政行为，甚至抗拒行政执法，那么行政主体不但要在运转中失去效率，更会导致行政权威的消解和社会秩序的混乱。不容置疑的是，在“法无授权不可为”已成为法治常识的今天，民警的执法权力必须来自法律的授权。公民为了能够获得一个安全的生存环境，必须让出适当的个人权利来配合警察权的实现。同时，警察执法活动本身就具有强制性的特点，这一过程中必然会限制或制约公民的部分权利，这是法律赋予警察的权力。所以，在警察执法过程中，公民要尽量配合，听从警察的指挥、安排。

以最常见的公民配合公安机关查验居民身份证来说，《居民身份证法》第 15 条规定，人民警察依法执行职务，遇有下列情形之一的，经出示执法证件，可以查验居民身份证：一是对有违法犯罪嫌疑的人员，需要查明身份的；二是依法实施现场管制时，需要查明有关人员身份的；三是发生严重危害社会治安突发事件时，需要查明现场有关人员身份的；四是在火车站、长途汽车站、港口、码头、机场或者在重大活动期间设区的市级人民政府规定的场所，需要查明有关人员身份的；五是法律规定需要查明身份的其他情形。此外，《人民警察法》对此也有相关规定。可见，人民警察查验居民身份证是有明确法律规定的。而配合公安机关查验居民身份证是公民的法定义务。公民遇到民警查验，要主动出示身份证并配合查验。没有随身携带居民身份证的，也不用紧张，可以提供工作证、居住证、机动车驾驶证、护照等有效证件证明身份，也可以报出自己的公民身份证号码、姓名、住址、工作单位等信息，提供给民警查验。

曾经有过这样一个事件，某地一位具有暴力倾向的精神病人犯了病，在十字路口抛斧上天。两名执勤民警奉命制止，将其扑倒在地，此时，恰逢一中年妇女路经此地，见状大喊“警察打人啦”，并声称要投诉警察。犹豫之中警察松了手，精神病人趁机摆脱束缚，捡起斧头向该妇女砍去，待民警再次将其制服，一位民警的胳膊已被砍得血流如注。可以说这个事件是当前警察执法过程中所面临的现状，有的公民法律意识淡薄，认为你执法就是要触犯我的利益，而触犯我的利益我就要反抗，这是他们的逻辑，所以全面推进依法治国势在必行，在全社会养成遵法守法的良好氛围才是最终目标。出现以上事件中这种情况的症结在于，当前，亟须厘清警民之间的权利与义务关系。一方面，警察为保安全、保人权需要界定权力的边界；另一方面，公民的权利义务也需要得到制度化的保障。对警察来说，理念的转变应是从“权力本位”向“权利本位”转换，不能为实现权力运行而去肆意侵犯公民权利；同样，公民的理念也需从“权利本位”向“义务本位”转换，不能为了实现个人权利而危及社会稳定，应依法履行配合警察执法的义务。在西方有这样一句谚语：“见了警察就要服从，因为他代表法律。”

当然，公民配合执法并不意味着其在执法权面前是完全被动的。出于对秩序的维护，公民固然需要首先履行其配合执法的义务。不过在公民守法的背后，还存在由舆论监督、督察监督、行政监督等环节构建的完善的监督体系。如果据此公民权利仍难得到充分的保护，最后还有司法救济。这就是法治秩序得以运转的逻辑。或许还有人对这样的法治逻辑感到无所适从，随着全面依法治国的推进，这样的程序意识终将成为社会共识。

三、 充分重视媒体， 传播良好舆论

媒体是教育宣传工作的重要阵地，积极的正面的宣传教育具有诸多作用。这些作用表现为：(1) 有利于争取社会各界对公安工作的声援和支持，激发、增强群众维护社会治安秩序的积极性、责任感，有效配合公安机关的

工作。(2)有利于社会公众提高对公安工作的认知水平，争取社区公众对公安工作的信任与参与，促进公安机关各项管理措施的具体落实。(3)有利于社会公众的实践能力，争取社会公众对治安管理的理解与配合，提高群众遵纪守法的自觉性。相反，消极的、反面的宣传教育极大地破坏了公安机关和人民警察在社会公众心目中的形象，误导社会公众对公安工作的认识，极大地破坏了警民关系。

当袭警事件发生后，媒体报道的快速传播使得更多人得以了解事情的原委，当然也有部分媒体不负责任地报道，给良好警民关系的构建带来了不良影响。舆论导向不仅需要传统媒体的支持，也需要借助网络等新兴媒体的力量，通过多渠道的方式进行全方位报道，同时也可以通过媒体向群众宣传法律法规、讲解治安防范知识、介绍警队生活等，促进民众对于公安民警的了解和对于法规细则的认知。将公安机关的日常工作分享给民众，能够提升民众对于公安机关工作内容的了解程度，能够促进警民关系建设。公安机关需要组建独立的新闻发言小组，完善新闻发言制度，对于群众上访、突发事件、涉警新闻、违纪民警等进行掌握和分析，健全警务内容公开、警情信息发布、警营开发参观等制度，在舆论宣传中提升交流能力，在新闻通报中讲究用语用词，能够具备危机预案，在突发情况下能够主动与媒体进行沟通，澄清误会，维持正面报道。新闻发言小组是媒体和群众之间的桥梁，是案件进度、事情真相、现场情况的第一手资料获得者，是处理负面信息善后工作、化解舆论纠纷的主力军，是消除消极影响、应对突发情况的核心队伍。公安机关与社会各界和人民群众的沟通能力至关重要，良好的沟通能力和人际关系处理能力能够促进警民关系的建设，提高法律法规的普及率，能够为民警的执法工作提供舆论支持，人民群众懂法知法的人越多，民警的办案氛围就更好，办法的效率也更快。公开公安机关的工作制度和办事流程，能够在社会各界中提升信任度，如将户籍办理、证件办理、证照要求、收费标准、工作时间等内容进行公开，可以主动接受群众的监督，提升警民之间的交流程度。①

---

① 张荣玉．当前和谐警民关系建设研究．河北师范大学硕士学位论文，2016.

第三节

警察机构的防范

袭警行为的危害性已经不言而喻，对于警察机构来说，应该随时保持处置袭警行为的能力和意识，因为在现阶段法律规定不健全，公民的法律意识达不到一个较高的程度的情况下，只有执法主体发挥主观能动性，在正常进行执法活动的同时保持随时处置袭警行为的能力，努力把损害降到最小。

一、 公安机关负责人的重视

我国《人民警察法》第 32 条规定："人民警察必须执行上级的决定和命令。人民警察认为决定和命令有错误的，可以按照规定提出意见，但不得中止或者改变决定和命令的执行；提出的意见不被采纳时，必须服从决定和命令；执行决定和命令的后果由作出决定和命令的上级负责。"所以，公安工作中，下级服从上级是法定的规则。负责人对所在公安机关各项事务全面领导，其对人民警察执法的安全问题的重视程度，在一定程度上影响着人民警察的执法安全。

应当说，绝大部分公安机关负责人都对袭警问题十分重视，为保障人民警察的人身安全做了很多工作，如加强公安机关办公场所的安全设施建设，提高人民警察装备水平，合理安排警力防范风险等。但是，也有个别公安机关负责人，为了自己的政绩，片面追求工作效率最大化，忽视人民警察的执法危险，盲目指挥，莽撞蛮干。

作为公安机关负责人，应当对袭警行为时刻保持警惕性。袭警行为的发生不会固定在某天某个时间点，所以要时刻保持防备，尤其在互联网时代的今天，网络传播速度之快，微博、微信朋友圈等扩散速度之快，稍不留神就会扩大影响造成更为严重的后果。所以公安机关领导首先要重视袭警行为的发生，在日常管理中督促民警或者下级公安机关制订好应急预案，在袭警行为发生时可以第一时间处置。还有，要常给予广大基层一线执法警察以信心，在做好执法规范化的同时做好他们的后盾，解除他们的后顾之忧。

二、 建设警察维权机构， 加强执法保障

(一) 建设警察维权机构

1964 年颁布的《英国警察法》堪称诸多警察法典中最为丰富的一部，它构成了现代警察组织的宪章。该法在第三章专门对警察代表机关的设置、职能等方面作了详细的规定，凸显了警察代表机关在维护警察权益方面起到的不可或缺的作用。目前，世界上许多国家已设立了各种可代表警察机关和警察权益的代表性机关，并在维护警察权益方面起到了重要的作用。例如，美国洛杉矶警察联合会和警察委员会近期通过努力，终于将现行的投诉警察程序进行了修改，依据投诉性质的严重程度采取不同的解决方法，有效地保护了警察的工作积极性。我国应加快建立警察维权机构，完善警察维权机制，为正当执法的民警维权、正名，这是凝聚“警心”、激励斗志的必要之举，也是基层执法民警的共同心声。自 2002 年 2 月上海市公安局成立“人民警察正当执法权益保护委员会”以来，各地公安机关相继设立民警维权机构。据了解，2014 年上半年，北京市公安局全局各级维权部门督促办理侵害民警执法权益案件 269 起，依法处理侵害民警执法权益的违法人员 394 人。针对暴力袭警的法律追究问题，江西各地已建立起了专门的民警维权机构，聘请律师等专业人士维护民警合法权益，解除了民警的后顾之忧。

警察维权机构的设立可分为四个层次，首先，可成立独立的民警合法权益保护机构。建议地方政府牵头，由公安、检察、劳保等部门联合组成民警合法权益保护机构，负责接受民警投诉。当民警执法权益受到侵害时，由该机构调查事件真相，并协调执法部门追究侵害人的法律责任，为被诬告、陷害、恶意投诉的民警恢复名誉。其次，公安机关内部成立民警合法权益保护

委员会。建议各级公安机关成立民警合法权益保护委员会，制定维护民警正当权益的制度、措施，协调有关单位妥善处置相关事项。进一步推动民警休假制度的落实；完善健康巡诊、定期体检制度，确保患病民警及时得到治疗；建立受伤民警紧急救护机制，开辟“绿色救护通道”；完善对伤亡民警的慰问、奖励办法与标准等。再次，可设立民警自我维权组织。建议工会、妇联及相关协会等设立民警维权通道，如可在各级警察协会开展民警维权专题活动。推动全国警察协会尽快出台“人民警察合法权益保护工作细则”，规范民警维权的程序、步骤和方法。最后，成立警察心理健康服务机构。人民警察在开枪、执行重大任务以及遭受侵害行为带来身体伤害的同时，心理上也会产生创伤，产生思想压力和精神负担。为此，要成立警察心理健康服务机构，通过面谈、电话、网络等多种途径为需要的民警提供系统、全面、便捷和高效的心理保健服务，以预防心理疾病，缓解心理压力，增强心理素质。

（二）加强警用装备保障

有统计表明，执法过程中遭到暴力阻碍的警察，大多不是人们通常认为的那些直接面对凶残的、实施暴力犯罪的犯罪分子的刑警，而是发生在日常行使执勤查缉、处理治安案件和交通违章职责的巡警、治安民警和交警身上。产生这种现象的原因固然很多，但是民警在执勤时没有得到足够的装备保障是重要原因之一，即民警个人警械装备的配备与使用不足，使得相当一部分本可以避免的民警执法权益受损的案（事）件最终还是发生了，这应引起政府和公安机关各级领导的足够重视。

单警装备是广大民警战胜罪犯、保护自身安全的基本保障，所以装备性能的好坏是关键。所谓“公安单警装备”，是指公安机关各警种民警在值勤、执法等任务中所配备的个人基本装备。公安单警装备包括警棍、手铐、催泪喷射器、强光手电、对讲机、急救包及多功能腰带等。“公安单警装备”具有救助、防护、约束、制服、杀伤、通信等基本功能。除了单警装备之外还应配备必要的防护装备。所谓“防护装备”，是指警察在执勤过程中，具有抵御犯罪嫌疑人枪弹射击、刀锥穿刺、棍棒撞击以及爆炸物爆炸而产生的横向冲击波冲击等众多特种功能的服装和装具。防护装备包括防刺服、防割手套、防弹衣、防弹头盔、防暴盾牌以及防暴头盔等。警械、武器是公安民警必不可少的武力配备，是实战中常用的警用设备。但是，在实践中，一线民警迫于心理压力，大多没有使用警械、武器的习惯，在多年过于严格的枪支管理制度下，民警害怕用枪，甚至早已不会用枪。大多数基层民警常年得不到有效的枪械训练，缺乏驾驭枪械的能力。即使有些一线民警在执法时带枪，也往往不敢用，害怕开枪后承担责任。武器警械装备对于保护警察的执法安全具有举足轻重的作用，但一些领导和民警对装备的重要性和必要性缺乏足够认识，心存侥幸。为有效避免警察伤亡事件，保护警察执法安全，各地公安机关应结合实际，认真贯彻执行公安部《公安机关公务用枪管理使用规定》《公安单警装备配备标准》等，加强一线民警装备配备，并落实制度保障武器装备的有效使用，提高民警的防护能力和战斗力。

江西上高县的做法就值得其他警务保障部门学习，为了更好地适应当前执法工作的需要，江西上高县警务保障部门坚持以执法需求为导向，坚持平时与战时相结合，应急与常态相结合，不断提升执法保障能力和水平。随着公用经费由三类保障向一类保障标准迈进，上高县公安局不断加大执法装备的采购，通过对派出所、一线部门现有装备进行统计和清理，并根据实际情况研究制订了符合基层需求的补充购买方案，为基层派出所、一线部门购置了“T”形警棍、抓捕器、防弹衣、头盔、阻车器等22类760余件执法执勤装备，仅在执法记录仪一项采购上，就达到一线民警人均一个以上，确保民警在执法中个个胸口佩戴执法记录仪，在处理问题和查处违法行为过程中，如实记录民警的一言一行，不仅有效监督、规范了民警的执法行为，还极大地保护了当事人的合法权益，大大推进了执法规范化建设，提升了执法公信力和民警执法能力，实现了派出所、一线部门单警、单车、防护、办案装备全额配备，为上高县公安局扎实开展执法执勤工作提供了有力保障。有了装备保障，一线执法警察不再担心处置不力的问题，也极大地保障了出警人民警察的自身安全。

（三）经常开展警务技能培训学习活动

1. 强化实战意识。当前，我国民警的执法环境日趋复杂，反恐斗争形势也非常严峻，公安民警作为打击暴力犯罪的“排头兵”，必须强化实战意识。在对一线民警的培训中，应以依托实战、贴近实战为原则，将警务技战术运用，警械、武器的使用等教学内容与公安工作实践紧密结合，通过模拟演练、技能练兵、实战对抗、战训结合等方式，不断提高警务技能在实战中的应用水平，将警务实战技能转化为民警执法活动的应用手段。通过警务实战技能培训，使参训民警清楚地认识到执法中潜在的危险，认识到增强安全意识的重要性，在有限的训练时间内学到真正能应用于实战的警务技战术，开拓实战思维，提高自我保护能力和实战本领。

在执法过程中如遇袭警行为，如何进行第一步的处置是非常关键的，这就要求一线民警掌握必要的警务技能以应对突发的袭警行为来保障自身安全，由于不重视警务技能及战术造成严重后果的案件有很多，如 2015 年发生在河北省的特大枪击案，犯罪嫌疑人持枪杀害了两名警察，另有多名警察受伤。参与现场处置的民警都清楚自己面对的是持枪暴徒且“敌暗我明”，却依然在缺少必要装备、没有战术配合的情况下贸然突进，其中一名警察在知晓犯罪嫌疑人藏匿在屋顶且携带枪支的情况下，却在没有任何掩护和火力控制的情况下孤军深入，独自向屋顶攀爬，最终酿成悲剧。所以，警察机构应该重视警务技能方面的培训。① 警察机构也应该建立定期对执法民警进行技能培训的制度，让民警充分了解警务技能的重要性，在遇到袭警行为时能够应对自如。培训学习活动不限于警察机构自身内部举行的，还可以走出去，组织一线执法民警走出去，走进科研院校或者其他有着先进经验的警务实训基地，去取经，去交流，不断寻找自身的不足，勤学苦练，使得警务技能内化于心，等到真正派上用场的时候能够做到临危不乱，胸有成竹。

---

① 马加民．持刀袭警防范策略新探．新疆警官高等专科学校学报，2010，30（4）：17－20.

2. 注重师资、时间保障。警务技能培训活动应从师资、时间等方面加以保障，因为警务技能的养成不是一朝一夕就能够完成的。师资方面，公安部、各省区公安厅及各部门每年开展的警务实战教官培训，为基层公安机关培训了一批批实战教官，特别是公安部在2011年、2015年两次组织全国警务实战教官技能比武大赛，涌现出了近千名的优秀警务实战教官，这对广泛开展警务实战技能训练起到了至关重要的推动作用。各级公安训练部门应积极响应，根据需求定期组织教官深入基层送教，总结基层实际案例，更新业务知识，调整教学内容和教学方法；建立完善的、切合实际的教官聘任、使用、培养制度，给予其充足的时间进行基层调研、学习充电；定期组织教官到全国警务实战先进部门进行考察交流活动等。在培训计划的制订中，时间安排是一个需要注意的、极其关键的环节。培训工作的开展是建立在日常工作得以顺利进行的基础之上的，因此培训时间在安排上应选择在基层事务相对不繁忙、不集中的时间段，也可以调整人员工作任务，以保证需受训人员避开公务高峰期。各个部门的联合培训更需要规划，应合理统筹时间、安排人员调度，及时听取各个部门的意见，尊重各个部门的实际情况。在培训过程中，既要保证一定的强度，同时又要保证培训环节安排合理、紧凑，不浪费时间。

3. 着重进行警察解脱与防卫技术的培训。目前我国警务实战训练中对安全防范能力的技术培养主要体现在擒敌教学中，如散打和擒拿格斗等课程。但这些课程往往只作为制式的课程来开展教学，在具体教学内容的选择方面往往偏重如何主动出击抓捕犯罪嫌疑人，而对于被动防守或处于劣势时如何保护自己则较为忽略，这与一线民警在值勤和处理突发性事件时面临的真实状况常常脱节。因此，在警务实战训练中强化对警察安全防范能力的培养，应加大对被动防守或处于劣势时如何安全防范技能的学习和训练比重，尤其是应强化对解脱和防卫技术的学习与掌握。在解脱技术方面，警察应当掌握手腕等关节部位被抓的解脱技术。在执法过程中，民警的手腕等关节部位被抓住时要迅速解脱，才能在保障个人安全的基础上实现对犯罪嫌疑人的抓捕和控制。还应当掌握腰颈及大腿等部位被抱时的解脱技术，一旦被犯罪嫌疑人抱住上述部位，或遭遇该类型袭警、扰警状况，必须迅速解脱，更不能让对方摔倒自己。此外，还应掌握枪支警械被抓握、被抢夺时的解脱技术，枪支警械是执法工具，绝对不能被犯罪嫌疑人夺走，否则可能造成严重后果。①

在防卫技术方面，警察应防范对方对自己要害部位的伤害，如头部、裆部等部位。遭到多人围攻时，要利用突围技术，确保身后不受到攻击，然后利用周边物品进行防护，并伺机反击。还需掌握倒地防卫技术，防范倒地后继续受到对方的攻击而导致严重后果，并积极寻找有利条件，迅速摆脱被动局面。另外，在实战训练中还要有意识地反复训练，提高自身抗击打能力，这也是提高警察战斗力的手段之一。

对于一名警察来说，掌握解脱与防卫技术能有效阻止对方的袭击，保护自己的安全，并能伺机打击制服对方，是培养警察安全防范能力的重要方面，应成为伴随长期训练及实战的主要技术之一。在警务实战训练的实践中，应强调对解脱与防卫技术的反复摸索与磨炼，通过多次的练习，形成一种类似本能的反应能力。这种反应在技术层面来说不仅是符合人的潜意识的保护措施，更是一种训练积累的快速反应的体现。

4. 加强辅警培训。辅警在出警时，安全保障问题同样不容忽视。前文述及要把辅警纳入人民警察执法权益保障的对象中来，原因是基层一线中有相当一部分的辅警人员处在出警第一线，对他们权益的保护是不容忽视的，所以提升他们相应的素质和能力，更好地协助民警执法是必不可少的。由于体制机制等多种因素，我国公安辅警队伍建设和管理存在人数多、名称不统一、待遇低、素质差、流失率高、队伍不稳定等问题，亟须破解。应该尽快制定专门法律，明确辅警人员的法律地位和岗位职责，完善职业保障，增强辅警人员的职业荣誉感和归属感。使他们有一定的法律知识与警务技能，在遇到袭警行为时能够自保并给予执勤民警以必要的协助。目前，浙江在解决好这支队伍的身份定位、经费保障、薪酬待遇、人员出路等问题上采取了一些实实在在的措施，还组织开展了“千名好民警（辅警）”宣传推选活动，

---

① 马加民．持刀袭警防范策略新探．新疆警官高等专科学校学报，2010，30（4）：17 – 20.

深入挖掘宣传全省公安战线包括辅警队伍中涌现出的典型人物和先进事迹，起到了凝聚精气神、展现正能量的作用。

【典型案例】

2017 年 9 月 19 日下午 2 时，广元警方官方微博发布警情通报，9 月 19 日 9 时 30 分左右，剑阁县公安局普安刑警中队民警张某带领辅警杨某在普安镇小东街侦办案件时，遭到犯罪嫌疑人侯某某持刀袭击，侯某某刺伤民警张某和辅警杨某后逃离现场。民警张某面部受伤，辅警杨某经医院抢救无效已不幸牺牲，年仅 30 岁。公安机关尽全力对犯罪嫌疑人侯某某实施抓捕。

第四节

警察个体的防范

一、 增强法律意识

警察作为国家公权力的行使者，在国家法治建设的进程中应当率先垂范，首先做到知法、懂法、用法。警察只有将自己的行为禁锢在法律的框架下，严格依法行政、依法行事、依法办事，才能保证警察执法的公信力，缓和警民矛盾，减少警民冲突。所以说，全面提高警察自身的法律意识，不仅能从减少矛盾冲突的角度预防暴力袭警，还能从加强自身能力的角度避免不必要的伤亡。近年来，我国公安系统推行人性化执法，由于宣传力度、报道角度等多方面原因，使社会各界对人性化执法的理解产生了一些认识上的误区。有些人把人性化管理视为警察的软弱，或理解为群众的要求不受法律和规范的约束，从而使得袭警、扰警、诽警等现象增多。一些基层警察也由于相关法律知识的欠缺，对安全防范不甚了解，总担心防护行为尺度过大导致违法违纪，甚至面对一些违法人员的暴力攻击，无法正当防卫。实际上，警察人性化执法并不意味着执法者应当放弃正当防卫的权利。警察也是公民，人身安全依法受到保护，刑法赋予公民的正当防卫权同样适用于警察，当生命安全受到暴力威胁时，警察完全可以正当防卫，而不是一味地打不还手。例如，警察防卫过当或防卫不适时，都容易损害执法对象权益，使警察自身陷入法律纠纷，影响警民关系和谐甚至社会的稳定。因此，执法警察也要增强自己的法律意识，使警务技能与法律知识相结合，正确把握防护尺度，切实提高警察的安全防范能力。①

二、 提高安全意识

【典型案例】

2006 年 3 月 14 日下午，某派出所社区民警程某在摸排吸毒人员过程中接到群众举报，指认街对面坐着的一名男子陈某为吸毒人员。程某便只身穿过街道走到这名男子面前说，“我是警察，请跟我到派出所”，并出示了工作证。让该男子站起来后，程某又说：“我要把你绑起来”，并拿出胶带，在撕胶带时，这名男子掏出一把大号牛角刀，向程某胸部猛刺五刀。程某被刺中后用手捂住伤口迅速沿人行道向北后撤，在一地下停车场南侧位置又被该男子从后刺中三刀，当后撤到停车场北侧时，正面左胸部又被连刺两刀，随后该男子逃逸。据目击者称，此时程某并没有倒下，而是朝该名男子逃跑的方向追去。程某因鲜血从胸口喷溅而出支撑不住，坐在了路边水果摊旁的一个小木凳上。过了两分钟，程某突然站了起来，又试图往前追，但刚刚站起来追了两步，对旁边的群众呼叫了几声“报 110”后，就倒在地上壮烈牺牲。

虽然案例年代比较久远，但现实中仍然有民警会犯同样的错误。从案例

① 曹婕姝．我国暴力袭警的防范问题研究．吉林大学硕士学位论文，2015.

中可以看出悲剧发生的主要原因是民警的安全意识差、个人技战术能力薄弱、警械配备落后、受伤后自救常识淡薄。可以设想，该民警如果保持警惕意识，严格按盘查、搜身、上铐的技战术程序进行，或许可以避免悲剧发生；即便如此，当受伤时，该民警能够采取自救措施，最起码不要继续奔跑追赶，或许能为医生抢救争取时间。从思维认识角度出发，警察应高度重视个体的安全防范意识，就个体而言，每个警察都有父母或者子女，加强对自身的保护，本身也是对家庭负责的表现。因此，警察应从思维认识上高度重视培养自身的危机意识与安全意识，并在工作中时刻注意培养和锻炼自己应对危机的能力。从具体行为角度出发，无论是从事侦查破案的刑警、维持秩序的交警还是处理日常事务的治安警，在具体行动中都离不开敏锐的洞察力和极强的防范意识。危机意识的养成，对警察在执法办案中保护自身安全，较早地遏制不法行为有着重要的作用。

执法时，一要有安全意识，安全意识是重中之重。严格按照程序规范执法，重视每个执法环节，分工明确，认真负责。自我防护意识要长期性地、不间断地进行培训、训练、强化和提升。二要镇定。与袭警嫌疑人对峙时，判断其身体行为和语言表现，保持镇定，不要慌乱，迅速思考合理对策，如判断刀具的杀伤距离、依法合理使用自身携带的警用装备。三要保持安全距离、合理站位戒备。与持刀犯罪嫌疑人保持安全距离是极其重要的。警察持枪面对犯罪嫌疑人时更应该与其保持合理距离、正确站位戒备，留给自己充足的出枪时间。四要学会利用掩体和语言控制。掩体在一定程度上就是警察的武器，可以是执法警察躲避突如其来的危险或是在危急时刻借助掩体给自己使用武器留出缓冲的时间。例如，身边的巡逻车、汽车引擎盖或树木必要时都可作为有效的掩体。同时，执法时应配合震慑性的语言控制。①

---

① 张佳垚．警察个体预防暴力袭警行为的对策研究．//“决策论坛——企业行政管理与创新学术研讨会”论文集（下）．中国武汉决策信息研究开发中心、决策与信息杂志社，北京大学经济管理学院，2016：1.

三、 增强协同作战意识

作为一名合格的警察不能追求个人英雄主义，逞匹夫之勇，否则有可能由于防护的缺失而导致伤害。尤其是遇到恶性案件中惯犯、累犯袭击时，强化警察协同能力，将战术配合与安全防范相结合显得尤为重要。以对犯罪嫌疑人盘查时警察之间的相互保护为例，许多西方国家的警察在警校内学到的是：执行巡逻任务时需由两人以上组成团组，发现可疑人员时由一名警察上前盘问，另一名警察在旁持枪监督被盘查人的反应，并对周围环境进行警戒，而相关技战术训练在我国警务实战训练中尚不普及。所以，强化警察协同能力的培养，将战术配合与安全防范内容更好地结合，应成为完善警务实战训练体系的内容之一。我们应在警务实战训练中采用科学的方法和手段，规范执法战斗的技战术动作，把过去单纯对个体开展的体能、擒拿格斗、射击、查缉等技能训练转变为以团队为基础的体能、技能、战术相结合的综合教育训练，在训练过程中充分发挥团队合作精神，通过多种训练手段强化对警察协同能力的培养，将战术配合与安全防范更好地结合，从而使警察的生命安全得到更好的保障，并有效提高警察队伍的战斗力和凝聚力。

具体来看，强化“协同作战”意识需要公安民警日常的执法活动由两名以上民警组成一个处警小组有序进行，作为一个整体，该小组的各成员之间应相互协作，充分发挥团队作用。团队协作的重点在于必须有“协同作战”意识，团队成员之间要不断沟通，每一个成员都应有对自己和同伴的安全负责意识，既分工合作、随机应变、默契配合，又服从指挥、迅速反应、准确评估作战形势，从而形成战术协同理念，达成协同出警作战方略，以迅速、及时地处置警情。当执行某项比较复杂的任务时，可能会对多名警察根据任务不同进行分组，如突击组、侦查组、警戒组、后勤组、谈判组、指挥组等，警组与警组之间就构成一个分工明确的系统，不同警组之间需要协同，同警组警员之间也需要协同。参与执法的警察之间协同配合的好坏将直接影响整个小组行动效率的高低甚至成败。警察执法是否安全不仅取决于自己，还取决于自己的队友，只有彼此信任，相互配合，协同的效果才能实现最大化。由于协同是由两个或两个以上的个体或单位组织来共同完成一件事，警察个体之间会因能力以及对战术的认识、解读不同，而使相互之间的协同成为一件不容易稳定的、随时会随情势的变化而发生改变的活动。因此，在协同能力训练中，第一要务是理解同步。要让所有参与执法的警察明确执法的目的，即不同警察个体、不同警组之间对执法目的的理解要一致，要朝一个目标努力。第二要务是行动同步，一要有明确的分工，二要进行沟通（包括对任务分工的沟通、如何掩护的沟通及人与人之间、组与组之间的沟通等），三要通过日常训练使不同个体之间的思想与行动有机统一。唯有经沟通产生共识，使不同个体了解事件概况以及自己肩负的责任、在团队中的作用，才能使不同个体与不同警组像一个整体一样活动。沟通的目的就是产生共识。认知与行动的有机统一须经反复训练形成，最终使个体之间、警组之间产生协同。只有增强协同意识，才能在突发袭警行为时做到游刃有余，从容应对。

四、 增强防卫意识

提升安全意识的同时必然会伴随自身防卫意识的提高，防卫意识是警察意识的重要组成部分，也是警察战术素质构成的重要内容。防卫意识如何，直接影响战术素质的高低。能否达到安全执法的目标，不仅取决于对战术的运用、警力配备的多少、技术装备的优劣，也取决于参战人员良好的防卫意识。警察防卫意识的本质是对危险的认识，而认识活动是一个过程，常常是一个相当长的过程，并不是一蹴而就的。因此警察的防卫意识并不是遇事时才产生的，而是在长期实践的经验和教训中积累起来的，经过多次的、反复的验证，最后才得以形成。德国警察领导学院海尔穆特·胡伯教授对警察的伤亡做过深入研究，认为一般情况下，五个主要因素直接影响警察在执行警务工作中的伤亡数量，分别是：国家法律强制力对警察的保护作用；社会环境和经济发展水平；警察防护装备的状况；警察的自我防护技能和战术水平；警察的自我防护意识。其中任何一个因素都会对警察的伤亡数量产生或多或少的影响。尤其是警察的自我防护意识，在减少遇袭伤亡中的作用是第一位的，甚至可以说起着决定性的作用。

现阶段，警察在执法中会与群众产生冲突，违法犯罪分子的武器装备也已升级，因此依经验处警已不能适应当前的执法实践，公安民警必须重视自身安全，提高自我防卫意识，这样才能避免无谓的伤亡。首先，公安机关领导应高度重视警察执法安全问题，加强宣传和培训，使民警养成自我防卫的习惯。其次，公安民警个人应强化自我防卫意识，加强自我防卫重要性认识，在执行职务时更要时刻注意自身安全，尤其是在同违法犯罪分子作斗争时要讲究策略和技巧，不要逞强好胜、鲁莽行事，致使自身受到伤害。自我防卫意识不是通过几次培训就能获得的，需要公安民警在每一次出警执法过程中养成自我防卫的习惯，不能有一刻松懈，头脑中必须清醒地意识到这是关乎生命安全的事情，不能说经历过几次防卫意识的培训就可以掉以轻心，逞个人英雄主义。在日常生活中也要有针对性地控制自己的情绪，提高情绪控制能力，在强敌或危险面前也能临危不惧，避免产生或尽快消除惊恐不安、焦虑烦躁、灰心丧气、感情冲动等不良情绪，保持良好的防卫意识。

第五章 袭警行为的现场处置

谨慎比大胆要有力量得多，来证明看起来什么也不怕的人，是多么害怕对什么都小心翼翼的人。

——雨果《论司各特》

袭警行为的现场异常复杂，可以说，每一个袭警行为的现场都不完全相同。不同的现场，现场处置方法和处置措施就会有所区别。从这个角度说，本章如果以实际发生的案（事）件为例逐个阐述，更具有针对性。但是这样一来也存在两个问题：一是本章的分析过于琐碎，篇幅过长；二是本章分析的内容不具有一般性，对于今后可能发生的袭警行为的现场处置的指导和借鉴意义就大打折扣。所以，本章还是从一般意义上阐述袭警行为的现场处置。

第一节 概 述

本节主要介绍袭警行为现场的含义、种类，袭警行为现场处置应当遵循的原则和需要注意的事项等内容。

一、 袭警行为现场的含义

现场，是指事件或行动发生的地点。任何行为的发生都离不开地点这一要素。袭警行为现场是指袭警行为人实施袭击行为的地点和遗留与袭警有关的痕迹和其他物证的处所。对于袭警行为现场的概念，我们应当从如下三个方面加以理解。

一是指袭警行为发生的地点。现场最初的意思就是指地点和场所。由于袭警行为人对人民警察实施袭击行为时的环境不同、情形不同，作为袭警行为现场的地点和场所不仅包括固定的空间所在地（包括街道、高速公路等人员车辆往来频繁的室外固定场所及商场、住宅、体育场等室内固定场所），还包括汽车、火车的车厢及飞机机舱等运动轨迹不固定的移动封闭现场。

二是作为袭警行为现场的地点和场所，要与袭警行为发生联系，该地点和场所并没有确定的范围。例如，一起在高速公路发生的袭警行为，行为人袭警后驾车逃逸，五公里后被堵截抓获，该袭警行为的现场就不限于民警遇袭时的地点，还应包括行为人袭警后逃逸经过的路段和被抓获的地点。又如，一起发生在火车站广场的袭警行为中，我们不能机械地将袭警行为发生地点周围十米或是二十米范围的空间作为袭警行为的现场，而是应将广场上所有与该起袭警行为相关联的场所都作为袭警行为的现场。

三是袭警行为的现场含有丰富的与袭警行为相关联的信息。袭警行为的现场可以揭示袭警行为发生的环境特征、空间特征，留下袭警行为的物证、痕迹，留下袭警行为人的影像视频，目击证人以及其他利害关系人员获悉袭警行为的场所等。

二、 袭警行为现场的分类

从不同的角度，我们可以对袭警行为现场作不同的分类。例如，根据袭警行为的案件性质，可以分为刑事犯罪现场和违反治安管理行为现场；根据现场在袭警行为中所处的地位和作用，可分为主体现场和关联现场。本书主要从公安机关和人民警察现场处置的角度来思考袭警行为现场的分类问题。根据袭警行为人实施袭击行为后是否仍在现场，将袭警行为现场分为两类：一类是袭警行为人逃离的袭警行为现场；另一类是袭警行为人在场的袭警行为现场。因为，袭警行为人是否在袭警行为现场，对于公安机关和人民警察如何进行现场处置意义重大。

（一）袭警行为人逃离的袭警行为现场

袭警事实发生后，袭警行为人已经逃离，不在袭警行为发生地点周围的现场，本书称为袭警行为人逃离的袭警行为现场。袭警行为人在实施袭击行为后，由于紧张、害怕、怯懦、逃避等心理因素，大都会选择立即逃离现场，意图逃避警察抓捕，躲避法律制裁。袭警行为人的逃跑方式和方法各有不同：一部分人根据事先谋划好的逃跑路线逃离现场，另一部分人没有预先制订逃跑计划，随机慌乱逃跑；一部分人运用自己的或现场抢夺的交通工具逃跑，另一部分人步行逃跑；一部分人是团伙分路线逃跑，另一部分人是团伙同路线逃跑。

（二）袭警行为人在场的袭警行为现场

袭警行为人实施袭击行为后，没有逃跑或没能逃跑的现场，称为袭警行为人在场的袭警行为现场。根据最终控制袭警行为人所需的程序，将袭警行为人在场的袭警行为现场分为三种情形：一是现场警务人员（在编人民警察及辅警，下同）可控的袭警行为现场；二是现场警务人员通过申请警力增援后可控的袭警行为现场；三是现场警务人员经请示后启动处置预案，按照预案进行处置的袭警行为现场。

1. 现场警务人员可控的袭警行为现场，是指袭警行为发生时，在场警务人员可以依法将袭警行为人控制并进行后续处置的现场。

2. 现场警务人员通过申请警力增援后可控的袭警行为现场，是指袭警行为发生时，在场警务人员不能通过现有警力及时控制现场，需要通过向其所属单位、110 指挥中心、袭警现场所属管辖的派出所等部门申请警力增援才能够控制的袭警行为现场。此类现场情形，只需增加警力即可将现场进行控制，以进一步进行处置。

3. 现场警务人员经请示后启动处置预案，按照预案进行处置的袭警行为现场，是指袭警行为发生时，在场警务人员不能通过现有警力及时控制现场，所遇情况复杂且棘手，有危害国家安全或广大人民群众生命财产安全的可能，在场警务人员必须立即向上级领导报告现场具体情况，听从领导指示启动紧急预案，按照预案对袭警行为进行处置的袭警行为现场。

本章下文将根据此处的关于袭警行为现场的分类，对各类袭警行为现场的处置作出相应分析。

三、 袭警行为现场处置的原则

原则是经过长期检验所整理出来的合理化现象，遵照原则行动，事半功倍；违背原则行动，必然导致行动失败。袭警行为现场处置的原则，是指在袭警行为现场处置过程中应遵循的基本要求和基本准则，袭警行为现场处置的原则贯穿于袭警行为现场处置的始终，主要包括袭警行为现场处置的根本原则与袭警行为现场处置的具体原则两个方面。

（一）袭警行为现场处置的根本原则

袭警行为现场处置的根本原则，是指坚持党对公安工作的绝对领导。袭警行为的现场处置属于公安工作的范畴，必须始终坚持将其置于党的绝对领导下。特别是发生重大袭警案（事）件后，必须要坚持党对现场处置工作的领导这一根本原则。

（二）袭警行为现场处置的具体原则

袭警行为现场处置的具体原则主要包括以下几个方面的内容。

1. 依法果断处置原则。依法果断处置原则包括依法处置与果断处置两方面内容。

在现代法治主义视野中，法律至上，公民和警察都必须遵守法律准则。依法处置原则，是指要严格按照国家法律、法规进行现场处置工作，在袭警行为的现场处置工作中做到有法可依、有法必依、执法必严、违法必究，在现场处置措施的选择上必须以法律、法规为依据，符合法定条件，遵循法定程序，需要对行为人采取必要的强制措施时必须符合法律规定。当前我国立法对袭警行为的法律规制采用的是非独立罪名模式，其规定散见在不同的法律、法规中，主要包括《人民警察法》《治安管理处罚法》《人民警察使用警械和武器条例》《刑法》《枪支管理法》等。公安机关在袭警行为的现场处置工作中要严格按照法律、法规规定内容进行处理，不得主观臆断、类推适用、比照处置。依法处置原则具有限制公安机关运用治安行政强制措施的权力、防止治安行政强制措施的擅断和滥用、保障相对人人权的作用。袭警事件的现场处置中，遇袭人员与处置人员都属于公安机关人民警察，如果采取的强制措施不受法律的约束，就极易被恶意利用而异化为侵犯人权、破坏法治的工具。

果断处置是控制袭警行为现场的关键，是效率原则的重要体现。果断处置是指公安机关在处置袭警事件时，要第一时间果断处置，快速控制，以及时控制局势，尽快平息事态，防止事态扩大蔓延，危及更多警察及普通群众。袭警行为一旦产生，如果未及时控制，一方面会对警察群体的权益造成极大的损害，袭警行为初期现场处置不当，很容易进一步演变成危害程度更大的严重暴力袭警事件。另一方面，近年来随着网络和自媒体的发展，袭警行为会在第一时间通过视频等直观模式曝光，错误信息的传播会对公众造成极其恶劣的示范效果，很有可能使普通公众认为对于警察群体的袭击也是正常维权方式的一种，在一定程度上损害了警察执法的权威性，产生了错误的示范效果。公安机关在袭警行为处置过程中，应当根据袭警行为的发生、发展、变化情况及社会危害程度，及时应对，积极处置，尽早作出判断，创造和抓住处置袭警行为的有利时机，防止事态的进一步恶化。同时，一旦不得不动用警力采取强制措施或使用警械、武器时，也应严格按照法定程序进行，依法果断采取相应措施妥善处置。

2. 公开、公正原则。公开是当今社会行政执法的内在品质和要求，公正是确保执法公正的最有力保障之一，是杜绝暗箱操作的制度性要求。

公开原则，包括对于导致袭警行为产生的事件内容的公开和对于袭警行为现场处置的公开。对于导致袭警行为产生的事件内容的公开，就是在现场及网络媒体第一时间发声，及时、客观、公正还原事件真相，防止舆论被扭曲，导致公众被扭曲的舆论误导，对警察产生仇视心理。对于袭警行为现场处置的公开，就是对袭警行为人采取的具体措施的公开，并公开具体措施的法律依据。将相关法律依据向社会公众公开，才能使公众了解什么样的行为是法律允许的，什么样的行为是法律禁止的，进而自觉用法律作为自己行动的指南，这样才能够实现预防和减少袭警行为产生的目的。

公正原则就是在对袭警行为的现场处置工作过程中对当事人保持客观公

正的态度，不得以情感为导向而有所偏颇。公正包括实体公正和程序公正两个必不可少的方面。实体公正是要求对袭警行为的处置结果不偏不倚，这就要求现场处置过程中，应当做到相同情况相同处理，不同情况不同处理。具体来说，违法行为在情节、社会危害程度等方面基本相当的案件，对行为人的处罚也应当大体相同；违法行为在情节、社会危害程度等方面差异较大的案件，采取的措施也应有明显区别。对违法情节、社会危害程度相当的行为采取不同的措施，或者对违法情节、社会危害程度等方面相差悬殊的行为采取相同的具体措施，都是不符合公正原则的。程序公正是实体公正的实现途径和表现方式，没有程序公正，实体公正不仅是不完整、不可信的，而且事实上也是难以实现的。根据《治安管理处罚法》《公安机关办理行政案件程序规定》《公安机关办理刑事案件程序规定》等相关法律法规规定的内容，袭警行为处置中要做到程序公正就必须保障行为人享有陈述、申辩等各项权利，以便于行为人利用这些法定权利维护自己的合法权益，保证袭警行为处置的公正。

3. 以事实为依据原则。以事实为依据原则，是指公安机关在袭警行为的现场处置过程中，只能以客观事实作为唯一依据，绝不能以主观想象、主观分析和主观判断作为依据。以事实为依据原则，是袭警行为现场处置所应遵循的基本准则，其实质是坚持客观公正的态度，保证袭警行为处置的质量。任何案（事）件都是客观存在的，是不以人们的意志为转移的。袭警行为现场处置人员的首要任务就是查明袭警行为的具体事实，只有查清了行为事实，还原了事件真相，才能正确适用法律，对行为人的袭警行为作出正确的处理。

坚持以事实为依据原则，首先要求人民警察将尊重事实作为现场处置的基本态度，从客观公正的立场出发，按照事实的本来面目处理袭警行为，保持客观公正的态度；其次要求人民警察在袭警行为的现场处置时，要重证据、重调查，避免主观臆断。对于事实不清、证据不足的案件，办案人员不能仅凭借办案经验或主观猜想擅自定案。

4. 防止冲突激化原则。防止冲突激化原则，反映了警务人员处置袭警事件的基本立场和出发点。坚持防止冲突激化的原则，就是在教育疏导的基础上，着力缓解各种引发事件的矛盾，使事件向平息的方向发展。因此，公安机关在处置袭警事件过程中，要采取有针对性的措施及时化解矛盾，做好解释说明工作，对确实应当解决的实际问题，要及时予以解决，使冲突得以缓解，同时公安民警还应注意工作方法，最大限度地发挥“软处置”的效用，即公安民警在袭警行为处置过程中为防止冲突的进一步激化，要注意执法语言的规范与准确，保持客观公正的态度，防止因态度的明显倾向性流露出过多个人感情色彩，使行为人对事件处理的公正性、合法性产生怀疑，进而激化警民矛盾，使事件朝着反方向发展。

5. 依法使用警械和武器原则。《人民警察使用警械和武器条例》第 3 条规定，警械是指人民警察按照规定装备的警棍、催泪弹、高压水枪、特种防暴枪、手铐、脚镣、警绳等警用器械。武器是指人民警察按照规定装备的枪支、弹药等致命性警用武器。慎用警械和武器原则是防止强制力实施过当的体现，袭警行为处置过程中，根据相关法律、法规规定的内容，公安民警在执法执勤过程中应当携带必要的警械武器装备，携带的警械、武器应当区分情况慎重使用。《人民警察使用警械和武器条例》第 2 条规定，人民警察制止违法犯罪行为，可以采取强制手段；根据需要，可以依照本条例的规定使用警械；使用警械不能制止，或者不使用武器制止可能发生严重危害后果的，可以依照本条例的规定使用武器。在袭警行为的现场处置过程中，要做到警械和武器的使用根据实际需要选择，能使用警棍、盾牌等非致命性警械制止的，就不动用杀伤性武器，必须视情况分级采取具体措施，尽量使影响和损失降到最低限度。参与袭警行为处置的人民警察，在需要使用警械和武器时，应当严格依照《人民警察使用警械和武器条例》的规定，不得违规使用警械、武器。慎用警械和武器原则，既是为了保证人民警察依法有效地履行职责、规范执法行为，也是为了保护现场公众的合法权利不被侵害。

6. 坚持群众路线原则。坚持群众路线原则，即专门机关管理与依靠群众相结合原则。专门机关管理是指公安机关作为袭警行为处置的专门机关，依照法律赋予的职权，在法定职责范围内开展各种专门工作；依靠群众是指公安机关在袭警行为处置过程中，应坚持群众路线，在特殊情况下动员、组织和依靠群众，发挥群众的作用。坚持这一原则就是要将公安机关的职能作用与广大群众的积极性、创造性有机地结合起来，齐心协力做好袭警行为的现场处置工作。袭警事件具有突发性、连带性，公安民警在袭警行为的现场处置工作中，由于警力不足、关注点局限等原因往往存在疏忽或者力不能及的地方。因此，我们应当充分利用群众的力量协助解决应急处置和犯罪嫌疑人追逃过程中的种种问题，充分发挥群众的积极作用。

坚持群众路线原则的基本要求就是：袭警行为现场处置的相关机构及人员应当明确职责，依照法律规定，认真做好职责范围内的专业工作；要树立群众观念，组织、指导、依靠群众做好现场处置的部分工作；要明确把握好专门机关管理与依靠群众的关系，防止和克服脱离群众的关门主义。

7. 尊重和保障人权原则。尊重和保障人权原则，是《宪法》关于“国家尊重和保障人权”规定的体现，即公安民警在袭警行为现场处置过程中要做到保障公共安全，保护公民、法人和其他组织的合法权益。袭警行为现场处置过程中所采取的强制措施对公民的人身和财产权利影响较大，尤其是涉及公民人身自由方面。公安民警在现场处置过程中要严格按照程序规定执法，确保公民的合法权益不受侵害。尊重和保障人权具体包括两方面内容：一是保障守法公民的合法权益。在现场处置过程中不随意采取强制措施，如对于交通管制、现场管制等具体强制措施的实施，必须在不得已的紧急情况下才可以选择实施，这就是对于守法公民合法权益保护的重要体现。二是保障袭警行为人的合法权益。对于袭警行为人的处置，也要严格依照法律、法规规定的内容进行，不得随意采取强制措施，不得对其进行体罚、虐待、侮辱等，不得违反法律、法规对于采取强制措施的时间限制的规定，对于部分特殊人员、特殊情况不得采取强制措施、不得使用强制措施。

四、 袭警行为现场处置的注意事项

（一）强化安全防范意识

在袭警行为现场处置中，民警要有安全防范意识，不能疏忽大意。袭警行为人之所以实施了袭警行为，原因有很多，但大都是外因，如果没有袭警行为人的内因，袭警行为是不会发生的。因此，可以断定，在袭警行为现场处置过程中，袭警行为人始终是一个很大的危险因素，其很可能会再次实施袭击警务人员的行为。同时，在现场处置过程中，袭警行为人还可能基于反抗的原因，或者基于试图逃离现场的原因，而实施袭击现场处置的警务人员。在一些案例中，参加现场处置的警察在处置过程中，由于缺乏安全防范意识和戒备心理，对潜在的危险认识不足，思想麻痹，主观上认为不会出事，盲目放松警惕，对险情预防不够，处置方法不当，导致再次发生袭警行为，人员、财产损失进一步扩大，降低了人民群众对公安机关应急处突能力的评价，损害了公安机关的权威。

民警不但要防止袭警行为人再次实施袭击行为，还要防止来自袭警行为人以外的其他人袭警。一方面，袭警行为人可能有同伙藏身于周围的群众中，如果参加现场处置的民警疏于防范，袭警行为人的同伙可能为帮助袭警行为人逃避打击而实施突然攻击参加现场处置的民警的行为。另一方面，一些平时就对政府或人民警察不满的群众，趁着袭警行为现场的混乱，兴风作浪，袭击参加现场处置的民警。

民警不但要防止自己在袭警行为现场处置中遭受袭击，还要防止袭警行为人袭击围观的群众和自残自伤行为。为了逃避打击，袭警行为人及其同伙有可能会制造混乱，袭击围观群众，实施自残自伤行为。无论是哪种情况，如果发生在袭警行为现场处置时，都会造成很坏的影响。参加现场处置的民警在保护自己和战友人身安全的同时，要提示围观群众注意安全，还要注意防止袭警行为人实施自残自伤行为。

（二）强化法治观念

在袭警行为现场处置工作过程中，公安民警在矛盾已然激化、执法环境公开的情况下，特别需要注意提高法治意识，严格按照法律、法规规定内容开展现场处置工作。当前，部分民警在执法过程中仍存在法治观念淡薄现象，凭经验办事情况时有发生，执法执勤中存在对具体法条掌握不清、应用不准等问题，导致基层民警执法进入“执法困境”，一边是需要处理的社会矛盾，不能“不作为”；另一边是越来越多的镜头，担心因措施采取不当或行为违规、违法造成“不当作为”。这种“执法困境”的产生，其实一定程度上是由于民警对自身执法行为的合法性、合理性不自信的一种表现。可以看出，民警在现实执法工作过程中，因为对所运用法律、法规掌握不到位，运用不准确等原因，影响了执法效率与准确性，更在一定程度上影响了警察的权威。

民警在参加袭警行为现场处置时，如果熟悉相关的法律规定，并且熟练运用，有时会起到事半功倍的效果。例如，2015 年 11 月，一段兰州交警执法的视频在网络上疯传，视频中的交警被网友称为“爆帅交警”，其在面对违法行为人在交通违法后又辱骂辅警的行为，高声引用多项法律、法规对其进行教育，并背诵具体法条说明了交警执法行为的合法性及行为人具体行为的违法、违规性，其行为获得了网友的一致点赞，这就是一起民警合理运用法律、法规执法执勤，避免袭警行为升级的成功案例。

（三）强化战术意识

公安民警在参加袭警行为现场处置工作任务过程中，要注意充分发挥自身的战术技巧，分工明确、配合协调，严格遵循正确的战术程序。袭警行为现场处置往往需要众多警察参加，完成诸项任务。没有科学的战术配合，很难保证众多警察行动上的一致性和工作上的互补性。袭警行为现场处置一般要完成下述任务：制服袭警行为人、控制现场秩序、救治受伤人员、保护现场群众和警务人员的人身财产安全、收集违法犯罪证据等。如果没有明确的分工和战术配合，很难做好袭警行为现场处置工作。

（四）依法使用警械、武器

《人民警察法》第 10 条规定，遇有拒捕、暴乱、越狱、抢夺枪支或者其他暴力行为的紧急情况，公安机关的人民警察依照国家有关规定可以使用武器。第 11 条规定，为制止严重违法犯罪活动的需要，公安机关的人民警察依照国家有关规定可以使用警械。我们强调慎用警械、武器，并不是不用警械和武器。依法使用警械、武器，首先要求民警掌握使用警械、武器的法律规定和基本原则；其次要求民警熟练掌握各种警用装备的使用，了解和掌握警械武器的性能，注重发挥警械武器的效能，熟练掌握武器控制的战术步骤；再次，民警在执行袭警行为现场处置任务时，根据袭警行为的暴力程度和作案工具，必须携带适当的武器、警械；最后，根据《人民警察使用警械和武器条例》的规定使用警械和武器。

（五）严格控制没有执法资格的人员参与处置袭警事件

袭警行为现场较为复杂，处置袭警行为过程中采取强制措施的实施主体必须为法律、法规规定的机构及人员，如果参与处置的人员缺乏经验和相应的法律知识，或不具有法律、法规规定的职权，极可能引发事件以外的新问题，导致袭警行为现场处置的风险和难度被进一步加大。因此，为正确进行袭警行为的现场处置工作，在袭警行为的现场处置中要注意严格控制没有执法资格的人员参与处置袭警事件。

在实践中，部分公安机关存在有时因人手和警力比较紧张等原因，使用一些非正式警务人员参与到公安机关日常执法执勤工作中的情形，这类情况一方面容易因非正式警务人员不熟悉公安机关的相关操作规范，处置不当，而导致进一步激化矛盾，在一定程度上进一步影响事件的处置；另一方面，吸收此类人员参与袭警行为处置工作，对该群体本身也存在潜在危险，根据我国现行法律、法规规定的内容，对于没有执法资格的警务工作人员（如辅警、警校实习生等）尚缺乏一定的法律保障。

（六）强化证据意识

对于参加袭警行为现场处置的民警来说，必须牢固树立证据意识。对于执法人员而言，法治意识最核心的内容有两个：一是证据意识，二是程序意识。在证据方面，参加处置的民警应当注意收集两个方面的证据：一是收集袭警行为违法犯罪方面的证据，二是收集证明民警依法处置方面的证据。收集袭警行为违法犯罪方面的证据，目的在于为后期的处置做好准备。收集证明民警依法处置的证据，目的在于防止负面舆情，公安机关需要自证清白。在依法处置袭警行为的要求下，特别是对袭警行为人要作出处罚决定时，必须符合以事实为根据，以法律为准绳的法治总要求。认定袭警行为人的所有违法事实都应当有证据证明，而袭警行为的现场很容易被破坏，证据很容易灭失，因此，现场处置民警应当在处置的同时，由不同的民警做好分工和合作，其中必须有民警负责收集相关证据。另外，由于袭警案件社会影响大，反映强烈，从目前的实际情况看，涉警事件还经常被一些自媒体作歪曲报道，误导社会公众对袭警案件事实的正确认识和评价。所以，民警在对袭警行为现场进行处置时，应当收集执法的证据，譬如确保执法记录仪处于开启状态，安排民警专门负责现场录像，记录现场处置的过程。

第二节 袭警行为人逃离的袭警行为现场处置

在袭警行为发生后，人民警察将对袭警行为现场进行处置，不同的现场，处置的方法与程序也有所不同。其中，袭警行为人逃离现场的袭警行为现场处置，相对易于开展。但是，即便是此种容易处置的现场，也要根据具体情况，采取相应的处置措施。袭警行为人逃离的袭警行为现场处置任务主要包括保护现场、救治伤员、收集证据、宣传教育群众，如果袭警行为人逃离现场时间不长，还应当安排设卡堵截袭警行为人。

一、 保护现场

袭警行为人逃离的袭警行为现场情况各异，参加处置的民警应当根据具体的现场情况决定是否要保护现场，采取何种方法和措施保护现场。袭警行为实施后，由于遇袭民警受伤程度不同，袭警性质也会有所不同，因此，根据民警受伤的程度以及袭警行为现场的差异，将现场分为必须保护的现场和无须保护的现场。

（一）必须保护的现场

必须保护的现场是指袭警行为现场有需要勘验、侦查、取证的人证、物证、痕迹等与案件相关且无可替代的事物，需要公安机关及其警务人员利用一定的方法和手段保护起来的现场。

一旦被袭警察遇袭后受重伤或牺牲，袭警的案件便升级为刑事案件。遇袭受重伤或牺牲的民警无法自行对自己所处的刑事案件现场进行保护，因此，保护现场的工作便应由后来支援的民警进行。现场保护工作包括：

1. 划分划定现场保护范围。将袭警行为现场的中心处所和袭警行为人（犯罪嫌疑人）来去现场的路线、现场出入口的附近作为保护的重点。现场保护的范围应将袭警行为发生时袭警行为人的行动轨迹、动作痕迹、袭警所用器具等物品都划分在保护范围之内以确定案发地点。有些袭警行为现场是在警车（警察开的车）内、派出所内、办公室内、民警居住环境附近，因此需要对这类环境进行有针对性的保护，以防止由于工作和生活环境特殊而破坏了保护现场的条件。

2. 封锁现场。为了保证袭警行为现场不被破坏，警务人员应该利用现有工具和材料，如警戒线、隔离带、防护栏、路障等将现场进行封锁，防止因人员随意走动或随意破坏袭警行为现场，以保证案发现场的原始性，足够让现场勘查人员还原袭警行为人的犯罪事实。

3. 固定证据。将袭警行为人实施袭击行为时使用的器具，驾驶的交通工具，留下的手印、足迹都做好证据采集和固定工作，以保证在后续的追踪、抓捕、侦查和审判过程中都能够提供合法证据以证明袭警事实。

（二）无须保护的现场

无须保护的现场是指袭警行为现场由于袭警事实明确，因果明晰，不需要现场的人证、物证等实物证据来证明袭警过程的现场。当遇袭民警受到轻微伤或者没有受到实质伤害时，袭警行为现场便不需要受到刻意的保护，只需要对其进行明确即可。因此，对于无须保护的现场，现场民警可在进行正常取证、宣传教育群众等工作后，对现场秩序进行恢复性疏导。

二、 救治伤员

袭警行为发生后，支援民警根据警务人员遇袭的情况，对受伤人员要进行救治。需要强调的是，并非每一个遇袭警务人员都需要在他人帮助下进行救治，袭警行为人实施袭击行为时，由于其使用的凶器或工具不同，袭警力度不同，袭警部位不同，会导致遇袭警务人员的受伤情况各有不同：受重伤或重要部位受伤的警务人员，因无法自行前往医院，需要借他人之力前往医院接受救治；受轻伤的警务人员，可以在对袭警行为现场作出简单处理后，自行前往医院接受救治；没受伤的人员，可以在救治他人或协助救治他人后，继续对袭警行为现场进行处置。因此，救治伤员主要从以下三个方面工作着手：

（一）重伤人员快速送达医院接受救治

大部分受重伤警务人员的生命安全受到了威胁，无法继续工作，甚至无法自行抵达医院寻求救治，只能依靠前来支援的其他警务人员或群众拨打120 求助才能得到救治。因此，最先到场支援的警务人员或现场人民群众应该立即对受重伤的人员进行救治。若能够利用基本救治工具对民警进行救治，如三角包扎巾对伤口进行止血包扎，应先行处理，为民警争取救治时间。同时，争取以最快的方式送达医院，接受专业救治。民警可以选择拨打120、110 等待救助，也可以选择寻求群众的帮助，用最快的交通工具将受伤警务人员送到医院接受救治。

（二）受轻伤警务人员可自行去医院接受救治

遇袭后受轻伤的警务人员，由于没有生命危险，为不贻误战机，一般都会在去医院接受救治前，在可能的情况下，对袭警行为现场作出简单处理：请求警力增员；对现场秩序进行维护；掌握袭警行为人的逃跑方向；收集现场人证、物证、证人证言等工作。随后，在现场警力增援到场时，将事务交接后，自行去医院接受救治。此处的“自行”不仅限于警务人员离开现场后立即独立步行或开车去医院接受治疗，还包括其回到工作单位继续处理工作相关事宜后，当天或者隔若干天才去医院进行治疗。这在实际工作中都是十分常见的情况。

（三）没受伤的被袭警务人员帮助受伤警务人员

在袭警案件中，很多情况下不是所有现场民警都会遇袭，有些警务人员自己没有遇袭或者成功躲避了袭击，但一同行动的战友遇袭受伤。然而，对警务工作人员来说战友既是搭档，也是对方生命的“保护伞”。在此情况下，没受伤民警可以帮助其他受伤警务人员尽快抵达医院接受救治，从而为战友争取生机。

三、收集证据

收集证据，是公安机关在办理案件的过程中必经的程序之一。无论袭警行为最后定性为刑事案件还是治安案件，在袭警行为现场收集证据时都要注意及时、准确、高效。收集证据工作应从以下几个方面开展：

（一）收集人证及证人证言

袭警行为现场的围观群众，一般都可作为人证。邀请围观人员当证人或者提取其证人证言，必须及时。因为围观人员的流动性很强，若是错失了取证的良机，再想取证时，不仅难度提升了，准确度也降低了。因此，人证及证人证言要在袭警行为现场提取。

（二）收集物证及勘验结果

袭警现场中的物证和勘验结果包括：袭警的工具、被袭的警车、遇袭死亡的尸体与DNA及袭警行为人的DNA、鞋印、足迹、指纹等证明其身份的遗留痕迹等。这些证据在现场立即收集起来较为便捷。因为，物证和勘验结果需要有很强的唯一性，一旦没有及时收集或事后收集时，其证明力会被减弱或消失。为此，必须要及时、精确提取。

（三）收集视听资料

当袭警行为人没有工具或者工具被带离现场时，记录现场的视听资料也可以作为证据被收集。因此，袭警行为现场周边的路口、店铺、居民社区的摄像头以及围观群众所拍摄的视频都可以作为视听资料进行收集，用以证明袭警行为人的违法犯罪事实。

四、宣传教育群众

每次接处警都是宣传教育群众的好时机。袭警行为现场的民警同样也要借此机会做好宣传教育群众工作。

（一）宣传民警执法规范化理念

在处置袭警案件过程中，执法规范化应该贯穿处警过程的始终。对袭警行为人逃跑的袭警现场来说，抓住违法犯罪人员的决心一定要让广大人民群众知晓，处理袭警人员的决心一定要让跃跃欲试的人了解，让警察的威信和公信力在百姓心中树立起来，坚决避免百姓对警察遇袭的情况“叫好”。在此基础上，用规范的警务用语向现场围观群众及相关利害关系人宣传在执法过程中所运用的法律依据，要将教育和处罚相结合的目的宣传到位。

（二）坚决打击造谣、传谣

造谣、传谣在自媒体时代瞬间就会发生且影响深远。因此，应将造谣、传谣的社会负面影响及造谣、传谣人员要承担的法律后果一并向围观群众做好讲解。用法律事实擦亮百姓的双眼，用坚决打击造谣、传谣的态度向不法者展示警察的权威，杜绝不法者欲造谣、传谣的想法。并且，劝说围观群众将自己所拍摄的视频删除，防止其流向大众，被人断章取义或恶意篡改。

（三）发布信息要实事求是

做好公安公关工作，发布信息时要实事求是。袭警事件发生后，要从官方的角度客观地看待警察遇袭事件，向群众分析遇袭的具体情况，争取群众的同情、理解、支持与认可。同时，向广大人民群众解释本次遇袭的经验，并在党和人民群众的监督下完善日后的工作，避免被袭事件再次发生。

五、围追堵截逃跑袭警行为人

围追堵截逃跑袭警行为人在任一袭警案件中都是根据情况决定的。袭警行为人在逃离后，是否对其进行围追堵截的可行性和必要性要根据袭警行为人逃离现场的方式和袭警行为人的人数决定。

（一）根据袭警行为人逃离现场的方式对袭警行为现场的处置

由于袭警行为人逃离现场时使用的交通工具不同，其逃离的速度就不同，民警的处置方式也会不同。因此，根据袭警行为人逃离现场时是否乘坐交通工具，将处置方式分为两种：一是袭警行为人乘坐交通工具逃离的现场处置；二是袭警行为人步行逃离的现场处置。

1. 袭警行为人步行逃离的现场处置。袭警行为人步行逃离现场的速度较慢，范围较小，但其对社会具有一定的危险性，若在人员密集场所中，辨识度和抓捕难度较大。因此，民警在现场处置的过程中应该：

（1）向上级汇报，请求警力增援。对现场情况进行判断，在向上级汇报时，若警力不足，要申请警力增援。在近距离范围内，对可疑人员进行细致盘查。

（2）通过监控设备确定逃跑范围。

（3）利用科技手段观测、锁定袭警行为人，掌握其逃跑动态，实时追踪。

控制影响范围，快速对其进行控制，避免对群众造成恐慌或其他负面影响，对袭警行为人的抓捕尽可能隐蔽、快速。

2. 袭警行为人乘坐交通工具逃离的现场处置。袭警行为人乘坐交通工具逃离时，速度快、距离远、范围广，但其目标较大，辨识度高，易被发现。

（1）申请警力增援，预防其冲撞群众。在对乘坐交通工具逃离现场的袭警行为人进行抓捕时，由于交通工具可能会对人民群众造成伤害，因此，在申请警力增援的同时，也要做好预防其冲撞群众的防护工作。

（2）合理拦截车辆，避免人员伤亡。在拦截车辆过程中，严禁警务人员因阻拦心切，不讲究方法，用人身或其他严禁拦截逃跑车辆的物体截停车辆。为避免不必要的损失，尽量设置车辆拦截器拦截车辆。

（3）逼停逃跑车辆，安全控制袭警行为人。警务人员将车辆逼停后，在保证自身安全的前提下，控制袭警行为人，并对其进行安全检查，防止其携带危险物品对民警造成二次伤害。

（二）根据多人袭警后行为人逃离现场的情况对袭警行为现场的处置

在部分袭警案件中，袭警行为人多为两人以上。这就导致在实施袭警行为过后，行为人逃离现场时有两种情形：一是袭警行为人分路线逃跑，二是袭警行为人同路线逃跑。两种情况下对袭警行为现场的处置也不同。

1. 袭警行为人分路线逃跑情况下对袭警行为现场的处置。袭警行为人在分路线逃跑的情况下，民警对其处置是具有很大难度的。原因在于，路线多需要的警力也随之增多。因此，为了能够将每一条逃跑路线上的违法者都能够绳之以法，警力保障是基础。同时，袭警行为人在分路线逃跑的状态下，步行和乘车都可能是违法犯罪嫌疑人选择的逃跑方式，这就需要民警能够结合上述方法，成功地逮捕违法犯罪嫌疑人。

2. 袭警行为人同路线逃跑的情况下对袭警行为现场的处置。袭警行为人在同路线逃跑的情况下，应根据袭警行为人的人数和特点（身高、体重）适当增加警力，其处置方式应参考上述相应的现场处置情形。

第三节

处警民警可控制的袭警行为现场处置

【典型案例】

案例1：2017年8月1日，镇江籍男子简某骑电动自行车，沿镇江北府路南侧非机动车道由东向西逆向行驶。当其行至镇江黄山南路口时，被正在路面执勤的镇江润州交警大队警察现场查纠。在警察对其刚刚宣读完法律条款，还没实施处罚时，简某就以回家带孩子为由，执意要离开现场。同时，简某的情绪非常激动，不停嚷嚷威胁“自己是双职工，孩子没人带”，言下之意警察如果再查纠下去，就让警察帮助自己去带孩子。其间，简某还欲猛拉电动车的电门，试图逃跑，警察随即予以阻止。此后，简某又用“U”形锁击打警察头部，造成警察头部受伤。在抗拒执行的过程中，警察对简某使用了辣椒水予以制止，并在简某使用暴力手段袭警后，立即使用手铐将其制服。

案例2：2017年10月8日，一男子醉卧马路中央，好心人报警后民警赶赴现场，但醉酒人不但不听劝阻还言语辱骂民警，要求民警将“多管闲事”的报警人交出来，后又攻击执勤民警。最后，该男子被民警控制并带回派出所。

案例3：2017年10月11日，安徽太湖县公安局交通管理大队在县城区组织开展“飓风2号”安保集中统一行动期间，该县小池镇男子马某酒后经过现场，无端滋事，辱骂交警并不断妨碍交警执法。带班民警上前警告制止，马某无视警告继续干扰交警执勤执法，在执勤民警联系辖区派出所民警前来协助时，马某欲逃离现场并仗着酒性突然向执勤民警脸上狠狠打了一拳，后被民警现场控制。

处警民警可控制的袭警行为现场，是指袭警行为发生时，在场警察可以依法将袭警行为人控制并进行后续处置的现场。该现场有两个关键词：一是袭警行为人在袭警行为现场；二是现场民警能够依靠现场的警力将袭警行为人制服。在实践中，袭警现场以此类现场居多，一般发生在民警处警过程中，袭警行为人因一时情绪激动、无法辨认或控制自己行为等原因，而对民警实施突发性袭警行为。在此类袭警行为中，一般行为人与民警不存在较大人数或力量悬殊情况，仅由现场警务人员即可对其进行控制与处理，一般社会危害性较小，暴力程度较低或尚未采用暴力行为，多发生在一线执法执勤民警处理一般类警情的过程中，常见于交警、派出所民警、巡警等一线民警执法执勤过程中。此类袭警行为现场的处置，由现场执行职务的民警实施，主要做好以下工作：

一、 及时制止袭警行为

（一）及时制止

公安机关在处置袭警事件时，要第一时间制止袭警行为，快速控制，充分利用警察权威，及时控制局势，尽快平息事态，防止事态扩大蔓延，危及更多警察及普通群众。在处警过程中遇到袭警行为时，如若袭警行为已影响到了正在执行的职务行为，现场民警要停止执行职务行为，立即处置袭警行为。在上述三个案例中，由于在场的执行职务的警察及时制止了袭警行为，没有导致事态扩大。

（二）制止措施

1. 口头警告。对于以辱骂、侮辱或威胁等较轻微手段袭击一线执法执勤民警的，处警民警可以先口头制止。

2. 徒手控制。对于采取口头制止可能无法有效控制行为人，或口头制止可能导致严重危害后果的，应当采取徒手制止的措施。徒手制止应当以行为人停止实施袭警行为为限度。

3. 使用警械。对徒手控制无法制止袭警行为的，则可以进一步采取警械制止等措施。根据 1996 年《人民警察使用警械和武器条例》的规定，警械，是指人民警察按照规定装备的警棍、催泪弹、高压水枪、特种防暴枪、手铐、脚镣、警绳等警用器械。警械分为驱逐性、制服性警械和约束性警械。驱逐性、制服性警械包括警棍、催泪弹、高压水枪、特种防暴枪等；约束性警械包括手铐、脚镣、警绳等警械。对于以徒手方式袭击警察的，但尚未危及执法执勤人员及群众生命安全的，现场处置民警同样要首先对其进行口头警告，警告无效的，迅速使用警务技能或警械予以反击制服。《人民警察使用警械和武器条例》第 7 条规定，袭击人民警察的，经警告无效的，可以使用警棍、催泪弹、高压水枪、特种防暴枪等驱逐性、制服性警械。《交通警察执勤执法安全防护规定（试行）》第 19 条规定，对行为举止失控的当事人，应当使用警绳或者约束带控制其行为。

4. 使用武器。武器，是指人民警察按照规定装备的枪支、弹药等致命性武器。袭警行为人暴力袭击人民警察，危及人民警察生命安全的，经警告无效，可以使用武器。

制服行为人后应对其立即戴上手铐、搜身，确定身上有无危险品后带至公安机关予以处理。

二、 控制现场

在现场处置过程中，控制现场是防止事态进一步扩大的关键。一般做法是，在处警民警判明警情，采取有效措施制止、约束袭警行为人后，必要时，可联合交警部门依法进行交通疏导。如遇特殊情况可依法采取交通管制疏散周边或围观群众。同时划定警戒区域、设置警戒现场，有效保护证据。但鉴于采用警戒带划定警戒区域一定程度上可能造成群众恐慌，有其他措施可以控制现场的一般不建议采用警戒带设置警戒区域。

控制现场的方法主要包括三个：一是限制（现场）通行、停留，二是交通管制，三是现场管制。参加现场处置的人民警察有权决定限制（现场）通行和停留。是否实行交通管制和现场管制，参加现场处置的民警不能直接决定，应当报相应有决定权的部门决定。《人民警察法》第 15 条规定：“县级以上人民政府公安机关，为预防和制止严重危害社会治安秩序的行为，可以在一定的区域和时间，限制人员、车辆的通行或者停留，必要时可以实行交通管制。公安机关的人民警察依照前款规定，可以采取相应的交通管制措施。”《人民警察法》第17条规定：“县级以上人民政府公安机关，经上级公安机关和同级人民政府批准，对严重危害社会治安秩序的突发事件，可以根据情况实行现场管制。”

需要说明的是，并非任何袭警案件都要采取现场控制。是否要进行现场控制，采取何种方式控制现场，由正在执行职务的民警根据现场的具体情况裁量决定，报告有决定权的部门批准执行。

三、 现场取证

在袭警行为的处置工作中现场处置只是整个处置工作的开始，部分案件一般要将涉案人员带离现场再进行处置，现场处置工作只是整个处置工作的一部分，在现场处置工作中要做好证据的收集固定工作，为后续案件的查处做好证据准备。

在控制袭警行为人行为的同时，民警要做好行为现场的证据收集固定工作。收集的证据主要包括：

1. 物证。包括袭警行为使用的砖头、棍棒、刀具，袭警行为留下的痕迹等。

2. 证人证言。注意收集现场围观群众的证人证言。参加现场处置的民警应当及时向围观群众进行询问，掌握具体情况。有条件制作现场询问笔录的，就现场制作询问笔录。没有条件制作询问笔录的，民警应当登记2~3名愿意作证的目击了袭警行为的围观群众的姓名和联系方式。

3. 现场勘查笔录。如果为了查清袭警案件的违法事实需要进行现场勘查的，参加处置的民警应当按照现场勘验的程序和要求进行现场勘查，并制作现场勘查笔录。

4. 违法嫌疑人的陈述和辩解。参加现场处置的民警根据袭警行为的具体情况，决定是在袭警行为现场询问违法嫌疑人、制作询问笔录，还是口头传唤违法嫌疑人到指定地点进行询问、制作询问笔录。在对于醉酒人员等行为人辨认和控制自己行为能力有限的人员所导致的袭警行为中，因无法及时在现场对行为人进行询问固定言词证据，要将行为人带至派出所约束至酒醒后再采取进一步措施。

5. 视听资料。参加处置的民警，到达现场应当立即开启执法记录仪固定现场情况，同时要注意对于现场监控录像视频资料的收集，现场有车辆的，也要考虑到对于现场车辆中行车记录仪视频录像资料的收集。

四、 伤亡人员救治

如遇现场有人员伤亡的，处警民警应立即向下达处警指令的单位口头报告，同时根据人员伤势危险程度采取临时救治措施。根据现场人员伤势情况，根据需要立即通知120急救中心现场救治，或者报告下达处警指令的单位，由其通知120急救中心到场救治。同时要做到及时通知伤亡人员家属或者所在单位，做好善后工作。

五、 现场处结

离开现场时，一要做好移交。对于交警部门在执法过程中遭遇袭警行为的要移交治安或刑事部门对袭警人员进行处理。二要带回人员。带回在现场无法进行询问的人员，到公安机关进一步接受询问。三要带回证据。将现场固定证据依照有关规定妥善看管。四要报告情况。将现场处置情况报告下达处警指令的单位、所属公安机关。

六、 注意事项

处警民警可控制的袭警行为，一般来说对抗性和暴力性都不大，处置并不复杂，但是处警民警还应当注意下述事项，否则容易导致处置不当，产生意外：

1. 在现场处置过程中，处置人员要十分注意严格依法办事，不偏不倚。

2. 处置过程中注意执法语言的规范性。

3. 携带枪支弹药的要注意安全和隐蔽，防止行为人情绪激动产生夺枪行为。

4. 在处警民警可控制的袭警行为中，现场暴力冲突程度较小，要坚持适度原则，如若依靠警务技能即可将其制服的，不随意动用警械；对于使用警械即可有效制止袭警行为的，不随意鸣枪警告和使用枪支。

第四节

处警民警不可控制的袭警行为现场处置

处警民警不可控的现场处置，是指基于袭警行为人的人数，所采用暴力措施的严重程度，现场民警已无法控制，需要警力增援、启动预案才可处理的袭警行为现场的处置。大量袭警行为，在现场处警的民警就可以对之进行有效处置。但是，对于一些严重的袭警案件，由于现场处警的警力有限，不能进行有效处置，现场处警民警应当立即呼叫增援，在增援警力到达后，方能对严重暴力袭警案件进行有效处置。对于严重的袭警案件，如果性质上属于群体性事件、恐怖袭击、重大刑事犯罪这三类性质严重的重大袭警事件，应当启动相应的突发事件处置预案，按照相应预案进行处置。下面分述之。

一、 通过警力增援可控的袭警行为现场处置

（一）基本处置方法

公安机关执行职务，多数情况下由两名警察实施，在少数联合办案和开展专项整治活动时，参加执法活动的警察数量多于两名。受到警力数量的限制，一旦发生严重的暴力袭警案件，正在现场执法的数量有限的警力，不足以控制袭警行为的发生，更谈不上对严重袭警行为的现场进行有效处置。此

种情况下，现场执行职务的警察，应当请求增援，处置重大袭警行为。此类袭警行为现场处置的基本方法是：

1. 中止执法行为，维持现场秩序。由于严重袭警行为已经发生，民警的执法行为很难继续进行下去，如果此时还强行推进执法行为，势必使矛盾升级、加剧冲突，造成人员伤亡和财产损失。所以，执法民警应当立即停止执法行为，以避免矛盾升级。执法民警停止执法活动后，应该开展相关工作，如稳定袭警行为人的情绪，了解袭警行为人的动机、目的，做围观群众的工作，争取取得围观群众的支持。

需要说明的是，现场执行职务的民警应当将安全放在第一位，在开展上述工作时，应当注意自身的安全和周围群众的安全。

2. 请求支援。一般情况下，处警民警向派警单位请求增援。处警民警根据现场袭警行为的严重程度，可以同时向110指挥中心请求支援。派警单位接到处警民警请求支援的情报后，应当立即安排警力增援处警民警，如果派警单位警力不足以处置该暴力袭警案件，应当向110指挥中心请求支援。如果处警民警人身受到袭警人员的控制，处警民警可以请求围观群众报警。

3. 增援警力到达袭警行为现场后，按照不同警种分工合作，开展各项现场处置工作。这些处置工作主要包括：制服和控制袭警行为人、设置警戒带、救治伤员、现场勘查、收集证据、宣传教育群众等，具体工作内容前文已经阐述，此处不再赘述。

4. 清理现场，恢复秩序。

（二）持械、持枪、持危险物品严重暴力袭警行为的现场处置

【典型案例】

2015年11月4日，洛阳开元大道与龙门大道交叉口一男子持刀袭击执勤民警，导致1名执勤人员当场殉职，1名民警抢救无效牺牲，3名执勤人员受伤，犯罪嫌疑人邓某某被警方和群众合力擒获。

针对上述案例的袭警行为，在事件处置中，因为对方持危险物品，极有

可能造成进一步的重大伤亡事件，仅凭处警民警已无法有效控制事件态势。此时处置民警要当机立断，评估态势，及时与指挥中心或派警单位取得联系、请求支援，有效控制事态发展。具体处置方法包括：

1. 立即请求指挥中心或派警公安机关增援，也可发动周围群众报警。

2. 口头警告。遇到危机情况及时寻找掩体进行自我保护，同时及时表明身份，并命令在场无关人员躲避，命令行为人停止暴力行为。

3. 使用强制措施。在口头警告无效后，现场民警可视情况选择警械制止袭警行为人的暴力袭警行为，必要时依法使用武器。上述案例之所以造成1名执勤人员当场殉职、1名民警抢救无效牺牲、3名执勤人员受伤的严重后果，一方面与没有给执行职务的警务人员配置合适的警械有关，在面临袭警男子持刀袭警时，警务人员束手无策；另一方面与现场的警务人员没有采取有效强制措施保障自身安全也有一定关系。

4. 鸣枪示警。如遇对方不听口头警告，极度不配合警务人员工作，无法有效采取强制措施，并继续施暴的，可鸣枪示警。注意鸣枪示警不是开枪射击的必要条件，如遇特殊情况无法鸣枪示警的，可直接开枪射击。

5. 果断处置。经鸣枪示警无效的，不开枪足以造成更大伤害出现的，可依法开枪射击。但在持枪处置前，应严格遵守《人民警察使用警械和武器条例》中对不得开枪的情况的规定，具体包括：对方是孕妇、儿童的，但使用枪支、爆炸、剧毒等危险物品实施暴力犯罪的除外；现场处于群众聚集的场所，或存有大量易燃、易爆、剧毒、放射性等危险品的场所，但不使用武器予以制止，将发生更为严重后果的除外。

注意，制服行为人后，应立即上铐搜身，同时报告指挥中心；用枪造成人员伤亡的，应及时抢救，并保护现场。

6. 采用强制约束、强行带离现场等强制措施。强制约束，属于警察即时强制措施，是指公安机关依法对醉酒的人和精神病人，在对本人有危险或者对他人的人身、财产或者公共安全有威胁时，采取的暂时限制其人身自由的保护性和预防性强制措施。《人民警察法》第14条规定，公安机关的人民警察对严重危害公共安全或者他人人身安全的精神病人，可以采取保护性约束措施。需要送往指定的单位、场所加以监护的，应当报请县级以上人民政府公安机关批准，并及时通知其监护人。《治安管理处罚法》第15条第2款规定，醉酒的人在醉酒状态中，对本人有危险或者对他人的人身、财产或者公共安全有威胁的，应当对其采取保护性措施约束至酒醒。

对妨碍民警执行公务以及在公共场所侮辱、袭击民警的，根据事态发展，可以将行为人强行带离现场。强行带离现场，是指公安机关人民警察在依法履行治安管理和制止违法犯罪职责时，将严重危害社会治安秩序或威胁公共安全的人，强行带离违法犯罪或突发事件现场并进行审查的强制措施。《人民警察法》第8条规定，公安机关的人民警察对严重危害社会治安秩序或者威胁公共安全的人员，可以强行带离现场、依法予以拘留或者采取法律规定的其他措施。

7. 控制后程序，注重对于行为的控制及现场证据的收集固定。

（三）对于人数众多的袭警行为的现场处置

【典型案例】

案例1：2009年11月17日，云南景洪市民警在处理假和尚强卖假药坑害市民案件过程中，遇行为人不理不睬不配合警方工作，并将处警民警推倒在地进行拳打脚踢，在民警掏出武器后，行为人疯狂地抓起石块和砂土砸向现场处置民警。该案件中，现场的假和尚数十名，处警民警四人，在遇假和尚们暴力抗法后，民警及时请求增援，集结200名警力赶赴现场将实施袭警行为的假和尚团伙悉数制服，并带回派出所连夜展开调查。此次暴力袭警事件导致两名民警和一名辅警受轻伤。

案例2：2017年11月6日，周浦派出所一名民警和辅警在执勤返回派出所途经周市路79弄粤亮湾小区门口时，听到街边传来一阵争吵和打耳光的声音。该民警马上停靠警车查看情况，发现三名醉酒男子在互相争吵，有打架斗殴的迹象。该民警随即上前表明身份，并对涉事的景某三人进行告诫。然而，景某三人不听民警劝诫，对民警大声辱骂，还大打出手，随意殴打民警及辅警，造成民警和辅警身上多处受伤。后景某三人被前来增援的民警制服。

此类袭警行为有别于需要采取应急预案控制现场的严重暴力袭警行为。现场处警民警人数与袭警行为人的人数存在差距，导致现场处警民警无法对其进行有效的控制，但因袭警行为人采取的手段暴力程度较低，仅采用增援警力的方式就可以对此类行为现场进行一定的控制。具体方法包括：

1. 分析警情，停止执法，稳定现场秩序。处警民警要实时评估事态发展，做好警情分析。在案例 1 中，由于假和尚人数众多，处警警力明显不够，应当暂停执法行为，等待增援力量。在增援警力到达袭警行为现场前，处警民警根据现场情况维持好现场秩序。

2. 立即请求增援。处警民警在无法控制现场的情况下，应当立即与派警单位和指挥中心取得联系，第一时间请求警力增援。

3. 增援警力到达现场后，各项处置工作全面开展。开展各项处置工作前，应当先口头警告。对于袭警行为人人数众多的现场，民警应立即表明身份并命令无关人员躲避，同时向对方发出口头警告，命令行为人停止袭警行为。

4. 采取强制措施。根据现场情况，可以采用强制带离现场、强行驱散等强制措施。强行驱散，是指公安机关人民警察在维护社会治安秩序时，当出现严重危害社会治安秩序的紧急状态下，运用警械或武器迫使聚集的人群散开而采取的强制措施。《人民警察法》第 17 条规定，县级以上人民政府公安机关经上级公安机关和同级人民政府批准，对严重危害社会治安秩序的突发事件可以采取必要手段强行驱散，并对拒不服从的人员强行带离现场或者立即予以拘留。

5. 鸣枪示警。由于对方人数众多，可能存在持械等持有危险物品的情况，现场民警在口头警告采取强制措施无果的情况下，也可以采取鸣枪示警的方式对其进行一定的威慑。

注意对现场处置过程中伤亡人员进行及时救助。

二、 三类严重暴力袭警事件的现场处置

(一) 恐怖袭击性质的暴力袭警现场处置

处警民警根据现场情况，认为属于恐怖袭击性质的暴力袭警事件，应当立即向派警单位和110指挥中心报告警情，启动处置恐怖袭击事件预案，按照预案进行现场处置。

1. 基本任务。公安机关是参与处置恐怖袭击事件的主要力量，在处置恐怖袭击事件中的主要任务是：（1）全面搜集、掌握相关情报信息和事态发展状况，及时上报领导，通报相关部门；（2）充分发挥公安机关指挥系统的中枢功能，及时传达、贯彻、部署领导决策；（3）参与抢险救援工作，保护公众生命、财产安全；（4）迅速侦办案件，全面获取犯罪证据，尽快查清犯罪事实，缉捕或歼灭恐怖分子，保证办案质量；（5）严密控制事态发展，强化社会面控制，维护社会稳定；（6）采取措施保护国家交通、通信、能源、民生等系统，免遭恐怖分子的后续袭击；（7）尽快恢复社会秩序，做好相关善后工作。

2. 职责分工。公安机关参与处置工作的主要警种、部门，既要各负其责，又要密切配合，形成合力。各警种、部门的主要职责：

（1）指挥中心：负责恐怖袭击事件的接报警，传达前线指挥部和上级部门的有关指示和命令，负责保障前线指挥部以及现场工作人员的通信畅通，提供必需的应急通信手段和必需的现场信息查询、比对手段。上报、通报有关信息，协调、检查各项处置工作的实施情况，准确掌握恐怖袭击的情报信息，全面掌握处置工作的进展，协调现场处置和案件侦查工作。

（2）国保、外事部门：搜集有关境内恐怖组织和恐怖分子制造恐怖事件的线索，提供预警性情报和协助收集相关的犯罪证据；与上级国内安全部门、武装部等有关单位加强协作和情报交流，负责对境内打着宗教旗号和冒用宗教名义的非法组织、敌对组织和敌对分子在我国境内进行恐怖活动的线索开展调查和案件侦查。同时，利用情报网络、广泛搜集有关“法轮功”等邪教组织制造恐怖事件的线索，分析研判其向暴力恐怖活动演变的趋势，

提供预警性情报和相关犯罪证据。负责对网络恐怖袭击事件的处置工作，并负责对公共信息网络和国际互联网相关的恐怖组织、案件线索的侦查调查工作，及时打击网络恐怖犯罪。加强对出入境人员的查控，及时发现、堵截恐怖分子，防止恐怖分子潜入或外逃。

（3）经济犯罪侦查部门：根据恐怖事件的线索和情报，协调有关金融、财政等部门依法采取相关措施，查清恐怖组织、恐怖分子的资金来源，截断恐怖组织的资金渠道。在工作中注意发现恐怖活动资金流动情况。

（4）治安管理、警卫部门：负责实施相关区域管制、巡逻，封锁并保护现场，疏散群众，协助抢救伤员；协调有关部门关闭、封锁交通枢纽，协助有关部门停止水、电、气、热供应，切断通风或中央空调系统；协助加强重点、敏感的场所、部门、设施和标志性建筑物的安全检查和保卫工作；负责警卫对象的紧急避险、撤离和警卫目标的安全保卫工作；视情提出依法实施戒严的意见和建议。

（5）刑事侦查、防暴特警部门：负责对各类恐怖案件侦查，及时开展现场勘查工作，采取综合侦查手段，广泛收集犯罪证据，迅速侦破案件，缉捕恐怖分子。积极参与解救人质、现场抓捕、歼灭恐怖分子等紧急处置工作。

（6）消防部门：负责恐怖袭击事件现场的灭火、抢险和救援等紧急处置工作，与相关单位做好现场的洗消工作。

（7）交巡警部门：负责实施现场交通管制，指挥疏导交通，维护交通秩序，快速处置交通事故现场，保障救援车辆顺利通行，做好道路交通的保卫工作。

（8）法制部门：负责公安机关应用有关反恐怖法律、法规的解释和咨询工作，对重大疑难案件、涉外案件以及对敏感事件适用法律问题提出意见。

（9）政工部门：负责与党委、政府的宣传部门协商、拟定对外报道口径，协调、管理有关新闻机构对恐怖袭击事件的采访报道工作。

（10）森林公安部门：是本系统处置恐怖袭击事件的先行力量，并根据职责分工参与统一行动处置工作。

其他警种、部门根据公安机关领导的指示参与现场处置的警务保障和后勤保障等有关工作。

3. 组织指挥。发生恐怖袭击事件后，所在县（市）反恐怖工作协调小组成立前线指挥部，县（市）公安局主要负责人为前线指挥部的领导和成员，参与前线指挥部的工作，并根据公安机关的职责，负责落实前线指挥部的决策，组织全局力量参与处置工作。

公安机关在前线指挥部和上级公安机关的领导下，组织各警种、各部门开展如下工作：（1）迅速了解、掌握相关信息，及时报告前线指挥部和上级公安机关；（2）及时上报处置工作情况，提出处置工作建议，必要时向上级公安机关提出处置增援的建议；（3）组织警力参与抢险救援、侦查破案、维护稳定、恢复秩序等工作；（4）执行前线指挥部和上级公安机关的行动处置决策，完成前线指挥部和上级公安机关交办的其他任务。

4. 处置程序和措施。恐怖袭击事件发生后，所在地公安机关要在前线指挥部和上级公安机关的领导、指挥下，迅速组织开展处置行动。整个处置行动分为启动、实施和终止三个阶段。

（1）启动阶段。此阶段主要做好以下工作：第一，及时汇报相关信息，迅速上报领导，通报相关单位。所在地公安局在接到恐怖袭击事件的情况报警后，应迅速核实事件的性质和危害程度，并按照公安机关处置紧急事件的原则和程序先行采取紧急措施进行初步处置。与此同时，立即报告上级公安机关。案情重大，可越级上报，不得延误。上报信息应包括事件发生的时间、详细地点、袭击方式、人员伤亡与财产损失、涉嫌恐怖分子的情况、已采取的措施等基本要素和前线指挥部指挥人员的名单与联系方式。所在地公安局指挥中心与反恐怖工作协调小组办公室接报后要迅速报告所在地公安局的主要领导，上报、通报相关部门；追踪事件进展，掌握、报告最新动态。第二，请示启动指挥系统，提出处置建议。所在地公安局领导接报后应迅速就位，了解、掌握恐怖袭击事件的全面情况和发展动态，同时立即提请反恐怖工作协调小组领导启动处置预案和前线指挥部。前线指挥部工作人员分别就位，并通知前线指挥部成员和专家咨询组到位。公安局各警种、各部门负责人应迅速就位并紧急集结相关应急力量，根据处置工作的需要，及时向前线指挥部和上级公安机关提出调用救援力量和物资装备，动用部队和武警、消防在相关地区实施管制或戒严，开展查缉工作和地区协调以及确定对外宣传口径等方面重大措施的建议。第三，派出应急队伍，展开处置准备。国保、刑侦、治安、武警、消防、交警等专业警种和专家队伍，应迅速集结，组成处置、援救力量迅速赶赴现场，开展处置工作。

（2）实施阶段。此阶段主要做好以下工作：第一，实施现场管制和交通管制，参与实施戒严。治安、交警等部门与武警密切配合，迅速封锁现场，疏散人员，组织公众撤离，对现场周边地区实施交通管制。消防部门要迅速对现场有毒有害物质进行侦测，确定毒情扩散和影响的范围，及时划定警戒区域。治安、交警部门要在武警的配合下，在各交通要道设立检查点，依法严格盘查过往车辆和人员，从中发现可疑的人员和线索。当决定在相关地区依法实施戒严时，治安、交警部门要积极配合武警参与实施戒严。第二，迅速组织开展抢险救援工作。消防、治安等部门协同有关部门做好抢救伤员和群众的安全撤离工作。消防部门会同其他部门、专业力量迅速开展扑灭火灾，协助处置建筑物坍塌、水电气泄漏，侦测、控制核辐射、生物疫情、化学毒情，洗消生物、化学污染等工作。刑侦、治安会同武警等部门迅速搜索爆炸物品、排除爆炸装置。当有警卫对象在现场时，要迅速组织警卫对象紧急避险和撤离，确保安全。必要时，治安部门要在武警等部门的配合下协调有关部门采取关闭、封锁涵洞、水库、城市水源地、重要水利工程、桥梁、车站、码头、邮局等场所；停止供电、供水、供热、供气、供油；切断通风、中央空调系统等一系列紧急措施。视情况需要，可向上级公安机关请求支援。第三，缜密侦查，严惩恐怖分子。公安机关各部门、各警种应紧密配合，全力开展侦查工作，力争尽快破案，严厉打击恐怖犯罪分子。遇有大规模劫持人质的恐怖事件时，刑侦、防暴特警、治安管理等部门和武警要迅速包围恐怖分子，本着“保护人质和群众生命安全第一”的原则，力争通过谈判和心理攻势解决危机。如恐怖分子负隅顽抗、伤害人质，要创造机会、捕捉战机，出其不意，武力制服或者击毙恐怖分子，解救人质。要充分利用银行、宾馆、饭店以及电话、手机、计算机网络等社会公共服务信息、各单位的录像监控系统信息和国际互联网信息，发现案件线索。公安机关各部门、各单位要通过各种形式广泛、深入发动群众参与打击恐怖犯罪活动，必要时可以悬赏缉捕恐怖分子。对于疑难的恐怖案件，及时组织有关专家进行会诊、咨询，认真分析案情，制定侦查措施，争取尽快破案。第四，全力维护社会稳定。治安管理部门和派出所要在武警的配合下加强对重点、敏感的场所、部门、设施和标志性建筑物的控制、安全检查和保卫工作；切实加强对社会面的治安防控力度，严防恐怖分子进行新一轮或连环式恐怖袭击。政工部门要在严格宣传纪律的前提下，本着有利于维护社会稳定，有利于提高公众防范意识，有利于打击恐怖分子，有利于维护我国国际形象的原则，提出有关对外报道口径和报道意见的建议，及时正确引导国内外舆论，对公众进行宣传教育，动员并指导各部门、各单位和广大公众积极开展自救、互救，群防群治，尽快消除恐怖袭击造成的心理恐慌，稳定人心。国保、治安、刑侦等部门要与国家安全等有关部门和武装部、武警一道，密切关注敌情、社情动态，及时发现不稳定的因素，并妥善处置，确保社会大局基本稳定。公安机关要充分发动并依靠基层组织、单位和广大群众，严密防范和严厉打击趁机抢劫、盗窃、制造恐怖气氛、制造骚乱等犯罪活动，全力维护社会稳定。

（3）终止阶段。此阶段的主要工作是视情提出终止处置行动的建议，做好善后工作。在确认事件得到有效控制，危害已经消除后，按照规定程序，报告市公安局，并由市公安局向市指挥部提出终止处置行动的建议。公安机关各单位、各部门要在县委、县政府的领导下，与其他职能部门密切配合，认真做好各项善后工作，切实保障公众的正常生活，努力消除公众恐慌，尽快恢复社会正常秩序。

（二）群体性事件性质的暴力袭警现场处置

处警民警根据现场情况，认为属于群体性事件性质的暴力袭警事件，应当立即向派警单位和110指挥中心报告警情，启动处置群体性事件预案，按照预案进行现场处置。

1. 组织领导。为保证公安机关在应对突发群体性事件时快速反应、指挥得当、协同有力，所在地公安局应当成立“处置突发群体性事件指挥部”，由局党委书记、局长任总指挥，其他党委成员任副总指挥，指挥部成员由指挥中心、国保、刑警、治安、交警、巡警、法制、督察、后勤、经侦、消防、武警等部门及各派出所主要负责人组成。

指挥部下设办公室，办公室一般设在所在地公安局指挥中心。其主要任务是：根据突发群体性事件的起因、规模以及现场情势和危害程度，组织、指挥、协调全县警力对突发群体性事件实施处置；做好现场无线通信保障，利用无线图像传输系统及时向指挥部反馈现场情况；及时准确地向所在地党委和政府、上级公安机关和本级公安机关报告突发群体性事件的发展动态以及现场处置情况。

2. 处置原则。群体性事件性质的袭警事件处置应当遵循以下原则：（1）党委、政府领导的原则；（2）预防为主、疏导教育的原则；（3）迅速反应、果断处置的原则；（4）因事施策、区别对待的原则；（5）确保重点的原则；（6）讲究策略、依法处置的原则。

3. 对群体性事件进行分级处置。

（1）对群体性事件进行分级处置。根据突发群体性事件的规模以及现场态势的危害程度，一般将突发群体性事件分为三级：参与人数在100人以上的为一级突发群体性事件，参与人数在50人以上100人以下的为二级突发群体性事件，参与人数在50人以下的为三级突发群体性事件。

（2）属地管理，分级处置。一旦发生群体性事件，按照“属地管理”原则迅速组织警力赶赴事发现场开展工作。按照分级处置的要求，一级由市、县两级公安机关共同处置，以市局为主，属地公安机关配合；二级、三级由属地公安机关负责处置。

（3）动用警力规格及标准。处置一级突发群体性事件一般需要动用200人以上警力进行处置；处置二级突发群体性事件一般动用100～200人警力进行处置；处置三级突发群体性事件动用50人以上警力的向市局请示后调用，50人以下的自行调用。

（4）应急力量配备。县局（区分局）应组织应急备勤警力若干名，应急备勤警力由局机关、巡警大队、交警大队、消防大队、各派出所、武警中队等部门民警组成，随时准备应急处置突发群体性事件。

4. 处置方法及步骤。

（1）注重处置工作的四个方法。一是领导牵头，靠前指挥。领导亲临现场，坚守一线，统一指挥协调现场警力，确保大规模群体性事件得到妥善有效处置。二是全警动员，全员参战。在处置规模较大的群体性事件时，应注重调动充足警力，配备充足装备，迅速控制现场局势。三是主动出击，掌握先机。在做好群体性事件跟踪调查、掌握事件发展动态的基础上，对可能发生事件的时间、部位及时进行重点布控，避免群体性事件形成规模、扩大蔓延。四是宣传教育，晓之以理。在处置过程中有针对性地开展教育疏导工作，阐明党委、政府的立场和态度，以瓦解闹事人群的斗志，孤立挑头闹事的骨干分子，争取绝大多数群众的支持。

（2）把握处置工作的五个步骤。一是信息靠前。注意加强对情报信息的分析研判，加强对各种不稳定因素发展变化趋势特别是可能引发群体性事件的预测，提高情报信息工作的时效性、准确性，努力做到“早发现、早报告、早控制、早解决”。二是中心先导。确定指挥中心为负责群体性事件处置工作的指挥协调机构，由指挥中心负责收集、分析、掌握现场情况，拟定处置预案，选择处置时机，提供领导决策参考；根据事态发展，积极协助局领导现场指挥、调度警力，处理相关紧急情况。三是提前站位。对已经掌握的可能发生的群体性事件，组织警力提前占据有利位置，通过对现场周围的制高点派出观察哨、对重点地段增加警戒力量等措施，实施重点卡口多层布防，努力在现场形成威慑之势，确保不动则已、动则必胜。四是合成作战。在处置群体性事件工作中，坚持多警联动、合成作战。一旦发生群体性事件，各参战单位和民警各司其职、各负其责，迅速按照处置预案集结到位，在现场展开工作。五是策略灵活。要注意灵活运用思想教育和法律手段等多种措施，根据群体性事件的性质、起因和规模，注意把握时机及时果断处置，确保战机不失、处置得当。

5. 任务分工。所在地公安机关指挥中心承担应急处置工作办事机构职责，负责突发群体性事件的接处警工作，做好应急处置工作的统一协调组织和调度指挥。制订相应的工作预案，下达警力调集指令，派出指挥车，开设现场指挥部，保障通信畅通。同时，根据领导安排，及时向所在地党委、政府和上级公安机关报告，并依据国家相关法律、政策规定以及事件的原因等情况，向所在地党委和政府提出处置建议，向有关部门通报情况。

所在地公安机关要派出足够警力到现场维持秩序，掌握事件发展态势，密切监控其中主要人物，保护人民生命财产安全。涉及的部门和任务分工是：（1）治安部门要安排专人到事件现场了解、掌握事件发生的原因、目的、人数、方式、标语、口号、起止时间、地点、路线等基本情况，书面呈报所在地公安机关领导，并及时了解、掌握事态发展状况。（2）国保部门要迅速对事件的深层次信息展开调查，了解、掌握事件策划、组织、煽动等事件的首要分子和其他深层次信息，书面呈报所在地公安机关领导，同时做好现场有关证据的密取。（3）巡警部门按照下达的指令，对事件进行处置。根据群体性事件的规模、参与暴力袭警的人数、袭警的手段等，安排相应的巡警人数携带非杀伤性武器，适时执行指令。（4）交警部门按照下达的指令，采取疏导、分流，直至实行交通管制。（5）法制部门要为处置各类突发群体性事件提供准确的法律依据，根据事件情况，有针对性地做好法制宣传工作；协助信访部门协调有关主管单位或部门派员到现场做好群众工作。（6）刑警部门负责掌握事件发生地治安状况，适时做好社会面的控制工作，打击扰乱社会秩序、危害公共安全和公私财产安全的行为，打击袭警行为人和实施其他刑事犯罪分子，抓捕犯罪嫌疑人，并做好现场处置和侦查取证、案件审理工作。（7）指挥中心负责事件处置后的网络监控，及时发现、消除不良信息。（8）宣传部门负责事件处置过程中公开的录音、摄像、拍照和处置后的音像资料编辑，统一宣传报道。（9）后勤保障部门负责处置工作中的现场装备器材和后勤生活保障，负责现场受伤民警救护。（10）消防部门按照下达指令随时做好使用水枪、水炮等驱散闹事人群准备，配合有关部门处置因突发事件引发的煤气、毒气等有害气体泄漏事件。（11）武警部门做好处置准备，根据上级指令随时调警协助完成处置任务。（12）辖区派出所做好处置准备，根据指令随时调警完成处置任务。

（三）重大刑事犯罪性质的袭警事件现场处置

【典型案例】

2008 年 7 月 1 日，杨某经严密谋划，在上海闸北公安分局外纵火后，持刀闯入上海市公安局闸北分局内，导致六名警察死亡、四名警察和一名保安人员受伤，是一起重大袭警刑事案件。杨某经最高人民法院核准，于2008年11月26日上午在上海被执行死刑。

杨某暴力袭警案是一起严重的刑事犯罪。处警民警发现类似于杨某暴力袭警的情形，根据现场情况，认为属于重大刑事犯罪性质的暴力袭警事件，应当立即向派警单位和110指挥中心报告警情，启动重大刑事犯罪现场处置预案，按照预案进行现场处置。

1. 处置工作基本理念。

（1）统一指挥，各司其职：重大刑事案件应急处理由县级以上公安机关负责，各有关部门要在重大刑事案件应急处理指挥部统一领导和指挥下，按照预案规定的职责和要求开展工作。

（2）快速反应，运转高效：重大刑事案件的应急处理应当迅速有效、措施果断，最大限度地减少人员伤亡、财产损失和社会影响。

2. 组织领导及应急处置成员单位。突发性重大刑事案件发生后，成立由党政领导担任总指挥的应急指挥部。公安机关要在现场指挥的统一领导下，主要负责人要亲临现场，按指挥部的统一部署和决策，协同相关部门，在自己的职权范围内，精心组织、果断处置。所在地公安机关要成立工作组，赶赴现场对应急处置工作进行组织领导。

（1）应急指挥部。由所在地党政主要领导组成。职责主要包括三项：一是对重大刑事案件的应急处理统一领导，指挥各有关部门立即到达指定岗位，采取相应的措施；二是负责协调上级政府、人民武装部、武警等单位的关系；三是对重大刑事案件应急处理工作进行督查与领导。

（2）应急指挥部下设办公室，办公室设在所在地公安局，负责制订重大刑事案件应急处理方案，并组织实施，做好突发刑事案件的受理和报告工作，负责案件的侦破工作。

（3）应急处置成员单位及职责。

公安机关：组织封锁、保护犯罪现场；根据现场情况采取紧急措施，救治伤员，减少伤亡；多警齐动，围追堵截，缉捕犯罪嫌疑人；现场调查走访；组织案件的查破工作；对可能被投毒、安放爆炸装置、放置放射源的可疑物质现场采取控制措施，必要时进行交通管制。

宣传部门：制定宣传政策、宣传方案，进行紧急措施的发布，安定民心，消除恐慌，监督紧急应急处置过程中人和事的报道，确保惩治邪恶、弘扬正气。

卫生部门：负责协调各医疗单位快速及时抢救和救治伤员工作。

财政部门：为重大刑事案件应急处理提供资金保障。

民政部门：组织重大刑事案件中死亡人员的善后处理工作，落实相关人员的生活救济，死亡人员的丧葬补助，负责管理捐助物资的管理和分配。

教育部门：负责各中小学校的法制教育工作，协助做好重大刑事案件相关人员子女的就学及校内安全保护工作。

安监部门：协助做好危险物品或者安全生产事故引发的重大刑事案件应急处理措施的落实。

广电部门：加强重大刑事案件应急处理工作的宣传报道，必要时协助公安机关通缉犯罪嫌疑人。

3. 重大刑事案件的报告。

（1）基层公安机关接到报案后，应立即向同级人民政府和县公安局报告。

（2）县公安局接到重大刑事案件报告后，应立即向县人民政府和市公安局报告。

（3）乡镇人民政府接到重大刑事案件报告后，应立即向县人民政府报告。

（4）报告内容应包括案件发生的时间、地点、发案情况、伤亡人数、危急程度、发展趋势及已采取的措施等。

（5）任何单位和个人不得隐瞒、缓报、谎报，或者授意他人隐瞒、缓报、谎报重大刑事案件。

4. 现场处置主要工作。

（1）重大刑事案件社会危害性极大，影响恶劣，犯罪分子极有可能继续危害社会。所以一定要坚持党委、政府的领导，坚持走群众路线，迅速处置，严惩犯罪，消除社会危害。

（2）迅速调集公安、武警加强对党政部门、党政领导的保护。

（3）由公安武警迅速封闭现场，疏散群众，抢救伤员，减少伤亡。

（4）公安部门要迅速对现场进行检验，进行搜爆排爆，排除险情。如果发生纵火，消防部门要迅速灭火，排除险情。

（5）卫生部门要迅速协调各医疗单位抢救和救治伤员，减少伤亡。

（6）公安机关要迅速对犯罪分子实施抓捕、围堵缉捕。要加大侦破案件力度，快速破案。

（7）宣传、广电部门要充分利用广播、电视、报刊等宣传媒体，以通告、传单、召开群众会议等形式，广泛宣传，晓明利害，督促犯罪分子投案自首，教育广大群众检举揭发，提高自身防护意识。

5. 警械、武器的使用。处置严重刑事犯罪案件过程中，凡发生犯罪分子拒捕，伤害公安民警、武警官兵，有可能给社会带来更大危害时，经应急指挥部批准，可以使用武器将其制服甚至击毙。公安刑侦、治安、技侦部门要做好现场摄影、录音、录像等取证工作，交警部门要做好现场管制、管理工作，消防部门要加强现场的消防安全工作。

第六章 袭警行为的事后处理

每一点滴的进展都是缓慢而艰巨的，一个人一次只能着手解决一项有限的目标。

——贝弗里奇

如何处理袭警行为，万众关注。处理袭警行为大体包括三个方面的工作：一是追究袭警行为人的法律责任；二是抚恤和优待遇袭的民警及其亲属；三是消除不良社会影响，正面引导社会舆论。上述三个方面的工作，不论是哪一个，一旦处理失当，都会在社会上产生极大的反响。本章分三节分别阐述上述三个方面的工作。

第一节 追究袭警行为人的法律责任

根据第一章对袭警行为的定义，袭警行为根据其情节、危害后果等具体情况，在法律性质上可能属于刑事案件，也可能属于治安案件，袭警行为人依法应当承担相应的刑事责任、行政责任。本书认为，为了有效遏制袭警问题，袭警行为人除了承担上述两类性质的法律责任外，还应当依法追究袭警行为人的民事赔偿责任。从办理案件的角度看，由于袭警行为的被害人属于人民警察，而无论是追究袭警行为人的刑事责任还是行政责任，办案部门都是公安机关，办案人员都是人民警察，使得回避制度在办理此类案件中的适用尤为突出。在追究袭警行为人的民事赔偿责任时，由于遇袭警察正在执行公务，基于遇袭人员的警察身份和正在执行公务行为的因素，使得追究袭警人员的民事责任与普通的民事赔偿责任的追究存在显著的差异。下文首先分析袭警行为人应当承担的法律责任有哪些，然后分析追究袭警行为人相应法律责任时应当注意的相关问题。

一、 袭警行为的法律责任

(一) 袭警行为的刑事责任

虽然我国刑法目前没有关于袭警罪的规定，但并不表示在我国袭警行为可以不承担刑事责任。相反，根据我国刑法的规定，比较严重的袭警行为可以按照“妨害公务罪”“煽动暴力抗拒法律实施罪”“故意杀人罪”“故意伤害罪”“非法拘禁罪”等来追究袭警行为人的刑事责任。

1. 妨害公务罪与罚。我国《刑法》第 277 条第 1 款规定：“以暴力、威胁方法阻碍国家机关工作人员依法执行职务的，处三年以下有期徒刑、拘役、管制或者罚金。”该条第 4 款规定：“故意阻碍国家安全机关、公安机关依法执行国家安全工作任务，未使用暴力、威胁方法，造成严重后果的，依照第一款的规定处罚。”显然，对正在执行职务的人民警察，使用暴力、威胁方法阻碍其执行职务的构成犯罪，并且这种犯罪属于行为犯，即为了阻碍人民警察执行职务，只要实施了暴力行为而不论该暴力行为是否造成阻碍执行公务的后果，均构成犯罪。而对于使用非暴力手段阻碍国家安全机关、公安机关依法执行国家安全工作任务的，必须以造成严重后果为要件，如果没有造成严重后果，虽然有阻碍执行公务行为的存在，也不需要追究违法人员的刑事责任，或者说这种行为还不构成犯罪。该条第 5 款还规定：“暴力袭击正在依法执行职务的人民警察的，依照第一款的规定从重处罚。”该款规定体现了我国法律给予袭警行为更加严厉惩罚的理念。

2. 煽动暴力抗拒法律实施罪与罚。在聚众袭警行为中，如果有组织者、策划者，可以按照“煽动暴力抗拒法律实施罪”来追究他们的刑事责任。而对于那些积极参加并实施了暴力袭警行为的人员，可以按照妨害公务罪来追究他们的刑事责任。我国《刑法》第 278 条规定：“煽动群众暴力抗拒国家法律、行政法规实施的，处三年以下有期徒刑、拘役、管制或者剥夺政治权利；造成严重后果的，处三年以上七年以下有期徒刑。”本罪属于行为犯，即只要实施了煽动群众抗拒法律、行政法规实施的行为，就构成本罪。至于被煽动的群众是否相信并实施所煽动的内容，与本罪构成无关。

3. 故意杀人罪与罚。故意非法剥夺他人生命的行为属于故意杀人罪。如果袭警人员故意剥夺警务人员的生命，当然也构成故意杀人罪。例如，袭警人员为了打击报复杀死警务人员；或者汽车司机不按照执行任务的人民警察指令停车，而故意开车冲撞人民警察，致使人民警察死亡的，都可以按照故意杀人罪追究其刑事责任。我国《刑法》第 232 条规定："故意杀人的，处死刑、无期徒刑或者十年以上有期徒刑；情节较轻的，处三年以上十年以下有期徒刑。"

4. 故意伤害罪与罚。故意非法损害他人身体健康的行为属于故意伤害罪。故意伤害警务人员的身体健康构成本罪。我国《刑法》第 234 条规定："故意伤害他人身体的，处三年以下有期徒刑、拘役或者管制。"如果故意伤害致使警务人员重伤或者死亡的，可以按照本条第 2 款的规定，最高可以判处袭警人员死刑。本条第 2 款规定："犯前款罪，致人重伤的，处三年以上十年以下有期徒刑；致人死亡或者以特别残忍手段致人重伤造成严重残疾的，处十年以上有期徒刑、无期徒刑或者死刑。本法另有规定的，依照规定。"

5. 非法拘禁罪与罚。以非法拘押、禁闭或者其他强制方法剥夺他人人身自由的行为属于非法拘禁罪。非法拘禁警务人员也构成非法拘禁罪。"所谓拘禁，是指以强制方法使他人在一定时间内失去行动自由，或使他人处于不能脱离一定场所的状态。所谓非法，主要表现为没有拘禁他人权限的人以非法方法拘禁他人，或者有拘禁他人权限的人滥用职权违法拘禁他人或者剥夺他人人身自由。对于非法拘禁的方法没有限制，可以是捆绑等有形的方法，也可以是利用他人的恐惧心理等无形的方法。"① 关于非法拘禁的时间，目前法律没有规定。1999 年 9 月 16 日公布的《最高人民检察院关于人民检察院直接受理立案侦查案件立案标准的规定（试行）》，对国家机关工作人员利用职权实施的非法拘禁案的立案标准作出了规定："（1）非法拘禁持续时间超过 24 小时的；（2）3 次以上非法拘禁他人，或者一次非法拘禁 3 人以上的；（3）非法拘禁他人，并实施捆绑、殴打、侮辱等行为的；（4）非法拘

---

① 曲新久等．刑法学．中国政法大学出版社，2004：238.

禁，致人伤残、死亡、精神失常的；（5）为索取债务非法扣押、拘禁他人，具有上述情形之一的；（6）司法工作人员对明知是无辜的人而非法拘禁的。”而对于一般主体实施的非法拘禁罪的立案标准就没有司法解释予以界定，因此，在实践中可根据非法拘禁的人数、持续时间、方法手段、后果等因素综合考虑。非法拘禁警务人员，构成犯罪的，可以按照我国《刑法》第238条的规定给予刑罚，该条规定：“非法拘禁他人或者以其他方法非法剥夺他人人身自由的，处三年以下有期徒刑、拘役、管制或者剥夺政治权利。具有殴打、侮辱情节的，从重处罚。犯前款罪，致人重伤的，处三年以上十年以下有期徒刑；致人死亡的，处十年以上有期徒刑。使用暴力致人伤残、死亡的，依照本法第二百三十四条、第二百三十二条的规定定罪处罚。为索取债务非法扣押、拘禁他人的，依照前两款的规定处罚。国家机关工作人员利用职权犯前三款罪的，依照前三款的规定从重处罚。”

（二）袭警行为的行政责任

袭警行为尚不构成刑事犯罪的，可以追究袭警人员的行政责任。此类袭警行为，我们可以统称为袭警治安案件。我国《治安管理处罚法》没有关于袭警治安案件的专门规定，但是袭警行为只要符合《治安管理处罚法》的有关规定，就可以给予治安处罚。这些袭警行为可能涉及的治安案件名称主要包括两类：其一为妨害社会管理的行为类；其二为侵犯人身权利的行为类。

1. 妨害社会管理的行为与处罚。加强社会管理，稳定管理秩序，保障社会秩序，是社会运行的必要条件。对违反社会管理秩序的行为进行惩处，是实现社会安定的基本条件。警务人员是社会管理中的重要力量，袭警行为侵犯社会管理者和国家权威，妨害了国家社会管理职能的行使。袭警行为分不同情形可能分别构成下列四种违反治安管理行为之一或几个：

（1）“拒不执行紧急状态下的决定、命令”。人民警察正在执行人民政府在紧急状态下依法发布的决定、命令，袭警行为人能够执行上述决定、命令而不去执行的，其表现形式有多种。其中，如果以与正在执行职务的人民警察发生矛盾和冲突，并且以袭击人民警察形式表现出来，袭警行为人的违法目的实质是拒不执行紧急状态下的决定、命令。根据《治安管理处罚法》第 50 条第 1 款第 1 项的规定，拒不执行人民政府在紧急状态情况下依法发布的决定、命令的，公安机关对违法行为人处警告或者二百元以下罚款；情节严重的，处五日以上十日以下拘留，可以并处五百元以下罚款。根据本条第 2 款的规定，阻碍人民警察依法执行职务的，从重处罚。

（2）“阻碍执行职务”。人民警察依法执行职务行为，相对人和社会公众应当予以协助和配合，不能阻碍。构成阻碍执行职务行为的“阻碍”，应当作如下理解：一是阻碍行为对执行职务的阻碍需达到一定程度。阻碍程度一般要达到使人民警察不能正常、顺利地行使权力，表现为人民警察的职务行为不能进行，或者虽能进行，但是因阻碍行为而造成了迟滞性影响。同时，阻碍程度要以没有发生严重后果为限，如果因阻碍行为造成了严重后果，如造成犯罪行为发生或犯罪分子逃脱，就可能涉嫌构成犯罪而追究刑事责任，而不是按照阻碍执行公务追究行为人的行政责任。二是阻碍行为的行为方式应当达到一定程度。置于袭警行为背景下，阻碍行为的方式或者是直接接触警察身体，或者是借助器物而直接或间接接触警察身体。如果阻碍的行为没有与人民警察的身体接触，如躲避警察执法或语言上的侮辱谩骂，不构成袭警行为。这些不与警察身体接触式的行为，虽然能够构成阻碍执行公务行为，但是不在本书讨论的范围内。同时，阻碍行为的方式不得采用暴力方式，如果以暴力、威胁方法阻碍人民警察依法执行职务的，就涉嫌构成妨害公务罪。

虽然我国刑法规定，行为人为了阻碍人民警察执行职务，只要实施了暴力行为而不论该暴力行为是否造成阻碍执行公务的后果，均构成犯罪。但从司法实践看，因袭警行为而以妨害公务罪追究行为人刑事责任的，一般均以造成了阻碍执行职务的实际后果为条件，或者以造成遇袭警察轻微伤以上的伤害后果为条件。

根据《治安管理处罚法》第 50 条第 1 款第 2 项的规定，阻碍国家机关工作人员依法执行职务的，公安机关对违法行为人处警告或者二百元以下罚款；情节严重的，处五日以上十日以下拘留，可以并处五百元以下罚款。并且依据本条第 2 款的规定，阻碍人民警察依法执行职务的，从重处罚。

（3）“阻碍特种车辆通行”。阻碍特种车辆通行的行为，是指阻碍执行紧急任务的消防车、救护车、工程抢险车、警车等车辆通行的行为。该行为侵害了特种车辆在执行紧急任务时正常的通行秩序。该行为的客观方面要件有三个：一是行为人实施了阻碍行为。阻碍行为主要表现为设置路障、围堵特种车辆或其司乘人员、提供错误通行信息等。二是特种车辆正在执行紧急任务。紧急任务，一般是指执行救护伤员（病人）、灭火、抢险救灾、抓捕违法犯罪行为人、执行军事任务等具有紧迫性、时效性的任务。三是阻碍行为尚未造成严重后果。行为人围堵警车或人民警察，容易与人民警察产生冲突，在冲突中，如果行为人有袭击人民警察的行为，则本行为与袭警行为竞合，基于行为人的违法目的，结合袭警行为造成的后果，可以按照阻碍特种车辆通行行为给予行政处罚。

根据《治安管理处罚法》第 50 条第 1 款第 3 项的规定，阻碍特种车辆通行，公安机关对违法行为人处警告或者二百元以下罚款；情节严重的，处五日以上十日以下拘留，可以并处五百元以下罚款。并且依据本条第 2 款的规定，阻碍人民警察依法执行职务的，从重处罚。

（4）“冲闯警戒带、警戒区”。冲闯警戒带、警戒区行为是指行为人强行冲闯公安机关设置的警戒带、警戒区，尚不够刑事处罚的行为。公安机关根据正在执行职务行为的需要，可能需要设置警戒带，圈围警戒区。一旦设置警戒带，圈围警戒区，任何人不得冲闯。行为人冲闯警戒带、警戒区，如果与执行职务的人民警察发生冲突，发生袭警行为，基于行为人的违法目的，结合袭警行为造成的后果，可以按照冲闯警戒带、警戒区行为给予行政处罚。根据《治安管理处罚法》第 50 条第 1 款第 4 项的规定，公安机关对行为人处警告或者二百元以下罚款；情节严重的，处五日以上十日以下拘留，可以并处五百元以下罚款。并且依据本条第 2 款的规定，阻碍人民警察依法执行职务的，从重处罚。

2. 侵犯人身权利的行为与处罚。从治安案件来看，袭警行为侵害了两类客体：其一是侵害了国家对社会的管理活动和社会管理秩序；其二是公民的人身权利，包括生命权、健康权、自由权、人格权和名誉权等。如果袭警行为导致警务人员的身体受到伤害，仍然按照关于妨害社会管理行为的规定给予处罚，就违反了治安处罚中过罚相当原则。因为根据《治安管理处罚法》第50条的规定，妨害社会管理行为的最高处罚为“十日拘留，并处五百元罚款”。而对于一般公民人身权利的侵害行为，根据《治安管理处罚法》第43条第2款的规定，最高处罚为“十五日拘留，并处一千元罚款”。也就是说，行为人如果袭击的是非警务人员，仅仅侵害了公民的人身权利，最高可能被处以“十五日拘留，并处一千元罚款”；如果袭击的是正在执行职务的警务人员，其不但侵害了公民的人身权利，而且侵害了国家对社会的管理活动和社会管理秩序，最高处罚没有提高反而却降低了，为“十日拘留，并处五百元罚款”。因此，本书主张袭警行为如果符合《治安管理处罚法》第43条第2款的规定，根据具体情形，按照“殴打他人”或“故意伤害”给予治安处罚。《治安管理处罚法》第43条第2款规定：“有下列情形之一的，处十日以上十五日以下拘留，并处五百元以上一千元以下罚款：(一)结伙殴打、伤害他人的；(二)殴打、伤害残疾人、孕妇、不满十四周岁的人或者六十周岁以上的人的；(三)多次殴打、伤害他人或者一次殴打、伤害多人的。”

对于其他一些袭警行为，如“非法限制警务人员的人身自由”“威胁警务人员的人身安全”“侮辱警务人员”“诽谤警务人员”“诬告陷害警务人员”等，属于妨害社会管理行为与侵犯公民人身权利行为的竞合，既可以按照关于妨害社会管理行为的规定给予处罚，也可以按照侵犯公民人身权利行为的规定给予处罚。《治安管理处罚法》第42条规定：“有下列行为之一的，处五日以下拘留或者五百元以下罚款；情节较重的，处五日以上十日以下拘留，可以并处五百元以下罚款：(一)写恐吓信或者以其他方法威胁他人人身安全的；(二)公然侮辱他人或者捏造事实诽谤他人的；(三)捏造事实诬告陷害他人，企图使他人受到刑事追究或者受到治安管理处罚的；(四)对证人及其近亲属进行威胁、侮辱、殴打或者打击报复的；(五)多次发送淫秽、侮辱、恐吓或者其他信息，干扰他人正常生活的；(六)偷窥、偷拍、窃听、散布他人隐私的。”第43条第1款规定：“殴打他人的，或者故意伤害他人身体的，处五日以上十日以下拘留，并处二百元以上五百元以下罚款；情节较轻的，处五日以下拘留或者五百元以下罚款。”

（三）袭警行为的民事侵权责任

1. 袭警行为承担民事侵权责任的法律和法理学依据。我国《民法总则》第120条规定，民事权益受到侵害的，被侵权人有权请求侵权人承担侵权责任。《侵权责任法》对侵权责任的归责原则、侵权责任的种类、责任的承担方式、损害赔偿规则等做了详细规定。根据《侵权责任法》第2条的规定，侵害民事权益，应当依照本法承担侵权责任。《侵权责任法》所称的民事权益，包括生命权、健康权、姓名权、名誉权、荣誉权、肖像权、隐私权、婚姻自主权、监护权、所有权、用益物权、担保物权、著作权、专利权、商标专用权、发现权、股权、继承权等人身、财产权益。显然，袭警行为人侵害了遇袭民警的生命权和健康权。

侵权责任理论认为侵权行为是一种违法行为，体现了法律的谴责。袭警行为的违法性毋庸置疑。前文已经作了阐述，无论是在《刑法》《治安管理处罚法》，还是《民法总则》《侵权责任法》都对袭警行为作出了谴责性规定。袭警行为应当受到法律的谴责，承担相应的法律责任，包括民事赔偿责任。

侵权责任理论还认为，一般情况下，侵权行为是一种有过错的行为，只有在法律有特别规定的情况下，才不要求侵权行为的构成须具备主观过错的要件。因此，侵权责任可以划分为过错侵权责任和无过错侵权责任。袭警行为在主观上具有袭击警察的故意和过错，应当承担的侵权责任属于过错侵权责任。过错侵权责任理论认为，如果具备下列四个条件，行为人就要承担侵权责任，这四个条件是：（1）行为人实施了行为；（2）行为人存在主观故意或过失；（3）国家的、集体的财产，或者他人的财产、人身权益受到损害；（4）国家的、集体的财产，或者他人的财产、人身权益受到的损害与行为人的行为之间存在因果关系。袭警行为同时具备了上述四个条件。因此，袭警行为造成警务人员人身或者财产损害的，受损害的警务人员可以依据《民法总则》和《侵权责任法》的规定，要求袭警人员赔偿损失。

侵权责任理论还认为，侵权行为是应当承担以损害赔偿为主要责任形式的行为，同时也包括承担其他形式的民事责任的行为。侵权行为造成损害，必然引起损害赔偿法律关系，行为人承担的主要法律后果就是损害赔偿。按照我国法律的规定，侵权行为的法律后果还包括停止侵害、排除妨碍、消除危险、返还财产、恢复原状、继续履行、消除影响、恢复名誉和赔礼道歉等。但这些民事责任都不能代替损害赔偿在侵权行为中的法律地位和作用。袭警行为造成了受害人的人身和财产损害，应当得到赔偿，有两个方面的原因：一是因为其他的民事责任形式，如停止侵害、排除妨碍、消除危险等，都不能使受害人的损失得到弥补，唯有损害赔偿才能比较完整地弥补受害人的损失；二是因为不追究行为人的民事赔偿责任，行为人的袭警行为所造成的损失就由他人买单，纵容了行为人的违法行为，违背了公平原则和损害赔偿的一般规则。

2. 追究袭警行为人侵权赔偿责任需要讨论的两个问题。追究袭警行为人侵权赔偿责任还需要讨论两个问题：其一是袭警行为人承担民事责任与承担行政责任或刑事责任之间关系的问题；其二是遇袭民警受到袭击造成身体伤害，向袭警行为人主张民事赔偿与向国家主张工伤医疗补助（医疗保险）之间的关系的问题。

对于第一个问题，《民法总则》第 187 条作了回答，该条规定：“民事主体因同一行为应当承担民事责任、行政责任和刑事责任的，承担行政责任或者刑事责任不影响承担民事责任；民事主体的财产不足以支付的，优先用于承担民事责任。”也就是说，袭警行为人对警务人员承担了民事赔偿责任，并不能免除其应该承担的行政责任或刑事责任。或者说，我们对袭警行为人进行行政处罚或刑事处罚前后，遇袭民警还可以要求其给予损害赔偿。

上述第二个问题实质上是如何处理好权利竞合的问题。理论界大多认为，权利人可以选择向袭警行为人主张民事赔偿与向国家主张工伤医疗补助其中一个权利。实践中，遇袭民警很少主张要求袭警行为人赔偿损失，绝大多数遇袭民警都主张国家给予工伤医疗补助。从遇袭民警的角度看，这无可厚非，一方面，办理工伤医疗补助比向袭警行为人要求赔偿要容易得多；另一方面，袭警行为人的财力有限，往往没有足够的赔偿能力，不能给予遇袭民警足额赔偿。实践中，这样的做法带来的第一个问题是没有人追究袭警行为人的民事赔偿责任，袭警行为人的民事赔偿责任实质上被免除了，这不足以惩罚袭警行为人，也是目前袭警现象比较严峻的原因之一；带来的第二个问题是工伤医疗补助是不补偿遇袭民警的精神损害的。遇袭民警不仅遭受了身体和财产上的侵害，精神也遭受了侵害，按照我国法律关于侵权行为精神赔偿的相关规定，遇袭民警有权向袭警行为人主张精神损害赔偿。所以，本书认为：（1）为了充分保护遇袭民警的合法权益，遇袭民警有权向袭警行为人主张侵权损害赔偿。遇袭民警向袭警行为人主张侵权损害赔偿时，既可以主张人身和财产损害赔偿，也可以主张精神损害赔偿。（2）遇袭民警向袭警行为人主张侵权损害赔偿，不影响其主张工伤医疗补助或保险。（3）遇袭民警在获得工伤医疗补助或保险后，又获得袭警行为人的侵权损害赔偿，工伤医疗补助部门或保险公司可以要求遇袭民警在扣除为获得袭警行为人的侵权损害赔偿而支出的费用后退还部分补助或保险。（4）公安机关应当为遇袭民警向袭警行为人主张侵权赔偿提供便利和帮助。（5）如果遇袭民警不向袭警行为人主张侵权损害赔偿，工伤医疗补助部门在给予遇袭民警工伤医疗补助后，受让遇袭民警的权利，可以向袭警行为人索赔；保险公司在给付遇袭民警保险金后，受让遇袭民警的权利，可以向袭警行为人索赔。

二、 追究袭警行为人法律责任需注意的问题

（一）基本要求

1. 追究袭警行为人行政法律责任的基本要求。根据《公安机关办理行政案件程序规定》第37条的规定：“对行政案件进行调查时，应当合法、及时、客观、全面地收集、调取证据材料，并予以审查、核实。”

（1）对调查主体的基本要求。根据《公安机关办理行政案件程序规定》第40条的规定，对调查主体的基本要求如下：第一，调查主体是人民警察；第二，调查的人民警察不得少于2人；第三，调查的人民警察应当表明执法身份。

（2）收集、调取证据的基本要求。第一，合法。合法是调查的基础，

用正义惩罚邪恶，正义及其手段必然是合法的，获取证据的调查手段必然要合法。第二，及时。对案件进行调查，要抓住时机尽快进行，许多证据具有容易消失的特点，及时调查才能获取证据，时过境迁，有些证据就会难以获得。第三，客观。证据是证明案件事实的事实，必须是客观事实才能证明案件事实，获取客观事实的调查必然要合法。第四，全面。需要调查的案件事实诸多，每一个证据仅能证明案件的某个局部，调查必须尽可能全面，证据才有证明力。

（3）需要调查案件的基本事实包括：①违法嫌疑人的基本情况。主要包括：姓名，是否有曾用名、化名、绰号、笔名等；性别；年龄、出生日期；居民身份证号码；民族；籍贯；户籍所在地、现住址；工作单位；文化程度；是否受过任何处罚等。嫌疑人为外国人的，应查明其国籍、出入境证件种类及号码、签证种类、入境时间、入境事由以及其是否有中文姓名等有关情况，必要时还应当问明在华关系人等情况。②袭警行为是否存在。所受理袭警行为的事实是否存在、是什么性质的违法行为，都必须由证据来证实。③袭警行为是否为违法嫌疑人实施。④袭警行为发生的时间、地点、手段、后果以及其他情节。⑤违法嫌疑人有无法定从重、从轻、减轻以及不予行政处罚的情形。前述情形是指依照《治安管理处罚法》《公安机关办理行政案件程序规定》和《行政处罚法》等的规定，能够从重、从轻、减轻以及不予行政处罚的情形。⑥与案件有关的其他事实。

（4）案件审核的基本要求。袭警案件经过前期的调查取证后，办案部门应当按照规定程序向案件审核人员提交对案件处理的建议、理由及依据，并由公安机关负责人审批。根据《公安机关办理行政案件程序规定》第146条的规定，案件审核人员和公安机关负责人在对治安案件进行审核、审批时，应当审查下列六个方面的内容：一是违法嫌疑人的基本情况。办案部门对违法嫌疑人的基本情况应当调查清楚，如违法嫌疑人的姓名、性别、年龄、国籍、住所、身份证件情况、是否有因为违法犯罪而受处罚的经历、是否为人大代表等。根据《公安机关办理行政案件程序规定》第142条的规定，袭警行为人不讲真实姓名、住址，身份不明，但只要违法事实清楚、证据确实充分的，可以按其自报的姓名、贴附照片作出处理决定，并在相关法律文书中注明。二是案件事实是否清楚，证据是否确实充分。案件事实包括当事人的基本情况，袭警行为的存在与否和具体实施者，袭警行为的时间、地点、方式、手段、原因、后果等，以及量刑的法定情节与酌定情节。案件事实和证据其实是一体两面，案件事实是由证据支撑的，证据之间也应形成符合逻辑的证据链。如果证据之间不能互相印证，或某些证据存在疑点，案件事实必然是不清楚的；反之，如果案件事实不清楚，证据必然是不确实充分的。审核部门或审核人认为案件事实不清、证据不足的，应当退回办案部门或办案人，并限期进行补充调查。若存在非法证据的，应当依法予以排除。三是案件定性是否准确。案件定性是指对袭警行为人是否构成违法行为以及构成何种违法行为的界定，如案件是属于行政案件，还是属于刑事案件或民事案件；若是行政案件，是否属于治安案件；若是治安案件，具体属于何种违反治安管理行为。审核部门或审核人如果认为案件定性不准确的，应当提出纠正意见或直接予以纠正。四是适用法律、法规和规章是否正确。在对法律适用情况进行审查时，应遵循法律适用的基本原则（如上位法优先、特别法优先和新法优于旧法等），对办案部门适用法律、法规和规章的情况进行审查。如果办案部门错误适用具体法律依据的，应当提出修正意见或予以纠正。五是办案程序是否合法。随着社会的发展，行政程序在治安案件办理中得到了更多关注，无论是当事人、行政机关还是法院，都对办案程序提出了更高的要求，许多地方也都出现了因为程序不合法而被行政复议机关或法院撤销的案例。因此，在案件审查时，应特别关注办案程序的合法性。若程序存在违法或瑕疵情形的，应当依法予以及时纠正或补正。六是拟作出的处理决定是否适当。拟作出的处理决定既要合法，也要合理。因此，审核部门或审核人应当对办案部门裁量权的行使予以制约，应重点审查拟处罚决定是否存在畸轻畸重，是否考虑了法定情节，是否存在不应当考虑的因素等。根据 2014 年修正的《行政诉讼法》第 70 条、第 77 条的有关规定，行政处罚明显不当的，人民法院可以判决撤销或变更。因此，公安机关需要特别注意其处罚决定的合理性。若拟作出的处理决定不适当的，应当予以纠正。

2. 追究袭警行为人刑事法律责任的基本要求。对公安机关查处袭警犯罪类刑事案件的基本要求，可以概括为以下四类：

（1）立案工作的基本要求。立案，是公安机关对于报案、控告、举报和自首的材料以及自行发现的案件线索，按照管辖范围进行审查，并依法决定是否作为刑事案件交付侦查或审判的程序。立案程序是公安机关查处袭警犯罪案件的开端程序，包括对立案材料的接受、审查、决定三个环节。其中，接受和审查有关材料是作出决定的前提和基础，立案决定则是审查的处理结果。

①公安机关接受立案材料应当按照下列要求进行：第一，及时接受立案材料，不得推诿、拖延或拒绝。对于确不属于本部门管辖的立案材料，应当先接受下来，再移送有管辖权的部门或移送主管部门处理，并将移送情况通知报案人、控告人、举报人。对于不属于本部门管辖而又必须采取紧急措施的，应当先采取紧急措施控制局面，减轻或消除现存的社会危险性，防止犯罪分子继续行凶、自杀、逃跑，然后再将案件材料移送有管辖权的部门。第二，认真制作受案登记表、出具回执。接受的材料可以是口头的，也可以是书面的。对于口头报案、控告、举报，应当由工作人员填写受案登记表，登记内容经对报案人、控告人、举报人核对后，由其签名或者盖章。必要时，公安机关在接受口头报案、控告、举报时，可以录音、录像。同时，公安机关还应当对报案、控告、举报出具回执。第三，告知法律责任，保障安全。接受控告、举报的工作人员，应当当场向控告人、举报人说明诬告应负的法律责任。但是，只要不是捏造事实、伪造证据，即使控告、举报的材料与案件事实有出入甚至是错告的，也要和诬告严格加以区别。为了保障报案人、控告人、举报人及其近亲属的安全，《刑事诉讼法》第 109 条第 3 款规定："公安机关、人民检察院或者人民法院应当保障报案人、控告人、举报人及其近亲属的安全。报案人、控告人、举报人如果不愿公开自己的姓名和报案、控告、举报的行为，应当为他保守秘密。"保守秘密的时间不只限于侦查期间。这样规定是为了解除人们因举报、控告而遭到打击报复的忧虑和担心。

②审查立案材料的基本要求。审查是决定立案的关键环节。立案程序中最大量、最主要的工作就是对立案材料的审查，审查材料的过程就是确认有关犯罪事实和分析判断该犯罪事实是否达到需要追究刑事责任的程度。因

此，立案与否取决于对立案材料审查的结果。审查立案材料按照下列要求进行：第一，审查内容要求。接受案件或者发现犯罪线索后，应当立即审查以下三个方面的内容：一是是否有犯罪事实。具体指是否发生了犯罪事实，应当依据现有证据，对于证据尚不充足，不能确定是否发生了犯罪事实，应当先进行初查，不宜径行认定没有犯罪事实。二是是否达到刑事案件立案标准。目前，公安部单独或与有关司法机关共同制定了部分刑事案件的立案标准，一些地方公安机关也制定了适用于本地区的立案标准。对于没有立案标准的，可以参照相关司法解释规定的最低起刑点确定立案标准。没有相关司法解释的，可以综合有关情况，并与人民检察院、人民法院协商后确定。三是是否符合案件管辖规定，即是否属于本单位管辖。第二，审查方式要求。刑事诉讼法中对立案审查的方式没有作出明确规定。如果案件事实或者线索不明，判断可能发生了刑事案件的，应当进行初查。初查不是侦查，而是立案审查的一种方式，经办案部门负责人在《接受刑事案件登记表》或者其他文书上批示同意，可以进行询问、查询、勘验、鉴定、调取证据材料等不限制被查对象人身、财产权利的措施。初查不是立案的必经程序，只是根据案情，认为需要初查的，才进行初查。这个规定充分体现了侦查机关在诉讼活动中对人权的尊重和保障。第三，审查期限要求。根据《公安机关执法细则》对案件审查期限的规定，公安机关应当及时进行审查，作出是否立案的决定，对行政执法机关移送来的涉嫌袭警犯罪案件，自接受案件之日起 3 日内，依法审查并作出是否立案的决定；对危害国家安全和社会政治稳定，需要建立专案开展侦查的袭警案件，立案审查期限按照专案侦查的有关规定执行；对上级公安机关指定管辖或者书面通知立案的，应当在指定期限内立案侦查。

③处理立案材料的基本要求。根据审查的情况，公安机关应当分别提出立案、不立案决定的意见，并报本机关有关主管负责人审查批准。第一，决定立案的要求。《刑事诉讼法》第 110 条规定："……认为有犯罪事实需要追究刑事责任的时候，应当立案……"据此，公安机关决定立案需要具备两个条件：一是认为有犯罪事实；二是需要追究刑事责任。第二，不予立案的要求。公安机关对报案等材料经过审查后，认为没有犯罪事实，或者犯罪情

节显著轻微不需要追究刑事责任，不符合立案条件的案件，应经本机关领导批准，不予立案。

（2）侦查工作的基本要求。侦查是指公安机关、人民检察院在办理案件过程中，依照法律进行的专门调查工作和有关的强制性措施。侦查是从立案后开始直至对案件作出撤销或者移送审查起诉的结论而终结的整个过程，是刑事诉讼中的重要阶段，在此阶段要查获犯罪嫌疑人、查清犯罪事实和收集能够认定案件事实的确实充分的证据。为了保证刑事案件的迅速侦破，准确及时地完成刑事侦查任务，进行侦查行为时必须严格按照以下要求进行：

第一，迅速及时。侦查是一项时间性很强的诉讼活动，一定要抓住时机，迅速及时地进行，这样才有利于发现和收集证据，查明袭警犯罪的事实和查获袭警犯罪嫌疑人。袭警犯罪案件发生以后，由于作案人的主观原因和客观原因，能够证实犯罪事实的各种证据可能发生变化。这种变化随着时间的推移差异会更大，这就给案件的侦破以及最终正确处理案件带来一定的困难。迅速及时是侦查工作在时间和时机上的要求，但必须依照法律规定的程序进行。不能只顾迅速及时，而不顾诉讼程序的法律规定，即迅速及时应当在法律规定的范围内进行。

第二，客观全面。所谓客观，是指尊重客观事实，按照客观事物的本来面目去认识案件事实，不能从侦查人员的主观想象、推测出发去认识客观案件事实。所谓全面，是指客观事物的方方面面，侦查人员应当如实全面、不带有主观偏见地把案件事实的各个方面都尽量查清，不能不顾案件事实而根据自己的需要出发去获取案件的证据材料。要收集、调取袭警行为人有罪或者无罪、罪轻或者罪重的证据材料。当然，全面并不是说案件事实的细枝末节与定罪量刑无关的事实都要查清，否则就是对全面的误解，就会造成司法资源的浪费，使侦查工作走入误区。

第三，深入细致。深入细致原则，是指侦查人员在进行侦查活动时，必须深入现场，耐心细致地进行勘验，深入群众中耐心向群众了解案件情况，虚心听取群众对案件事实的反映。袭警案件发生以后，能够证明犯罪发生的各种证据不可能自己主动地呈现在侦查人员面前，袭警行为人也不可能主动地将实施犯罪行为的过程向侦查人员交代清楚，即使交代清楚，如果侦查人员不掌握其他证据，对袭警行为人也不能作出最终处理。深入细致原则是由刑事案件本身的复杂性和隐蔽性所决定的，也是查清袭警案件事实的必由之路。

第四，保守秘密。保守秘密原则，是指在侦查过程中，严格禁止将案情、证据、当事人及诉讼参与人的有关情况向无关人员泄露。专门调查工作是同刑事犯罪分子作斗争的有力手段，有其特殊的机密性。在此阶段，案情可能尚未清楚，犯罪分子还未归案，证人、被害人被打击报复的危害尚未解除，过早地泄露或公布有关人证、物证等情况，对于侦查工作极为不利。

第五，程序合法。在侦查过程中，要求侦查人员严格遵守刑事诉讼法和其他有关法律关于程序的规定。这不仅是侦查质量和效率的保证，也是正当法律程序原则的根本要求。为了保证侦查活动顺利进行，及时揭露、证实犯罪，查获犯罪嫌疑人，又不伤害无辜，必须严格依照有关刑事诉讼法律规定的程序进行。侦查人员必须增强法治观念，养成依法办事的习惯，自觉地维护法律的尊严，做到有法必依、执法必严。

（3）决定、执行强制措施的基本要求。我国刑事诉讼法规定了五种限制或者剥夺人身自由的强制措施，由轻到重依次是：拘传、取保候审、监视居住、拘留和逮捕。强制措施毕竟是通过限制或者剥夺人身自由来保障刑事诉讼活动顺利进行，因此，在适用时应当十分谨慎，根据联合国有关人权公约和我国刑事诉讼法规定的精神，适用强制措施应当符合如下要求：

第一，符合比例原则。比例原则，也称适度原则，贯彻此原则就是要求适用强制措施的强度应与袭警犯罪嫌疑人涉嫌犯罪的严重程度和可能科处刑罚的轻重成正比。为了避免出现适用强制措施的强度大于可能判处刑罚的力度，以致国家的司法处分权大于犯罪嫌疑人的应罚性，实施强制措施时应当严格遵守比例原则或适度原则。

第二，确有必要性。强制措施并非每案必用，只有出现非用不可的情况时才应该采用，能不用的就不用，能少用的就少用。这项原则已被联合国人权公约确立为一项基本原则。其理由是，根据无罪推定原则的要求，任何人，当他的罪行没有得到法律证明之前，在法律上，他应当被视为无罪的人。因此，对犯罪嫌疑人、被告人不应随意限制或者剥夺其人身自由。在刑事诉讼活动中使用限制或者剥夺人身自由的强制措施应视为一种例外情况。如果犯罪嫌疑人、被告人没有逃跑、自杀、毁灭证据等现实危险性，就没有必要对其采取强制措施；如果选择较轻的强制措施就可以保证刑事诉讼活动顺利进行的，也没有必要采用拘留、逮捕等强度较大强制措施。从我国司法实践来看，在侦查过程中采用强制措施是一种普遍现象，而且公安机关出于侦查便利的考虑，往往普遍采用力度很大的强制措施。对于这种现象，需要通过多方努力，逐渐向刑事司法国际准则的基本要求靠拢。

第三，依法进行。刑事诉讼法对各种强制措施的适用机关、条件、对象、期限和程序等都进行了严格规定，其目的是严格控制强制措施的使用，防止出现滥用强制措施、侵犯人权的现象。强制措施虽然不是惩罚性手段，但它涉及对公民人身自由的限制。因此，应当严格依照法律规定进行，不能随意滥用。同时，由于适用强制措施不当会给他人肉体上、精神上造成损害，因此，应当及时采取保护性、救济性措施，尽可能减少和降低危害结果的发生。

第四，及时变更、解除。采取强制措施后，一旦出现需要变更或者解除强制措施的情况，有关机关应当及时变更或者予以解除。

（4）侦查终结的基本要求。侦查终结，是指公安机关通过侦查，认为案件事实已经查清，证据确实充分，足以认定犯罪嫌疑人是否犯罪和应否对其追究刑事责任而决定结束侦查，依法对案件作出处理或者提出处理意见的一项诉讼活动。根据《刑事诉讼法》的规定，侦查终结有以下两种情况：①经过侦查，取得了能够证实犯罪嫌疑人有罪以及犯罪情节轻重的证据，没有发现遗漏罪行和其他应当追究刑事责任的同案犯罪嫌疑人时，即应及时终结侦查。②经过侦查，发现不应对犯罪嫌疑人追究刑事责任时，也应及时终结侦查。这种侦查终结的情况可能是没有犯罪事实存在或者犯罪嫌疑人的行为不构成犯罪，或者犯罪嫌疑人具有法定的不追究刑事责任的情形。

根据《刑事诉讼法》第160条的规定，刑事案件侦查终结必须具备以下三个条件：①案件事实已经清楚。这是侦查终结的事实要件。案件事实包括犯罪嫌疑人有罪或无罪、罪重或者罪轻的事实和情节。如果犯罪嫌疑人确有犯罪行为，则应当查清犯罪的时间、地点、动机、目的、手段、情节、危害结果以及是否有漏罪和没被追究的人。如果案件事实没有查清，侦查就不应当终结。②证据确实、充分。这是侦查终结的证据要件。证据确实、充分是侦查终结的中心环节，根据《刑事诉讼法》第53条的规定，应当符合的条件包括：一是定罪量刑的事实都有证据证明；二是据以定案的证据均经法定程序查证属实；三是综合全案证据，对所认定事实已排除合理怀疑。③法律手续完备。这是侦查终结的必要性要件。法律手续完备，是指在侦查中形成的文书和履行的法律手续齐全和完整，是衡量侦查活动是否严格依法进行的标准。在侦查终结前，必须认真检查侦查活动是否合法，有关的法律手续是否完备，如果发现有不足或者遗漏之处，应及时补充。

根据刑事诉讼法及相关法律的规定，侦查终结应当遵守下列程序：①制作结案报告。侦查终结的案件，侦查人员应当制作结案报告。其内容包括：犯罪嫌疑人的基本情况、是否采取了强制措施及其理由、案件的事实和证据、法律依据和处理意见等。②报请审批。办案单位应当将结案报告报送县级以上侦查机关负责人批准；对于重大、复杂、疑难的案件应当经过集体讨论决定。侦查终结后，应当将全部案卷材料加以整理，按要求装订立卷。③听取辩护律师的意见。《刑事诉讼法》第159条规定："在案件侦查终结前，辩护律师提出要求的，侦查机关应当听取辩护律师的意见，并记录在案。辩护律师提出书面意见的，应当附卷。"因此，在侦查终结前，如果辩护律师提出对案件处理意见要求的，则侦查机关必须听取辩护律师的意见，并将辩护意见记录在案，辩护律师提出书面意见的，应当附卷；拒绝听取辩护律师的意见，属于程序违法。④移送审查起诉并告知犯罪嫌疑人及其辩护律师。《刑事诉讼法》第160条规定："公安机关侦查终结的案件，应当做到犯罪事实清楚，证据确实、充分，并且写出起诉意见书，连同案卷材料、证据一并移送同级人民检察院审查决定；同时将案件移送情况告知犯罪嫌疑人及其辩护律师。"因此，侦查终结移送审查起诉的案件，要符合侦查终结的条件，制作起诉意见书，连同案卷材料和证据一并移送人民检察院，同时告知犯罪嫌疑人及其辩护律师案件已经移送人民检察院审查起诉。

（二）回避制度的适用

英国普通法有一个戒律：任何人不能担任自己案件的法官。这个戒律可以说是回避制度的根源。为了保证案件的公正办理，案件的查办人不能与查办的案件有法律上和事实上的利害关系，否则很难保证案件的公正办理。我国的三大诉讼制度都规定了回避制度，回避制度是诉讼程序的一项基本制度。在行政程序中，回避制度也是一项基本的程序制度。公安机关查办袭警行为的法律依据主要有《刑法》《刑事诉讼法》和《治安管理处罚法》。《刑事诉讼法》和《治安管理处罚法》都规定了回避制度。公安部颁布的《公安机关办理刑事案件程序规定》和《公安机关办理行政案件程序规定》对回避程序作了更加详细的规定，公安机关在查办袭警行为时应当充分遵守之。

《公安机关办理刑事案件程序规定》第30条规定："公安机关负责人、侦查人员有下列情形之一的，应当自行提出回避申请，没有自行提出回避申请的，应当责令其回避，当事人及其法定代理人也有权要求他们回避：（一）是本案的当事人或者是当事人的近亲属的；（二）本人或者他的近亲属和本案有利害关系的；（三）担任过本案的证人、鉴定人、辩护人、诉讼代理人的；（四）与本案当事人有其他关系，可能影响公正处理案件的。"《公安机关办理行政案件程序规定》第14条也作了类似的规定："公安机关负责人、办案人民警察有下列情形之一的，应当自行提出回避申请，案件当事人及其法定代理人有权要求他们回避：（一）是本案的当事人或者当事人近亲属的；（二）本人或者其近亲属与本案有利害关系的；（三）与本案当事人有其他关系，可能影响案件公正处理的。"

袭警行为的被害人是人民警察，同时人民警察也办理案件，回避制度尤其要引起重视。一般来说，遇袭的人民警察因为其是本案的当事人，都很好地执行了回避制度，不会参与本案的查办工作。但是，公安机关负责人，由于其处于领导岗位，一般不承办具体案件，其回避制度容易被忽视。按照规定，公安机关负责人回避，就不能参与本案的一切工作，包括各项审批工作。

按照《公安机关办理刑事案件程序规定》，公安机关负责人、侦查人员有下列行为的，公安机关也应当责令其回避并依法追究法律责任：（1）违反规定会见本案当事人及其委托人；（2）索取、接受本案当事人及其委托人的财物或者其他利益；（3）接受本案当事人及其委托人的宴请，或者参加由其支付费用的活动；（4）有其他不正当行为，可能影响案件公正办理。如果有上述情形的公安机关负责人、侦查人员不主动回避，或者公安机关没有责令其回避，当事人及其法定代理人有权要求其回避。《公安机关办理刑事案件程序规定》的上述规定，在实践中应当引起重视。从我们的传统和人们的习惯角度看，民警遇袭后，遇袭民警所在单位的领导和同事一般都会前往慰问和探望。但是，从程序正义和遵守法律程序的角度看，侦办案件的民警虽然是遇袭民警的同事，也不能违法前去探望遇袭民警，否则违反上述程序规定。对于遇袭民警所在公安机关的负责人也是如此。正是基于上述矛盾的存在，笔者认为，我国的法律制度应当对"机关回避"进行相应规定，即在办理袭警案件时，遇袭民警所在的公安机关应当回避，由上级公安机关指定管辖，由其他公安机关办理该案。

在这个自媒体时代，智能手机广泛普及，对于部分人民警察的不规范行为很容易被发现、被曝光，人民警察也要习惯在镜头下执法。对于符合回避情形的，回避人员应当自行提出回避，不要等到被群众曝光，才被动回避。公安机关负责人、侦查人员自行提出回避申请的，应当说明回避的理由；口头提出申请的，公安机关应当记录在案。当事人及其法定代理人也有权提出申请，说明理由，要求公安机关负责人、侦查人员回避；口头提出申请的，公安机关应当记录在案。

如果符合回避情形的公安机关负责人、侦查人员没有主动回避，而被当事人及其法定代理人提出回避申请的，按照规定，公安机关应当在收到回避申请后两日以内作出决定并通知申请人；情况复杂的，经县级以上公安机关负责人批准，可以在收到回避申请后五日内作出决定。那么，在这个审查批准回避申请的期间内，基于办案效率和证据容易丢失需要及时收集证据的角度看，被申请回避的公安机关负责人和侦查人员是不停止工作的，只有在公安机关决定批准回避申请时，公安机关负责人和侦查人员才会停止该案的侦查工作。《公安机关办理刑事案件程序规定》第36条对此也作了相应规定，该条规定："在作出回避决定前，申请或者被申请回避的公安机关负责人、侦查人员不得停止对案件的侦查。作出回避决定后，申请或者被申请回避的公安机关负责人、侦查人员不得再参与本案的侦查工作。”这样就有一个问题，即公安机关负责人和侦查人员在回避决定作出之前所进行的诸多侦查活动和其他与侦办该案有关的活动是否有效，收集提取的证据是否能够作为本案的证据呢？对此问题的回答不能简单化，而应当具体问题具体分析。一般说来，公安机关负责人和侦查人员先前的工作如果符合法律目的和具体规定，收集的证据具有客观性、关联性和合法性，应当作为本案的证据使用。否则，由于先前的侦查行为已经为当事人知晓，公安机关重新去收集证据，很容易也很可能被当事人串供，不利于查清案件事实，不利于打击违法犯罪活动。但是，公安机关负责人和侦查人员在回避决定前的活动和收集的证据，如果违背了法律目的和具体规定，收集上来的证据也就失去了证据的客观性、关联性和合法性条件，那么他们先前的活动就是无效的活动，先前收集的证据就不能作为本案的证据使用。对此问题，《公安机关办理刑事案件程序规定》第37条规定：“被决定回避的公安机关负责人、侦查人员在回避决定作出以前所进行的诉讼活动是否有效，由作出决定的机关根据案件情况决定。”

（三）法律适用问题

1. 想象竞合问题。袭警行为既侵害了人民警察的人身权，也阻碍了人民警察执行公务的行为，那么对袭警行为人追究法律责任，究竟适用侵害人身权利的违法行为，还是适用阻碍执行公务行为呢？这涉及法律适用问题。刑法理论中的想象竞合行为理论可以用来解决这个法律适用问题。想象竞合理论也称想象合并行为，是指出于一个违法故意，实施一个危害行为，产生数个危害结果，触犯数条（款、项）法律规定，结合行为人的违法故意、危害后果大小、法定处罚的轻重综合考虑，一般选择法定处罚最重的违法行为进行定性处罚。一般认为想象竞合具有四个特征：一是实质上是一个犯罪行为；二是触犯规定不同罪名的数个法条；三是在法律本质上是一罪，而非数罪；四是适用一个法条并且按照一罪予以处罚。

根据上述理论，我们来分析袭警行为适用法律问题。前面已经分析，袭警行为需要承担的法律责任包括刑事责任、行政责任、民事责任等。此处，我们集中分析袭警行为的刑事责任。袭警行为的行政责任主要为治安责任，《治安管理处罚法》又有“小刑法”之称，刑法上诸多理论都是适用于《治安管理处罚法》的，所以此处关于袭警行为刑事责任的讨论也适用于袭警行为行政责任。袭警行为的民事责任，主要是指袭警行为人应当承担的民事侵权责任，和袭警行为人承担的刑事责任差异大，下文关于追究袭警行为人的刑事责任的分析不适用于追究袭警行为人的民事侵权责任。

前文已经分析，袭警行为涉及侵害人身权利类犯罪主要包括故意杀人罪、故意伤害罪、非法拘禁罪等；袭警行为涉及扰乱公共秩序类犯罪主要包括妨害公务罪和煽动暴力抗拒法律实施罪。（1）我国《刑法》规定对故意杀人罪的刑罚是“故意杀人的，处死刑、无期徒刑或者十年以上有期徒刑；情节较轻的，处三年以上十年以下有期徒刑”。（第 232 条）在上述几种与袭警行为相关的犯罪案件中，故意杀害人民警察犯罪的法定刑最严厉，所以如果袭警行为人在袭击警察过程中杀害人民警察的，按照故意杀人罪进行定性处罚即可。尽管杀害人民警察的行为也阻碍了公务的执行，但是根据前文介绍的想象竞合理论，公安机关应当选择最重的违法行为进行定性处罚，即选择杀人罪进行定性即可。（2）我国《刑法》规定对故意伤害罪的处罚是“故意伤害他人身体的，处三年以下有期徒刑、拘役或者管制。犯前款罪，致人重伤的，处三年以上十年以下有期徒刑；致人死亡或者以特别残忍手段致人重伤造成严重残疾的，处十年以上有期徒刑、无期徒刑或者死刑。本法另有规定的，依照规定”。（第 234 条）如果袭警行为造成警务人员重伤，由于法律对重伤他人的处罚要重于扰乱公共秩序类犯罪，所以此种情况下，按照故意伤害罪进行定性即可。（3）我国《刑法》规定对妨害公务罪、煽动暴力抗拒法律实施罪和非法拘禁罪的处罚的严厉程度几乎相等。《刑法》第 277 条第 1 款和第 4 款规定了妨害公务的罪与罚：“以暴力、威胁方法阻碍国家机关工作人员依法执行职务的，处三年以下有期徒刑、拘役、管制或者罚金。”“故意阻碍国家安全机关、公安机关依法执行国家安全工作任务，未使用暴力、威胁方法，造成严重后果的，依照第一款的规定处罚。”《刑法》第 278 条规定了煽动暴力抗拒法律实施的罪与罚：“煽动群众暴力抗拒国家法律、行政法规实施的，处三年以下有期徒刑、拘役、管制或者剥夺政治权利；造成严重后果的，处三年以上七年以下有期徒刑。”《刑法》第238条第1款规定了非法拘禁的罪与罚：“非法拘禁他人或者以其他方法非法剥夺他人人身自由的，处三年以下有期徒刑、拘役、管制或者剥夺政治权利。具有殴打、侮辱情节的，从重处罚。”这样在实务中，究竟如何对袭警行为进行定性、给予处罚，就要综合考虑嫌疑人的目的动机、情节和危害后果。如果有煽动群众暴力抗拒国家法律、行政法规实施的情节，并造成严重后果，如发生刑事犯罪案件、致使犯罪人员逃脱等，由于刑法对此种情况规定了更为严厉的处罚，我们应当按照煽动暴力抗拒法律实施进行定性和处罚。(4) 袭警行为如果没有造成警务人员轻伤以上的伤害，应根据袭警行为的情节具体选择非法拘禁罪、妨害公务罪或是煽动暴力抗拒法律实施罪进行定性与处罚。

2. 与相关部门沟通与协商，达成共识。公安实践与司法实践存在着一定的分歧。笔者在公安机关调研时，基层公安机关反映这样一个问题：公安机关对于用暴力和暴力相威胁的妨碍执行公务行为，由于警务人员遭受伤害的程度尚不构成轻伤，就以袭警行为人涉嫌妨害公务罪进行立案调查，公安机关向人民检察院提请逮捕时，人民检察院经常以袭警行为人的行为没有对执行公务造成实质妨碍为由，认为不构成妨害公务罪，而不予批准逮捕。还有可能人民检察院已经批准逮捕，但在审判阶段，人民法院认为袭警行为人的行为没有对执行公务造成实质妨碍，宣判袭警行为人无罪。对于法律规定，不同部门、不同人员有不同的理解属于正常现象。为了减少不同部门对法律规定在理解上的分歧，各地公安机关、人民检察院、人民法院应当会商取得一致意见，在理解法律规定上达成共识。公安机关是侦办刑事案件的第一个环节，如果公安机关不主动及时地与其他司法部门进行沟通，有可能导致其在做了诸多的侦办工作后，被其他司法部门否定了案件的定性，进而否定了公安机关取得的诸多办案成果。所以，各地公安机关应当与当地人民检察院和人民法院进行沟通，力求在对法律条文的理解上达成一致，减少侦办案件工作无功而返的现象。

第二节

抚恤与优待

一、 概述

（一）抚恤与优待的概念

1. 抚恤。抚恤是安抚体恤的简称，是指国家或组织对因公受伤或致残的人员，或因公牺牲以及病故的人员的家属进行安慰并给予物质帮助的行为。抚恤是国家或组织作出的一种行为，抚恤的对象包括因公受伤或致残的人员、因公牺牲或因公病故的人员的家属，抚恤的内容包括精神安慰和物质帮助。国家不仅应该对因公受伤或者致残的警务人员给予抚恤，而且应该对因公牺牲或者因公病故的警务人员的家属给予抚恤。警务人员在执行职务行为期间遭受袭警人员袭击，造成受伤或残疾或牺牲，国家应该给予抚恤。抚恤分为死亡抚恤和伤残抚恤两种。

2. 优待。优待，就是给予好的待遇，是指国家或组织对因公受伤或致残的人员，或因公牺牲以及病故的人员的家属给予好的待遇的行为。与抚恤相近似，优待是国家或组织作出的一种行为，优待的对象包括因公受伤或致残的人员、因公牺牲或因公病故的人员的家属，优待的内容主要包括物质优待、乘坐公共交通工具的优待和受教育优待。警务人员在执行职务行为期间遭受袭警人员袭击，造成受伤或残疾或牺牲，国家应该依法给予其本人以及其亲属相应的优待。

（二）抚恤与优待的法律依据

抚恤和优待的法律依据如下：

1. 《人民警察法》。《人民警察法》第 41 条规定：人民警察因公致残的，与因公致残的现役军人享受国家同样的抚恤和优待。人民警察因公牺牲或者病故的，其家属与因公牺牲或者病故的现役军人家属享受国家同样的抚恤和优待。《人民警察法》的上述规定，确定了人民警察的抚恤和优待制度，虽然《人民警察法》没有具体规定抚恤和优待的标准、确认主体、办理程序等，但是其确定了一个基本标准，即与现役军人的抚恤与优待享受同等的待遇。《人民警察法》的上述规定，为制定具体的人民警察抚恤与优待制度提供了法律依据。

2. 《军人抚恤优待条例》。现行《军人抚恤优待条例》于2004年8月1日由中华人民共和国国务院、中华人民共和国中央军事委员会共同发布，自2004年10月1日起施行。2011年7月29日，《国务院、中央军事委员会关于修改〈军人抚恤优待条例〉的决定》对此条例作了诸多修改，修改后的《军人抚恤优待条例》自2011年8月1日起施行。《军人抚恤优待条例》分为总则、死亡抚恤、残疾抚恤、优待、法律责任和附则六章共54条。《军人抚恤优待条例》规定，享受抚恤优待的对象是中国人民解放军现役军人、服现役或者退出现役的残疾军人以及复员军人、退伍军人、烈士遗属、因公牺牲军人遗属、病故军人遗属、现役军人家属。依据《人民警察法》第41条的规定，人民警察应当享受与现役军人相等的抚恤与优待。需要说明的是，实际上人民警察的抚恤与优待制度执行的是《人民警察抚恤优待办法》，与《军人抚恤优待条例》还是有较大不同的。

3. 《烈士褒扬条例》。现行《烈士褒扬条例》于2011年7月20日经国务院第164次常务会议通过，自2011年8月1日起施行。《烈士褒扬条例》分为总则、烈士的评定、烈士褒扬金和烈士遗属的抚恤优待、烈士纪念设施的保护和管理、法律责任和附则六章共41条。

4. 《人民警察抚恤优待办法》。《人民警察抚恤优待办法》于2014年4月30日由民政部、公安部、最高人民法院、最高人民检察院、国家安全部、司法部、财政部、交通运输部、教育部联合制定印发。《人民警察抚恤优待办法》分为总则、死亡抚恤、伤残抚恤和优待、附则四章共42条，主要参照近些年来国家优抚法规政策的发展变化，结合政法机关优抚工作面临的新情况新问题，依据现行法律法规整合了各警种人民警察优抚政策，统一了人民警察优抚待遇，提高了有关抚恤标准、规范了伤亡抚恤办理等程序。该办法对于确保人民警察优抚工作与国家优抚法规政策体系的衔接，提高人民警察优抚保障水平，激励人民警察奉献精神具有重要意义。《人民警察抚恤优待办法》自印发之日起施行。1996 年 11 月 19 日公安部、民政部颁布的《公安机关人民警察抚恤办法》，1997 年 8 月 20 日国家安全部、民政部颁布的《国家安全机关人民警察抚恤办法》，1998 年 5 月 14 日最高人民法院、最高人民检察院、民政部颁布的《人民法院、人民检察院司法警察抚恤办法》，1999 年 11 月 16 日司法部、民政部颁布的《司法行政系统人民警察抚恤办法》同时废止。

二、 死亡抚恤

（一）死亡抚恤的情形

人民警察遇袭牺牲，应当享受死亡抚恤。根据《人民警察抚恤优待办法》第 7 条的规定，人民警察死亡被评定为烈士、被确认为因公牺牲或者病故的，其遗属依照本办法规定享受抚恤。

病故抚恤是指人民警察因其他疾病死亡，或者在非执行任务时死亡，或者失踪经法定程序宣告死亡的，国家按照规定给予病故抚恤。病故不属于因袭警而导致警务人员死亡的情形，因此下文不再阐述。结合袭警问题的具体情况，警务人员直接或间接因遇袭死亡的，国家应当给予死亡抚恤的情形包括两种：

1. 烈士。根据《人民警察抚恤优待办法》的规定，人民警察死亡，符合下列情形之一的，评定为烈士：（1）在依法查处违法犯罪行为、执行国家安全工作任务、执行反恐怖任务和处置突发事件中牺牲的；（2）抢险救灾或者其他为了抢救、保护国家财产、集体财产、公民生命财产牺牲的；（3）在执行外交任务或者国家派遣的对外援助、维持国际和平任务中牺牲的；（4）在执行武器装备科研试验任务中牺牲的；（5）其他牺牲情节特别突出，堪为楷模的。人民警察在处置突发事件、执行边海防执勤或者抢险救灾任务中失踪，经法定程序宣告死亡的，按烈士对待。袭警行为如果发生在人民警察执行职务期间（一般如此），遇袭死亡民警一般都应当被评定为烈士，给予相应抚恤。

2. 因公牺牲。根据《人民警察抚恤优待办法》的规定，人民警察死亡，符合下列情形之一的，确认为因公牺牲：（1）在执行任务或者在上下班途中，由于意外事件死亡的；（2）被认定为因战、因公致残后因旧伤复发死亡的；（3）因患职业病死亡的；（4）在执行任务中或者在工作岗位上因病猝然死亡，或者因医疗事故死亡的；（5）其他因公死亡的。人民警察在处置突发事件、执行边海防执勤或者执行抢险救灾以外的其他任务中失踪，经法定程序宣告死亡的，按照因公牺牲对待。据此，人民警察遇袭受伤治疗痊愈，后来因此伤复发死亡；或者民警遇袭受伤，在治疗时，因医疗事故导致民警死亡的，都应当被确认为因公牺牲，给予相应抚恤。

（二）死亡抚恤的内容

1. 烈士抚恤。

（1）发给《中华人民共和国烈士证明书》。对烈士遗属，由县级人民政府民政部门发给《中华人民共和国烈士证明书》。证明书的持证人应由烈士、因公牺牲人民警察的父母（抚养人）、配偶、子女协商确定，协商不通的，按照下列顺序确定一名持证人：父母（抚养人）—配偶—子女。有多个子女的，发给长子女。无上述对象，发给兄弟姐妹，有多个兄弟姐妹的，发给其中的长者。没有遗属的，由证明书发放机关存档。

（2）发给遗属烈士褒扬金。烈士褒扬金的标准为烈士牺牲时上一年度全国城镇居民人均可支配收入的30倍。烈士褒扬金由颁发烈士证书的县级人民政府民政部门发给烈士的父母或者抚养人、配偶、子女；没有父母或者抚养人、配偶、子女的，发给烈士未满18周岁的兄弟姐妹和已满18周岁但无生活来源且由烈士生前供养的兄弟姐妹。

（3）发给遗属烈士抚恤金。烈士抚恤金由县级人民政府民政部门发给烈士遗属，标准为烈士牺牲时上一年度全国城镇居民人均可支配收入的20倍加40个月的中国人民解放军排职少尉军官工资。符合下列三个条件之一的烈士遗属，还享受定期抚恤金：一是烈士的父母或者抚养人、配偶无劳动能力、无生活来源，或者收入水平低于当地居民的平均生活水平的；二是烈士的子女未满18周岁，或者已满18周岁但因残疾或者正在上学而无生活来源的；三是由烈士生前供养的兄弟姐妹未满18周岁，或者已满18周岁但因正在上学而无生活来源的。定期抚恤金由其户口所在地的县级人民政府民政部门发给上述烈士遗属定期抚恤金领取证，上述烈士遗属凭证领取定期抚恤金。享受定期抚恤金的遗属死亡，停发定期抚恤金，并由原发放单位另外增发6个月的定期抚恤金，作为丧葬补助费。

2. 因公牺牲抚恤。

（1）发给《中华人民共和国人民警察因公牺牲证明书》。对因公牺牲的人民警察的遗属，由所在单位的县级以上政法机关发给《中华人民共和国人民警察因公牺牲证明书》。证明书持证人的持证顺序同于上述的《中华人民共和国烈士证明书》持证人的持证顺序。

（2）发给遗属因公牺牲抚恤金。因公牺牲的，抚恤金为上一年度全国城镇居民人均可支配收入的20倍加本人40个月的工资。获得荣誉称号和立功（含死亡后追记、追认功勋）的人民警察死亡后，按以下比例增发一次性抚恤金：获得党中央、国务院授予英雄模范荣誉称号的，增发35%；获得中央政法机关及省级党委、政府授予英雄模范荣誉称号的，增发30%；立一等功的，增发25%；立二等功的，增发15%；立三等功的，增发5%。多次获得荣誉称号或者立功的，按照其中最高等级奖励的增发比例，增发一次性抚恤金。因公牺牲人民警察的一次性抚恤金、增发一次性抚恤金，由所在单位的县级以上政法机关发放。

三、伤残抚恤

（一）伤残抚恤的情形

按照《人民警察抚恤优待办法》的规定，伤残抚恤分为两类，分别是因战致残和因公致残。

1. 因战致残。根据《人民警察抚恤优待办法》的规定，人民警察符合下列情形之一的，属于因战致残：（1）在依法查处违法犯罪行为、执行国家安全工作任务、执行反恐怖任务和处置突发事件中致残的；（2）抢险救灾或者其他为了抢救、保护国家财产、集体财产、公民生命财产致残的；（3）在执行外交任务或者国家派遣的对外援助、维持国际和平任务中致残的；（4）在执行武器装备科研试验任务中致残的；（5）其他致残情节特别突出，堪为楷模的。警务人员在执行上述任务时，因遭遇袭警致残，应当认定为因战致残。

2. 因公致残。根据《人民警察抚恤优待办法》的规定，人民警察符合下列情形之一的，属于因公致残：（1）在执行任务或者在上下班途中，由于意外事件致残的；（2）被认定为因战、因公致残后因旧伤复发致残的；（3）因患职业病致残的；（4）在执行任务中或者在工作岗位上因病致残的，或者因医疗事故致残的；（5）其他因公致残的。上述五种情形中与袭警行为相关的主要是第一种、第二种和第四种。在第一种情形中，如果人民警察在上下班途中遭遇袭警行为而致残，本书认为应当按照因公致残认定。在第二种情形中，如果袭警行为造成遇袭警务人员受伤，后来因该旧伤复发，导致警务人员伤残的，应当认定为因公致残。在第四种情形中，如果警务人员遇袭时没有导致残疾，但是在医疗时，因医疗事故而致残的，应当按照因公致残认定。

（二）伤残抚恤的内容

伤残抚恤的内容不会因为因战致残还是因公致残而有所不同，不论哪种情形导致的残疾，国家都应当给予以下抚恤：

1. 颁发《中华人民共和国伤残人民警察证》。《人民警察抚恤优待办法》第29条规定：人民警察符合评残条件，并经省级人民政府民政部门审批通过的，由省级人民政府民政部门办理《中华人民共和国伤残人民警察证》，并通过县级人民政府民政部门将《中华人民共和国伤残人民警察证》发给本人所在单位，由所在单位转交本人。

2. 发放伤残抚恤金。《人民警察抚恤优待办法》第31条规定："伤残人民警察，按照伤残等级享受伤残抚恤金。伤残抚恤金由发给其伤残证件的县级人民政府民政部门发给，其标准按照《军人抚恤优待条例》规定执行。"《军人抚恤优待条例》规定：残疾军人的抚恤金标准应当参照全国职工平均工资水平确定。残疾抚恤金的标准以及一级至十级残疾军人享受残疾抚恤金的具体办法，由国务院民政部门会同国务院财政部门规定。县级以上地方人民政府对依靠残疾抚恤金生活仍有困难的残疾军人，可以增发伤残抚恤金或者采取其他方式予以补助，保障其生活不低于当地的平均生活水平。

3. 医疗待遇。医疗待遇主要包括如下内容：伤残人民警察旧伤复发住院治疗期间的伙食补助费、经批准到外地就医的交通食宿费用，已经参加工伤保险的，按照工伤保险有关规定执行；未参加工伤保险的，由所在单位负责解决。伤残人民警察需要配制假肢、轮椅等辅助器械的，已经参加工伤保险的，按照工伤保险有关规定执行；未参加工伤保险的，按照规定的标准，由其所在单位负责解决。对符合相关规定的一级至四级伤残人民警察按月发给护理费，护理费的标准为：（1）一级、二级伤残的，为上年度当地职工月平均工资的 50%；（2）三级、四级伤残的，为上年度当地职工月平均工资的 40%。伤残人民警察的护理费，已经参加工伤保险的，按照工伤保险有关规定执行；未参加工伤保险的，由所在单位负责解决。

四、 优待

按照《人民警察抚恤优待办法》的规定，优待对象包括伤残人民警察和烈士、因公牺牲人民警察的遗属。

（一）伤残人民警察的优待

对伤残人民警察的优待，主要包括两项：

1. 公共交通优待。伤残人民警察凭《中华人民共和国伤残人民警察证》优先购票乘坐境内运行的火车、轮船、长途公共汽车以及民航班机，享受减收正常票价 50% 的优待。伤残人民警察凭《中华人民共和国伤残人民警察证》免费乘坐市内公共汽车、电车和轨道交通工具。

2. 教育优待。伤残人民警察本人按照有关规定享受教育优待。

（二）烈士、因公牺牲、因战因公致残一级至四级人民警察遗属的优待

烈士子女、因公牺牲人民警察子女按照有关规定享受教育优待。根据《军人抚恤优待条例》的规定，优待烈士遗属主要在如下六个方面：

1. 医疗优惠待遇。烈士遗属享受医疗优惠待遇的具体办法由省、自治区、直辖市人民政府规定。

2. 优先服兵役和优先录用公务员。烈士的子女、兄弟姐妹本人自愿，且符合征兵条件的，在同等条件下优先批准其服现役；烈士的子女符合公务员考录条件的，在同等条件下优先录用为公务员。

3. 优待受教育。烈士子女接受学前教育和义务教育的，应当按照国家有关规定予以优待；在公办幼儿园接受学前教育的，免交保教费。烈士子女报考普通高中、中等职业学校、高等学校研究生的，在同等条件下优先录取；报考高等学校本、专科的，可以按照国家有关规定降低分数要求投档；在公办学校就读的，免交学费、杂费，并享受国家规定的各项助学政策。

4. 就业优先。烈士遗属符合就业条件的，由当地人民政府人力资源社会保障部门优先提供就业服务。烈士遗属已经就业，用人单位经济性裁员时，应当优先留用。烈士遗属从事个体经营的，工商、税务等部门应当优先办理证照，烈士遗属在经营期间享受国家和当地人民政府规定的优惠政策。

5. 住房保障优先。符合住房保障条件的烈士遗属承租廉租住房、购买经济适用住房的，县级以上地方人民政府有关部门应当给予优先、优惠照顾。家住农村的烈士遗属住房有困难的，由当地人民政府帮助解决。

6. 养老照顾。男性年满 60 周岁、女性年满 55 周岁的孤老烈士遗属本人自愿的，可以在光荣院、敬老院集中供养。各类社会福利机构应当优先接收烈士遗属。

（三）因战因公致残一级至四级人民警察子女的受教育优待

根据《人民警察抚恤优待办法》的规定，一级至四级伤残人民警察子女按照有关规定享受教育优待。民政部、教育部、总政治部于 2005 年 10 月 26 日印发了《人民警察优抚对象及其子女教育优待暂行办法》，对优抚一级

至四级伤残人民警察子女享受教育优待作了具体规定：

1. 一级至四级残疾人民警察子女报考普通高中、中等职业学校、技术学校的，招生时降10分录取。

2. 一级至四级残疾人民警察子女报考高等学校的，在同等条件下优先录取。

3. 凡是国家实施“西部开发助学工程”地区的一级至四级残疾人民警察的子女，在符合资助标准的前提下优先享受“西部开发助学工程”的相关政策优待。

4. 一级至四级残疾人民警察的子女在同等条件下优先享受国家设立的各类奖学金、学校自行设立的奖学金以及社会各界出资设立的奖学金，优先享受国家提供的各项助学贷款，优先享受学校提供的困难补助和社会捐助，同时学校应优先为他们提供勤工助学岗位。

第三节
做好公关工作

袭警行为发生后，我们有许多工作要做。我们不但要调查袭警行为是如何发生的，追究袭警行为人的法律责任，抚恤遇袭民警及其亲属，而且要关注社会公众对袭警行为的反映和舆论动向，积极公布事实真相进行辟谣，必要的情况下，要坚决依法惩处造谣惑众人员。

一、 做好公关工作的必要性

这是一个自媒体时代，袭警行为发生后，各种消息和舆论铺天盖地，我们如果不做好公关工作，一些别有用心或者心术不正的人会故意歪曲事实、混淆是非，导致社会公众价值观的混乱，破坏政府尤其是公安机关的形象，损毁政府尤其是公安机关的声誉，伤害遇袭警察及其亲属的情感，纵容违法犯罪分子。

(一) 自媒体的时代背景需要公安机关做好公关工作

“自媒体”(We Media)这一术语的出现只有十余年的时间。2001 年 9 月 28 日，美国科技作家和专栏作者丹·吉摩尔(Dan Gillmor)在对其“新闻媒体 3.0”概念进行定义时，使用了自媒体这一概念。① 丹·吉摩尔于 2004 年出版了《We The Media》一书，对这一术语的内涵和发展演变进行了详细解读。丹·吉摩尔本人就是博客报道形式的首创者，所以他认为“3.0 就是以博客为趋势的‘个人媒体’或者叫‘自媒体’”。② 丹·吉摩尔的这一定义限于当时的网络技术定位，偏于狭隘。我国学术界相当多的著述涉及自媒体的定义，基本上都采用了谢因·波曼与克里斯·威理斯在“We Media”(自媒体)研究报告中关于自媒体定义的精髓。“We Media”(自媒体)研究报告将自媒体定义为“We Media 是一个普通市民经过数字科技与全球知识体系相连，提供并分享他们真实看法、自身新闻的途径”。③

自媒体中的信息传播具有三个鲜明的特点：一是传播主体平民化。任何人都可以通过网络，在自媒体平台上发布信息，表达自己的社会政治态度，颠覆了传统媒体中主要由主持人、记者、编辑行使的发表权力。二是传播路径复杂化。自媒体传播出去的信息，呈现出多方位、全覆盖的传播状态，在任一自媒体圈层内的主体，都会不由自主地接受到来自自身所属圈层的信息。三是传播过程碎片化。在自媒体时代，传统专业媒介的权威地位受到挑战，“去中心化”的趋势十分明显，群体传播是去中心化的传播，它消除了传播的权力中心，消除了传受双方的阶级差异，让大众能够平等地参与到传播过程中来。在群体传播中，个体对信息的接收通常都是主动订阅与搜寻的结果。信息发布者可以随时随地利用自媒体工具发布、修改、补充、删除、更新信息，信息的传播处于碎片状态。

---

① 廖祥忠．何为新媒体．现代传播，2008 (5)：124.

② 方兴东．博客：互联网的第四块里程碑．电脑报，2002-10-08.

③ 邓新民．自媒体：新媒体发展的最新阶段及其特点．探索，2006 (5)：135.

自媒体越来越为普通大众所运用，通过自媒体，民众可以即时、便捷、自由地表达观点并迅速传播。在全球集体行动的研究中，有相当的文献关注到以 Facebook、Twitter 和 YouTube 为代表的自媒体在社会变革中所发挥的先导作用。因为这些自媒体平台是一个低门槛并且开放的平台，只要你拥有一部手机、一个账号就可以随时登录，寻找信息，发布内容。自媒体“平民化”的话语权以及对“全球化”信息的获知消解了传统媒体和政府话语的“权威性”①，成为推动“占领华尔街”等运动的重要媒介工具，如西亚和北非，反对政府的民众利用微博相互联络，引发“颜色革命”。在我国，以微博、微信等为代表的自媒体，在不断分散传统媒体的权威和影响力的同时，又根据不同的利益主体、兴趣受众、观点指涉，建构了一个个全新的舆论圈，使自媒体环境下的舆情传播呈现出日益复杂的趋势。由于监控和约束机制的匮乏，自媒体在意见和情绪表达的过程中，可能产生和传播着与官方相对抗的舆情，在利益分化和矛盾不可调和的今天，演绎出越来越激烈的社会冲突和违法犯罪事件。

涉警事件历来是社会公众最感兴趣的话题之一，在自媒体背景下，一旦发生涉警事件，如果公安机关不做好公关工作，没有及时、准确地发布事实真相，必然导致小道消息，甚至是谣言充斥自媒体平台。

（二）自媒体涉警舆论的特点决定了公安机关需要做好公关工作

有学者研究指出，自媒体涉警舆论经常具有传播迅速性、高度关注性、负面评价性和破坏性四个方面的特点：

1. 传播迅速性。在自媒体环境下，微博、微信、SNS 等自媒体传播载体为人们提供了便捷的平台，民众可以借此随心所欲地表达情绪、发表观点，每个人都能够把自己的见闻、感想通过自媒体上传到网上。自媒体扁平化信息传播打破了公共权力信息垄断者的地位，改变了警察和被管理者信息非对称状态。自媒体的解构作用和把关人角色的缺失，民众在缺乏约束和限制的条件下，可以迅速地发布相关涉警信息。而且，涉警信息历来是社会公众关

① 孙采芹．社交媒体：掀动“网络革命”．世界知识，2011（10）：58.

注的焦点，警察的一举一动都极易受到民众的关注，从而使得涉警信息迅速成为民众关注的舆情热点。涉警信息的热点地位确定以后，将引起网络媒体和传统媒体的介入和炒作。在自媒体平台和传统媒体的交互作用下，使得涉警信息传播的范围更广、速度更快。例如，2008 年 7 月 1 日发生在上海闸北的杨某袭警事件，在事件发生后短短几个小时，迅速传遍全国，网上新闻点击率之高、传播速度之快、覆盖面之广超乎想象。

2. 高度关注性。自媒体深入广泛的应用早已突破了地域和时间的界限，使民众能够在第一时间在任何场所都能了解相关信息。涉警舆情往往在短时间内就可以引起较大关注，被热炒并形成社会关注的焦点。这增加了公安机关的社会压力，同时也体现了公安机关正确应对自媒体背景下的涉警舆情的紧迫性和必要性。

3. 负面评价性。对于一般事件，媒体舆论通常为多方评论，并不明显偏向某一方或指向某一方。然而，对于涉警舆情，其往往主要为负面评价，而且多呈一边倒趋势，具体表现为普遍的质疑和批评声音，这成为公安机关顺利开展工作、即时化解危机的严峻挑战。有学者研究指出：在形成对公安机关总体印象的过程中，民众并不是被动地接收所有公安机关传递出来的信息，而是会有区别地选择他们认为必要或具有重要意义的信息，这就是社会认知的选择性。认知理论认为，人们对信息的选择性表现为：一方面比较注重显著性信息，另一方面比较注重负面信息。民众在印象形成过程中对警察执法和服务的态度、执法的公正性以及警察个人行为尤为注重，对警察显著性信息的注意以及对警察负面信息的关注都会影响警察的整体形象。在当前社会矛盾激化的过程中，人们对公安机关负面信息变得更为敏感。自媒体环境中，民众更愿意接收警察的负面信息，公安机关所展现出的积极品质往往被忽视，谣言大行其道。即使是正面事件，也可能被人们暴力解码，解构出与传播本意完全相反的意义来，形成社会情绪的反向。民众倾向于表达对公安机关的负面态度，涉警舆情事件的多发和所反映出的公安机关自身存在的问题层出不穷，涉警负面信息的不断产生和证实，逐渐使民众的情绪化表达发展成对警察组织的成见，成见系统一旦完全固定下来，人们的注意力就会受到支持这一系统的事实的吸引，对于和它相抵触的事实则会视而不见，最终导致民众对公安机关的“抽象愤怒”。①

4. 破坏性。破坏性主要表现为：（1）混淆视听，歪曲事实。在一些袭警行为发生后，一些人不顾案件事实，断章取义，甚至故意杜撰、捏造一些事实来混淆视听、歪曲事实。（2）颠倒是非，扭曲价值观。例如，杨某袭警案最终导致人民警察六死五伤的结果。杨某虽然制造出如此巨大的伤亡，却并未得到诸如“杀人狂魔”之类的负面评价；相反，有一些人对其同情有加，更有甚者称杨某为“侠士”。而对于警察在维护社会秩序过程中付出的巨大的努力，作出的巨大的牺牲，这些人却视而不见，即使面对六个鲜活的生命以及六个鲜活生命背后至少六个家庭的悲剧，也不能触动他们扭曲的灵魂。任由这些舆论泛滥，容易使公众的价值观发生扭曲，不分是非。（3）诋毁政府和公安机关，降低政府和公安机关的公信力。歪曲事实、颠倒是非的报道对政府和公安机关的整体形象造成严重威胁。公众对政府和公安机关的认识和了解，一方面基于与政府和公安机关的直接接触，另一方面是通过媒体报道所呈现出来的形象去认识。负面报道像一颗颗炸弹在社会各界及广大公众中炸响，摧毁政府和公安机关的正面形象，降低政府和公安机关的威望，降低公信力。（4）不实报道，负面宣传，消解人民警察的工作士气。媒体的不实报道和炒作会给当事警察和警察所在部门以及全体警察带来沉重的心理压力和精神损害，有损人民警察的工作士气。人民警察辛苦工作换来的却是公众的责难，严重地打击了人民警察的工作积极性。

（三）不利于警察的归因偏向需要公安机关做好公关工作

人们无时无刻不在为自己身边的各种行为与现象进行归因，而归因方式往往会影响人们对周围世界的认识，影响人们的价值观以及对事物的判断能力。从哲学的认识论来说，广义上的归因就是人们认识世界、探索世界的方式。如果人们能够时刻保持理性的态度，按照逻辑推理，对事物作出符合实际、无偏差的科学归因，那么人们通常都能获得正确的认识与判断。然而大量研究表明，人们在作出归因的时候并不会按照科学家的逻辑思维去进行，

---

① 张洪波．论自媒体传播中的涉警舆情引导．学术论坛，2014（12）：111.

相反，人们往往利用有限的信息迅速作出归因判断，而且这种归因往往带有对某些特定原因的偏好，即使这种归因的解释是不符合实际的。这种归因的偏好称为“归因偏向”。由于人们并不是通常都能做到完美的理性，而在群体内的从众心理以及情感渲染等一些机制下，这种归因偏向体现得越发明显。

对人的行为及其结果进行归因的时候，人们会有一种高估内在倾向的作用，而忽视情境因素作用的一般倾向，简单地说，就是人们归因时对个体归因多于或强于情境归因的现象。这种倾向会导致作为旁观者，看到警察与歹徒的对峙，人们往往会直觉地认为，警察是强者，歹徒是弱者，警察肯定能制服歹徒，而歹徒是伤害不到警察的。殊不知，这只是警察这个职业角色导致人们对个体的归因偏向，认识不到脱去警察的职业装束，警察只是生活中的普通一员。

归因者作为观察者，对别人的行为进行归因时，倾向于更多地作出个人归因，也就是将他人行为及其结果解释为个人因素所致，而忽略了外部情境因素的作用，这与基本归因偏向的描述是一致的。当归因者作为活动者对自己的行为进行归因时，则倾向于将自己的行为及其结果解释为环境因素所致。例如，人们常常辩解“我打你是因为你惹了我”，而“你打我是因为你品质恶劣”。而且人们在作出归因的时候往往会带有“利己主义偏向”，倾向于把积极的行为结果（成功）归因于个人因素，而把消极的行为结果（失败）归因于环境因素。这种归因倾向解释了为什么人们在超速受到交警的警告和罚单时，往往不会在自己身上作出归因，而归因于交警太认真、不给情面、“赚外快”等，将自己的责任降低到最小。

因为警察社会角色的特殊性，通常人们会自我认知为一个与警察群体相区分、相隔离的普通的社会个体，而警察作为政府性的一个执法机构，不容易被看成个体，更容易被看成一个超个人的“机构人”。在可能存在的与警察的互动活动中，人们往往容易将自己投射为和犯罪个体相类似、与警察群体相对立的群体，从而引起人们对犯罪个体的同情与投入设想。对于“杨某袭警案”的思考，人们或许会联想到，如果有一天我因为什么事被警察盘查了，我应该受到什么待遇？万一我碰到什么纠缠不清的事，我是不是应该给予十二分的公正都不为过？因此，人们过分关注杨某的权益，从一定程度上造成了对杨某的支持与理解。基于之前所说的“利己主义偏向”，虽然在事件中个体人的行为从某种程度上说是过分的、错误的，但是，容易引起人们的认同与肯定，人们会觉得，就算错了也是环境所逼，而不是自己的错误行为所导致。也是因为角色投射的偏向和利己主义偏向，人们容易把警察的牺牲看成警察业务素质不高，而把大众群体的一些越轨行为推给外部的社会压力或者警察的刁难等。另外，人们在将警察看成一个政府执法机构的群体性个人的同时，往往忽视他们只是一个普通生物人的本质，把警察的能力与责任看得过高。相反，对待罪犯，人们容易把罪犯看成一个普通的生物人，看到他们在强大的政府部门前的弱势与无力。由于社会角色的归因偏向，民众往往把警察幻化成一个强力机构，“杨某袭警案”在人们看来，就是一个个体人在与一个强大的机构人进行博弈，当个体人在局部获得胜利时，容易让人们对他产生“大侠”的感觉，当他失败的时候，人们容易对他产生惋惜与同情，进一步引起对这个强大的机构人敌视的共鸣。

因为上述的不利于警察的归因偏向的客观存在，公安机关需要重视运用民众归因偏向的规律，并付出巨大努力做好公关工作，才能克服民众不利于警察的归因偏向，克服民众的负面归因定式。基本归因偏向只是一种有条件的归因倾向，并不意味着任何情况下人们都会产生这种偏向，有些情况下还有相反的倾向，即高估环境因素的作用，忽视个人因素。例如，有研究表明（Kulik，1983），当一个人的行为与对该人行为的预期不相符合的时候，归因者倾向于作出环境归因，而不是个人归因。因此，要促进民众在对警察的负面事件中多作出环境归因，积极事件中多作出个人归因，我们就应该向公众树立警察的良性预期形象，预期形象不好，加上一些负面消息，只会引起公众向个人归因的恶性循环。还有研究表明（Quattrone，1982），当归因者的注意力被引向行为产生的某种情境因素时，归因者更多地作出情境归因。例如，在遭遇灾难时，大家的注意力都集中于灾难这个环境因素，一些不良行为也会基于环境因素而得到宽容。因为在真正碰到负面事件时，我们应该多将民众的注意力转向特殊的环境因素，避免民众对国家执法机构丧失信心。党和政府机关中少数干部的官僚主义及腐败行为是新时期大众对政府部门工作人员产生负面印象的根源，也是对政府部门工作存在负面归因定式的主要原因。在警务部门，少数官员以官为本、以权谋私、权钱交易等导致腐败，少数干警缺乏公仆意识和服务意识，执法不公，执法效率低，滥用职权，甚至知法犯法，严重损害了民众对警察的印象，影响警民关系，促使民众对警察工作负面归因定式的形成。因此，在警务部门，应当从基层加强公安队伍素质教育，提升警察职业道德和服务人民的意识，争取群众对警察的信任与理解。只有在民众心目中重新建立良好的、正面的警察形象，才有可能增进民众对警察工作的理解，对警察工作的成功与失败都进行良性归因，克服长期以来的负面归因定式，消除在某些警务事件处理中警民关系的对立，解决人民群众对公安机关的不信任甚至埋怨。

二、 主要公关工作

袭警行为发生后，公安机关的公关工作主要分成三类：一是召开新闻发布会，公开与袭警行为相关的事实真相；二是舆情监测与引导；三是惩处造谣惑众者。下文分述之。

（一）新闻发布

袭警行为发生后，尽管遇袭的警务人员成为受害人，公安机关也一样成为社会关注的焦点。公安机关怎么调查处理袭警行为人，怎么慰问、抚恤遇袭的警务人员，怎么向社会公众通报相关信息，都是人们关注的重点问题。甚至袭警行为发生时，警务人员正在执行何种警务？执行警务是否合法、合理？是否符合规范化执法的要求？在袭警行为发生时，公安机关、现场警务人员、周围的群众分别作出何种反应？这些问题都会成为媒体发掘的新闻点。所以这些问题都应当引起公安机关的重视，一旦舆情中出现了这样的诉求，公安机关应当及时向公众发布相关信息、解释相关事件。早在 1990 年，公安机关就开始建立新闻发言人制度。同年，公安部成立了新闻发言人办公室。2003 年 7 月，公安部进一步规范了新闻发言人工作，成立了新闻发言人工作小组，建立了由有关单位人员兼职组成的新闻发言人办公室，2004 年 1

月 2 日，公安部举行新闻发布会，正式宣布：在全国公安机关实行定期新闻发布制度，及时主动地向媒体和公众发布重要信息。袭警问题一旦发生，社会各界都十分关注，公安机关应当利用新闻发言人制度和平台，向社会公众公布事实真相，避免小道消息的滋生。

1. 新闻发言人。新闻发言人是指由国家机关、政党组织、社会团体、企事业单位任命或指定的新闻发布人员。其职责是就某一重大事件或时局问题，定期或不定期地约见记者或举行新闻发布会、记者招待会，向新闻界发表有关信息和意见，发布有关新闻或阐述本部门的立场观点，并代表有关方面回答记者提出的问题。公安机关新闻发言人对外代表公安机关发言，民众通过新闻发言人召开的新闻发布会，了解袭警行为的事实，了解公安机关处置袭警行为的各项工作。新闻发言人工作的好坏直接影响民众对袭警行为事实真相的认识，直接影响民众对公安工作的了解。因此，公安新闻发言人应当具备下列素质，方能胜任此工作：

（1）公安业务素质。公安业务素质是公安新闻发言人迅速判断袭警行为的性质、原因、背景，从而准确确定立场态度的理论基础和专业要求。袭警行为发生后，公安新闻发言人应该迅速向媒体和公众阐述事实，并坚定地表明态度。这要求公安新闻发言人对国家基本政策要熟悉和融会贯通，对国家和公安部颁布的法律、法规能熟练运用，对地方政府治理方针和策略要领会，对公安机关的基本情况、职权职责范围和工作动态要熟悉，对公安工作的特点、业务知识、运作方式要做到烂熟于胸。

（2）公关素质。公关素质包括良好的个人品质、较强的公关能力和严谨的工作作风。公安新闻发言人在面对袭警行为这类突发事件时要有坚强意志，要表现出执法部门的稳健和公正以及面对公众时的事业进取心和为民服务的热情；要有开放的性格和广博的胸怀，公安新闻发言人面对社会的方方面面，应对的不仅是思维敏捷、求知欲强的媒体，而且包括媒体传播的受众，公安新闻发言人没有豁达开朗的性格、海纳百川的胸怀是无法积极应对和处理社会方方面面的提问，甚至是质疑和刁难的；公安新闻发言人应具备较强的公关能力，发挥公安部门与公众之间的桥梁作用，面对突发的袭警行为，力求化消极为积极，赢得群众对公安工作的理解与支持。

（3）新闻业务素质。只有具备较好的新闻业务素质，公安新闻发言人才能使新闻发布工作符合公安工作的需要和更好地满足公众的知情权。公安新闻发言人一方面是公安部门主动沟通公众和服务公众的代表，另一方面也是社会舆论导向的引导者，因此具备良好的新闻业务素质不仅有助于公安工作的与时俱进，同时也有助于创造良好的社会舆论环境。

2. 新闻发布的方式。公安机关应把握方向，运用新闻传播理论，配合媒体的运作方式，与媒体构建良好的合作和沟通机制，达到把握舆论导向、保障话语权的目的。公安新闻发言人可以通过以下几种方式与媒体通报袭警行为：

（1）发布新闻稿。新闻通稿是公安机关作出第一反应的表现，可以在袭警行为处置现场发布，也可以通过传真或电子邮件传递给新闻媒体。此举是让记者获得权威的信息，正确合理地报道袭警行为。而且，以文稿的方式传递给记者能够让记者获得更多的准确信息和背景资料，为记者撰稿提供依据和参考，从而保证报道的真实性和实效性。

（2）召开新闻通气会。由于袭警行为的偶然性、突发性、新奇性、不可预测性和不可控制性，这恰恰也是新闻强调的重点，所以袭警行为一旦发生，记者的采访和调查在所难免。公安新闻发言人接受采访的类型可以是当面采访、电话采访，也可以是电视采访和新闻发布会提问。接受采访的时候要运用一定的技巧，既要正面积极地面对记者的提问，也要把握好尺度。接受记者采访时，要能够立刻回答问题，从记者的角度出发，了解记者需要什么，尽量在采访中告知。

（3）举行新闻发布会。新闻发布会，实效性非常重要，公安机关要在最短的时间内发布袭警行为及其处置的有关信息，在新闻发布会中，公安新闻发言人要运用一定的回答技巧，注意避免一些由于新闻发布带来的误会和负面影响，同时也要重视发挥网络的作用，必要的时候也可以通过网络直播澄清事实、发布新闻。新闻发布会应根据实际需要和形势的发展定期举行，因为袭警行为从发生、应对处理到结束都存在一些不确定因素，通过新闻发布会可以起到以正视听的作用。

3. 新闻发布的要求。

（1）实事求是。客观真实性，既是发布新闻的要求，也是新闻的生命力所在。缺乏客观真实性，公安机关发布的袭警行为的信息就没有了权威性基础、在当前的自媒体时代，各类小道消息和谣言就会传得沸沸扬扬，而且有了市场。只有公安机关发布的新闻是客观真实的，才能够树立权威，公安机关发布的新闻才能被社会公众自觉接受，从而消除小道消息和谣言滋生的土壤。基于新闻的客观真实性的要求，袭警行为发生后，相关部门应当将与袭警行为相关的事实通报给公安新闻发布机构，公安新闻发言人也应当主动去了解、熟悉与袭警行为相关的事实，必要的情况下，要进行相关的调查与核实。

（2）迅速、及时。及时性是新闻的另一个重要要求。过时的事实，尽管具有客观真实性，也只是历史。现在是一个信息爆炸的时代，这既描述了现在的社会信息量巨大，也描述了现在的社会信息传播速度极快。袭警行为发生后，公安机关如果不能在第一时间向社会公布案件事实，就可能把引导舆论的先机拱手让给其他媒体，甚至是被小道消息和谣言占了先机。因此，袭警行为发生后，涉事的警务人员和公安机关应当第一时间将相关事实通报给新闻发布机构，新闻发布机构应当迅速作出反应，熟悉案件事实，研判舆情，第一时间向社会发布相关新闻。

（3）合法、合理、合情，正确引导。袭警行为发生后，一旦在社会上产生影响，社会公众最渴望听到公安机关的声音，公安新闻发言人代表公安机关发布的言论尤为引起社会公众的关切。公安机关袭警行为的现场处置者，也是袭警行为案件的侦办（查处）者，所以是袭警行为的第一定义者。公安新闻发言人应对袭警行为的表现往往会给媒体一个框架和参照物，对社会舆论的走向起着重要作用。因此，公安新闻发言人发布袭警行为信息时，务必做到合法、合理、合情。合法是基础，公安新闻发言人尽量多公布案件事实，少对案件定性，一旦对案件定性，必须要有事实依据和法律依据，即做到合法。合理和合情是更高的要求，袭警行为一旦发生，背后的原因错综复杂，公安新闻发言人语言不宜简单僵硬，要综合考虑遇袭警务人员、广大公安民警、社会公众的感受，考虑到该袭警行为对警务工作以及社会公共利益的影响，力求做到合理，有人情味。

（二）舆情监测与引导

前文已经阐述，袭警行为发生后，虽然警务人员是受害人，但是舆情并不一定朝着有利于警务人员和公安机关的方向发展，有时甚至相反，因此有必要对舆情进行检测和引导。

1. 舆情监测。在当今社会，舆情传播的载体与传统社会有了很大不同。传统社会舆情传播的载体主要是电视、广播、报纸等，在当今社会，上述传统媒体在传播舆情中依然发挥着一定作用，但是一些新媒体发挥的作用越来越大。传统媒体，由于其运行相对规范，而且方便监控，所以在舆情引导方面，一般都是积极的、正面的。但是对于一些新媒体，由于其是新兴的，而且不易于监控，其运行尚存在较多不规范现象，在舆情引导方面容易发生偏差。所以，我们监测舆情的重点是新媒体。在新媒体中，舆情的载体主要是全国性、区域性的大型网络，包括：（1）普通 Web 站点。主要包括：官方性质的新闻媒体网站，如新华网、人民网、中国网以及各省、市、区的官方媒体；商业性质的新闻媒体网站，如新浪、搜狐、网易、腾讯以及各省市的商业新闻媒体网站；介于二者之间的半官方、半商业化媒体机构网站；广播、电视与期刊、报纸等传统媒体的网站，如央视国际、凤凰资讯、各类报社的网站等。此外，还应将各类影响较大的政府网站、企事业单位网站和学术思想网站纳入其中。在这些 Web 站点中，还应当进行分类分级，重点监测商业性的新闻媒体网站。（2）网络社区、BBS 论坛、博客网站、网络聊天室和新闻讨论组等互动媒体。这类网络媒体互动性强，人人可以注册登录并发布信息，信息审核与监管机制缺位，加上网络空间的匿名性、虚拟性、开放性等特点，其可控性很低，因此特别容易出现不健康的、违法的信息、言论，并且其话题与言论导向容易受到操控，所以该类媒体应成为监控重点。（3）MSN、QQ、E-mail 等即时通信工具。这类通信工具用户量大，信息传播便捷、快速，并可通过信息群发与转发等手段进行大面积、大规模、有针对性的信息传播，影响巨大，应予以重视。（4）搜索引擎、网络数据库等。搜索引擎是目前获取网络信息最常用的工具，是舆情搜集最有力的工具，目前互联网搜索引擎成千上万，目录式搜索引擎、关键词搜索引擎、元搜索引擎以及其他各专业类搜索引擎发展迅速，选择合适的引擎是舆情搜集的必备手段。[1]

2. 舆情引导。舆情，特别是网络舆情，一旦形成后，与现实社会中的舆情交替传播，相互影响，对社会生活中的方方面面产生深远影响。特别是对公共决策、民主政治、社会伦理道德和文化安全等方面产生正面或负面影响。我们应该对舆情进行引导，发挥舆情的正面、积极作用，减少和消除舆情的负面影响。袭警行为发生后的舆情引导，公安机关主要做好以下四个方面的工作：及时发布新闻、做好管制新闻、加强互动式沟通、依法查处造谣惑众者。其中，发布新闻前文已经作了阐述，依法查处造谣惑众者，下文将作专门介绍，所以此处介绍管制新闻和加强互动式沟通两个方面的工作。

（1）管制新闻。袭警行为多涉及警务信息，警务信息中有很多属于保密范围，不应公开，如对袭警犯罪的侦查方向和侦查措施，原则上不应报道。但部分媒体单位和记者有其自己的立场和价值观，且记者的报道和采访是其职业的要求。所以在新闻自由度越来越高的今天，唯一的方法就是向媒体和记者提供及时和权威的信息，利用信息发布对记者进行管理。另外就是袭警行为现场新闻的管制，对前来采访调查的媒体要进行适当的安排和必要的接待。制订一个接待记者的方案，根据袭警行为的实际情况来确定记者的采访范围和区域。对袭警行为的处理都不是一时能够解决的，新闻发布工作具有一定的连续性。对于记者的管理，可以通过设立临时新闻发布中心，按照有关规定向记者提供最新信息，避免记者报道失控。

（2）加强互动式沟通。在自媒体时代，公安机关应当运用互联网思维，做好舆情引导工作。在互联网思维下，一方面，公安机关应当采取积极主动、兼容并包的态度，搭建沟通平台，让网民的诉求得到更加合理、充分的表达，创造和谐的网络舆情空间，将分歧的舆情消除在萌芽状态。例如，建立公安机关官方微博、论坛、公共微信平台等，进行“官民平等对话”。另一方面，公安机关应当放下身段，积极参与到公共互联网讨论中去，鼓励民警参与互联网讨论，实事求是地发布与袭警行为相关的客观事实，影响和引

---

① 谢晓专．公安网络舆情搜集机制研究：内容与渠道建设．吉林公安高等专科学校学报，2009（2）：35.

导互联网舆情发展方向。

3. 处置网络谣言。网络谣言的危害。网络谣言也是一种没有真实依据、未经证实的虚假消息。与传统媒介环境下的谣言形态不同在于：它的传播媒介发生了重大变化，网络谣言是指通过网络介质（如网络论坛、邮箱、聊天软件、社交网站、博客、微博等）传播的没有事实依据的消息。虽然网络谣言只比谣言多了“网络”两个字，但却具有不同于传统媒介环境中谣言的显著特征。传统的谣言往往是通过人际传播的方式进行的，即在人群中，通过一个人面对面地传给另一个人，这种传播不仅速度慢，而且范围有限制。网络谣言是借助互联网传播，不仅具有匿名性、实时性、互动性，而且传播更加快捷，传播的范围极其广泛，在极短的时间内就可能形成广泛的覆盖面和强烈的传播强度。因此，网络谣言造成的负面影响也远比传统谣言更具有危害性。网络谣言不但混淆公众视听，误导公众对袭警行为客观事实的认知和判断，而且会诋毁公安机关和党委、政府，在一些情形下，还会使受害的警务人员遭受舆论的再次伤害。所以，对网络谣言，公安机关不能听之任之，应当及时作出相应处置。处置的方式包括辟谣、前文已经述及的舆情引导以及在必要情况下封杀网络谣言，并依法追究法律责任。下文设专题叙述网络谣言的法律责任问题，此处不再赘述。

（1）辟谣。公安机关及时公布袭警行为的客观事实是辟谣的一种方法。这种方法能够最大限度地满足公众对客观事实的知情权，减少和消除谣言的基础。但是，这种方法有时也不能发挥有效作用。谣言一旦形成，公众中存在着不同的袭警行为事实，尽管其中一些事实与客观事实不符，但公众有可能宁愿选择去相信虚假事实。因此，让造谣者去辟谣是必要的、有效的。公安机关一旦发现谣言，在正面引导舆情的同时，应当尽快找到造谣者，责令造谣者出来辟谣。这项工作的时效性极强，因为在互联网环境下谣言以惊人的速度扩散着，随着时间的延长，谣言传播的范围不断扩大，造成的负面影响也不断扩大。

（2）封杀谣言。谣言止于智者，就是说智者能够识别谣言，终止谣言的传播。但是社会公众不可能都是智者。所以，谣言一旦产生，如果不加以干预，总是越传越远、越传越广，造成的负面社会影响也会越来越大。为了减少和终止谣言的扩散，有必要对谣言进行删除、清除，使其不能在互联网中传播。这里也需要注意一个问题：在互联网上发帖、发表言论属于公民言论自由的范畴，公安机关不能随意禁止，应当按照法定的权限和程序进行处理。

（三）惩处造谣惑众者

1. 给予治安管理处罚。造谣惑众者，应当依法追究其法律责任。根据《治安管理处罚法》的规定，造谣惑众，尚不构成犯罪的，可能涉及两个违反治安管理的行为：一是散布谣言扰乱公共秩序，二是侮辱诽谤。

（1）散布谣言扰乱公共秩序。根据《治安管理处罚法》第 25 条的规定，散布谣言，谎报险情、疫情、警情或者以其他方法故意扰乱公共秩序的，公安机关可以对行为人处五日以上十日以下拘留，可以并处五百元以下罚款；情节较轻的，处五日以下拘留或者五百元以下罚款。袭警行为发生后，谣言散布者捏造、歪曲事实，或者明知不是事实却依然散布，特别是散布不实的警情，扰乱了公共秩序，公安机关应当依法追究谣言散布者的治安责任，特别要惩处捏造、歪曲事实的谣言散布者。

（2）侮辱诽谤。根据《治安管理处罚法》第 42 条的规定，公然侮辱他人或者捏造事实诽谤他人的，公安机关可以对行为人处五日以下拘留或者五百元以下罚款；情节较重的，处五日以上十日以下拘留，可以并处五百元以下罚款。袭警行为发生后，如果造谣者的言论涉及侮辱诽谤相关当事人的，公安机关可以依法追究造谣者侮辱诽谤行为的法律责任。侮辱行为，是指以暴力或者其他方法，公然贬低他人人格，破坏他人名誉，情节轻微尚不构成犯罪的行为。例如，造谣者以文字、图像或语言的方式在互联网公然辱骂、贬低袭警行为当事人的人格，破坏其名誉，构成侮辱行为。诽谤行为，是指故意捏造并散布某种虚假事实，损害他人人格，破坏他人名誉，尚不构成犯罪的行为。

2. 追究刑事责任。《刑法》第 246 条规定："以暴力或者其他方法公然侮辱他人或者捏造事实诽谤他人，情节严重的，处三年以下有期徒刑、拘役、管制或者剥夺政治权利。前款罪，告诉的才处理，但是严重危害社会秩序和国家利益的除外。通过信息网络实施第 1 款规定的行为，被害人向人民法院告诉，但提供证据确有困难的，人民法院可以要求公安机关提供协助。”上述规定是追究行为人捏造、编造、散布与袭警行为相关的虚假事实刑事责任的法律依据。涉及的罪名有两个：一是侮辱罪，二是诽谤罪。下文叙述之。

（1）侮辱罪与诽谤罪。侮辱罪，是指以暴力或者其他方法公然侮辱他人，情节严重的，依据刑法规定，构成犯罪的行为。所谓其他方法，是指犯罪嫌疑人采用视频、图片、文字或语音等方式，在公共场所或者在公共媒体上公然辱骂、贬损被害人。诽谤罪，是指捏造事实诽谤他人，情节严重，依据刑法规定，构成犯罪的行为。如果犯罪嫌疑人在公共场所或公共媒体上辱骂、贬损袭警行为的当事人，情节严重的，应当以侮辱罪追究行为人的刑事责任。在追究诽谤罪的刑事责任时需要注意的是，犯罪嫌疑人是以捏造事实的行为来诽谤他人，如果犯罪嫌疑人只是传谣，不能构成本罪。

（2）利用信息网络实施诽谤犯罪的认定。在互联网环境下，侮辱、诽谤行为变得更加隐蔽、便利，信息扩散更为迅速，影响范围更为深远，对被害人的侵害自然就更为严重，所以利用信息网络诽谤他人的诽谤行为与传统行为方式的诽谤行为差异巨大。为了保护当事人的合法权益，满足当前司法实践的需要，更加准确地适用法律，最高人民法院、最高人民检察院于 2013 年 9 月 9 日联合发布了《关于办理利用信息网络实施诽谤等刑事案件适用法律若干问题的解释》（法释〔2013〕21 号，以下简称《解释》）。《解释》规定了利用信息网络实施诽谤犯罪“捏造事实诽谤他人”的行为方式，“情节严重”的入罪标准，“严重危害社会秩序和国家利益”时适用公诉程序的条件，以及诽谤信息数量的累计计算等问题。

第一，“捏造事实诽谤他人”的认定。《解释》第 1 条对《刑法》第 246 条中的“捏造事实诽谤他人”作出了具体规定，主要包括三种行为方式：一是“捏造并散布”；二是“篡改并散布”；三是“明知是捏造而散布”。“明知”在《刑法》中包括两种情形：一是“知道”，即有证据证明行为人知道特定的事实；二是“应当知道”，即行为人虽否认自己知道在信息网络上散布的信息系捏造的、损害他人名誉的事实，但基于相关证据能够推定行为人知道该情况，且行为人对此不能作出合理解释。

第二，关于“情节恶劣”的认定。构成本罪，不仅要求行为人“明知”是捏造的损害他人名誉的事实，而且要求达到“情节恶劣”的程度，才能以“捏造事实诽谤他人”论。这主要考虑是，对于恶意传谣者与造谣者也要区别对待。恶意传谣者不是捏造事实诽谤他人的“源头”，判定其行为性质应当注意考察具体情节的恶劣程度。需要说明的是，“情节恶劣”不同于诽谤罪入罪标准的“情节严重”，它指的是恶意传谣者“明知是捏造的事实而在信息网络上传播”行为的恶劣程度，如行为人的动机卑劣、散布的诽谤信息内容恶毒或者行为人长期诽谤他人等。

第三，“情节严重”的认定。根据《刑法》第 246 条第 1 款的规定，行为人捏造事实诽谤他人，必须达到“情节严重”的程度，依法才构成诽谤罪。《解释》第 2 条采取列举的方式，明确了认定网络诽谤犯罪“情节严重”的具体标准，规定了较为严格的入罪门槛：一是数量标准。《解释》第 2 条第（1）项规定，“同一诽谤信息实际被点击、浏览次数达到五千次以上，或者被转发次数达到五百次以上的”，应当认定为诽谤行为“情节严重”。如果一个捏造的、损害他人名誉的信息被众多人所点击、浏览而知晓，就说明被害人的名誉已经受到损害，具有现实的社会危害性。《解释》将被点击、浏览次数确定为“五千次”及被转发次数确定为“五百次”确定为情节严重。需要注意的是，《解释》规定的上述数量标准，是指同一诽谤信息“实际”被点击、浏览或者被转发次数。这就意味着，在计算具体数量时，应当扣除被害人自己点击、浏览或者转发的次数，也应当扣除网站管理人员为维护网站而点击等的次数。此外，还应扣除其他故意为虚增点击数量而点击，导致统计失真的次数。二是危害后果标准。《解释》第 2 条第（2）项规定，“造成被害人或者其近亲属精神失常、自残、自杀等严重后果的”，应当认定为诽谤行为“情节严重”。如果网络诽谤行为在现实生活中已经造成上述后果，显然具有现实的社会危害性，构成了犯罪，此种情形就考虑诽谤信息实际被点击、浏览或者被转发的次数，而应当认定为“情节严重”。三是主观恶性标准。《解释》第 2 条第（3）项规定，“二年内曾因诽谤受过行政处罚，又诽谤他人的”，应当认定为诽谤行为“情节严重”。体现了刑法对行为人主观恶性、人身危险性的重视和评价。对于这种屡教不改，反复恶意诽谤他人的行为人，不论诽谤信息被点击、浏览、转发的次数，也不论是否造成被害人或者其近亲属精神失常、自残、自杀等后果，应当认定为“情节严重”。

第四，“严重危害社会秩序和国家利益”的认定。根据《刑法》第246条第2款的规定，诽谤罪除“严重危害社会秩序和国家利益”的情形外，属于“告诉才处理”的案件。对于“严重危害社会秩序和国家利益”的诽谤案件，应由公安机关立案侦查，人民检察院提起公诉。为了明确网络诽谤刑事案件适用公诉程序的条件，《解释》第3条列举了“严重危害社会秩序和国家利益”的七种情形，分别是：引发群体性事件的；引发公共秩序混乱的；引发民族、宗教冲突的；诽谤多人，造成恶劣社会影响的；损害国家形象，严重危害国家利益的；造成恶劣国际影响的；其他严重危害社会秩序和国家利益的情形。

参考文献

1. 曹婕姝．我国暴力袭警的防范问题研究．吉林大学硕士学位论文，2015.
2. 陈世伟．袭警的内涵及我国刑法应有的选择——兼论妨害公务罪的完善．中国人民公安大学学报，2007（4）．
3. 陈天本．公安机关适用新行政诉讼法实务与典型案例评析．中国人民公安大学出版社，2015.
4. 陈天本．行政强制法释义与典型警察行政强制案例评析．中国人民公安大学出版社，2011.
5. 陈天本．治安管理理论与实务教程．对外经济贸易大学出版社，2012.
6. 邓国良．袭警犯罪的控制与预防．北京大学出版社，2015.
7. 邓新民．自媒体：新媒体发展的最新阶段及其特点．探索，2006（5）．
8. 董科均．袭警犯罪研究．烟台大学硕士学位论文，2008.
9. 方兴东．博客：互联网的第四块里程碑．电脑报，2002－10－08.
10. 公安部治安管理局．公安派出所正规化建设规范教程．中国人民公安大学出版社，2009.
11. 候贺亮，刘杰琳．实战导向下的基层警力不足问题分析及对策研究．法制与社会，2015（8）．
12. 胡彬．论完善我国袭警犯罪刑事立法的必要性和可行性．犯罪研究，2004.
13. 胡昊昕．权力袭警：一个危险的信号．人民公安，2006（23）．
14. 姜明安．论国家侵权责任的构成．中外法学，1991（4）．
15. 姜明安．行政法与行政诉讼法（第二版）．北京大学出版社，高等教育出版社，2005.
16. 解源源，史全增．基层公安机关警力不足的类型化分析及改革路径．中国人民公安大学学报（社会科学版），2014（4）．
17. 金诚，李小芽．袭警行为研究．公安学刊，2004（6）．
18. 金诚．袭警行为研究．公安研究，2005（1）．
19. 李春华，熊一新．治安案件查处教程．中国人民公安大学出版社，2015.
20. 李恤忠．浅析单警装备现状及使用对策．江西警察学院学报，2012（6）．
21. 廖祥忠．何为新媒体．现代传播，2008（5）．

22. 马怀德．国家赔偿法的理论与实务．中国法制出版社，1994.
23. 马加民．持刀袭警防范策略新探．新疆警官高等专科学校学报，2010（4）．
24. 邱志勇．群体性涉访事件处置教程．群众出版社，2008.
25. 曲新久等．刑法学．中国政法大学出版社，2004.
26. 孙采芹．社交媒体：掀动“网络革命”．世界知识，2011（10）．
27. 汤文俊，刘欣．警务冲突与控制．中国人民公安大学出版社，2010.
28. 谢望原．英国刑事制定法精要（1351—1997）．中国人民公安大学出版社，2003.
29. 谢晓专．公安网络舆情搜集机制研究：内容与渠道建设．吉林公安高等专科学校学报，2009（2）．
30. 许永勤．犯罪心理学概论．对外经济贸易出版社，2012.
31. 杨忠民，张志国．论袭警行为的刑法规制．中国人民公安大学学报，2006（3）．
32. 曾羽葳．袭警行为的法律问题研究．西北大学硕士学位论文，2013.
33. 张洪波．论自媒体传播中的涉警舆情引导．学术论坛，2014（12）．
34. 张荣玉．当前和谐警民关系建设研究．河北师范大学硕士学位论文，2016.
35. 张树义．行政诉讼实务详解．中国政法大学出版社，1991.
36. 钟少丽．论袭警罪之设立．大连海事大学硕士学位论文，2012.
37. ［英］马丁·因尼斯．解读社会控制——越轨行为、犯罪与社会秩序．陈天本译．中国人民公安大学出版社，2009.

编辑说明

为彰显改革开放以来公安理论创新和学术研究方面的成就，全面展示公安院校广大教师在公安学术研究、公安实践及公安改革方面的新理论、新经验、新成果，提升理论水平，推进成果转化，鼓励学术繁荣，发现优秀人才，我们于 2017 年面向全国公安院校征集公安学理论研究优秀作品。此举在全国公安院校中产生了很大反响，公安院校教师踊跃投稿。为保证首批推出的作品充分展示学术作品的经典特色，充分体现专业特点，充分关注热点问题，我们邀请了长期从事公安学术研究、在公安系统具有较高声望的专家学者对作品进行审定，遴选出各 9 部作品入选《公安院校知名教授学术文库》《公安院校青年学者学术文库》第一辑，将于 2018 年 6 月正式出版。

《文库》的作品充分体现了“经典、精品、创新”的特点。入选《公安院校知名教授学术文库》的作者均为长期从事公安理论研究、在全国公安院校乃至全国公安系统具有较高声望的知名学者，入选的作品也是这些学者在相关领域多年潜心研究的代表性成果。例如，《英美警察科学》《公安经济学》《警管区制研究》《社会转型与秩序重建》等，都是近年来在公安学领域产生较大影响的原创性学术著作。而入选《公安院校青年学者学术文库》的作者目前均活跃在公安教学科研的第一线，他们才华出众，思想敏锐，观点新颖，入选的作品如《袭警行为的预防与处置》《新型合成毒品滥用监测与控制实证研究》《弱势群体权利保障中的国家反拐行动研究》等，直面当前执法热点，深入剖析，探索新理论、新措施。

服务公安中心工作，服务公安队伍建设，服务公安教学科研，充分展示作品的社会价值和学术价值是我们推出两个《文库》的初衷。相信随着第一辑作品的出版，必将推动在公安院校中形成深入公安学理论研究，活跃公安学术创新的良好氛围。这是我们的追求，也是各位作者的期待。

《文库》的出版是一项长期工程，我们力争通过几年时间，出版100部学术专著，使两个《文库》成为新中国公安教育史上具有里程碑意义的首部公安理论名家学术作品大系，使之成为面向全社会展示改革开放以来公安学理论研究成果的最佳平台。

公安院校知名教授学术文库
公安院校青年学者学术文库
编辑委员会
2018年6月

图书在版编目(CIP)数据

袭警行为的预防与处置 / 陈天本著．—北京：中国人民公安大学出版社，2018.1
(公安院校青年学者学术文库)
ISBN 978-7-5653-3185-5
Ⅰ.①袭… Ⅱ.①陈… Ⅲ.①袭击—警察—预防犯罪—研究②袭击—警察—处理—研究 Ⅳ.①D924.324

中国版本图书馆 CIP 数据核字(2018)第 003010 号

袭警行为的预防与处置

陈天本　著

出版发行：中国人民公安大学出版社
地　　址：北京市西城区木樨地南里
邮政编码：100038
经　　销：新华书店
印　　刷：天津盛辉印刷有限公司

版　　次：2018 年 6 月第 1 版
印　　次：2021 年 10 月第 2 次
印　　张：17
开　　本：787 毫米×1092 毫米　1/16
字　　数：255 千字

书　　号：ISBN 978-7-5653-3185-5
定　　价：52.00 元

网　　址：www.cppsup.com.cn　www.porclub.com.cn
电子邮箱：zbs@cppsup.com　zbs@cppsu.edu.cn

营销中心电话：010-83903254
读者服务部电话（门市）：010-83903257
警官读者俱乐部电话（网购、邮购）：010-83903253
教材分社电话：010-83903259